AF889370

आदिवासियों की आजीविका
एवं
सम्पोषित विकास

(आदिवासी कारीगरों के पारम्परिक प्रबन्धकीय-
तकनीकी ज्ञान व कुशलताओं का अध्ययन)

आदिवासियों की आजीविका एवं सम्पोषित विकास

(आदिवासी कारीगरों के पारम्परिक प्रबन्धकीय-तकनीकी ज्ञान व कुशलताओं का अध्ययन)

डॉ. लोकेश जैन
प्रोफेसर-ग्रामीण प्रबंध
ग्रामीण प्रबंध अध्ययन केन्द्र
(ग्रामीण परिसर, रांधेजा-382620 गांधीनगर)
गूजरात विद्यापीठ
अहमदाबाद-380014

PRESS

AGRI-BIOVET PRESS
NEW DELHI-110 002

आदिवासियों की आजीविका एवं सम्पोषित विकास
(आदिवासी कारीगरों के पारम्परिक प्रबन्धकीय-तकनीकी ज्ञान व कुशलताओं का अध्ययन)

© 2020 लेखक

संस्करण 2020

ISBN 978–93–84502–92-8

प्रकाशक की अनुमति के बिना इस प्रकाशन का कोई भी भाग, पूर्ण या आंशिक रूप से, इलेक्ट्रॉनिक, फोटोग्राफिक अभिलेखन या अन्य किसी भी अर्थ में प्रतिलिपि अथवा प्रसारित नहीं किया जा सकता।

Published by :
AGRI-BIOVET PRESS
2/40, Ist Floor, Ansari Road, Daryaganj,
New Delhi - 110 002
Ph.: 011-65398961
Fax : 011-43549133
e-mail : agribiovetpress@yahoo.com
Web: www.agribiovet.com

Printed at : Sanat Printers

उन आदिवासी
हुनरधारकों को
समर्पित
जिनके पास
सम्पोषित ज्ञान-विज्ञान
के अतुलनीय भंडार हैं,
जिनकी आजीविका
की दशा-दिशा
सच्चे स्वराज से
सुराज की ओर
जाती है,
जो प्रकृति के
सहचर बनकर
लालच की बजाय
अपनी जरूरतों
को पूरा
कर रहे हैं।

हुनरधारकों की भावनाओं एवं उनके सामाजिक सरोकार को प्रस्तुत करती प्रसिद्ध कवियत्री सरोजनी नायडू की कविता–"भारतीय जुलाहे" में निहित भाव

Indian Weavers

WEAVERS, weaving at break of day,
Why do you weave a garment so gay? ...
Blue as the wing of a halcyon wild,
We weave the robes of a new-born child.
Weavers, weaving at fall of night,
Why do you weave a garment so bright? ...
Like the plumes of a peacock, purple and green,
We weave the marriage-veils of a queen.
Weavers, weaving solemn and still,
What do you weave in the moonlight chill? ...
White as a feather and white as a cloud,
We weave a dead man's funeral shroud.

– Sarojini Naidu

कवियत्री सरोजनी नायडू ने अपनी इस कविता भारतीय जुलाहे में एक बुनकर की भावनाओं को पूर्ण गहराई के साथ सहज ढंग से उकेरा है तथा समझाने का प्रयास किया है कि मशीन पर बुना जाने वाला कपड़ा सिर्फ कपड़ा होता है जबकि जुलाहे के लिए हर एक कपड़े को बुनने के पीछे का मकसद, भावनाएं एवं मूल्य अलग–अलग होते हैं। हर एक के साथ अलग–अलग संवेदनाएं व खुशियां हैं जिनसे उनका सामाजिक सरोकार प्रकट होता है। जब बुनकर दोपहर की खिली धूप में

चटकीले रंग के कपड़े बुनता है, तो वे बच्चों के लिए हैं, रात की शोख चांदनी में बुने जाने वाले मयूरपंखी रंग के कपड़े नव-विवाहितों के लिए तथा, शांत चंद्रमा की रात्रि में बने धवल वस्त्र उनके लिए जिनकी जिंदगी की डोर टूट चुकी है। मुंशी प्रेमचंद जैसे मूर्घन्य साहित्यकार ने भी "कफन" कहानी में इसी पीड़ा को अलग ढंग से समझाया है। निश्चित तौर पर कविता की उपरोक्त पंक्तियां इस शोध अध्ययन की प्रासंगिकता को दर्शाती हैं।

अभिप्रेरक स्त्रोत

आदिवासी विस्तार की आजीविका में निहित गुरु-शिष्य परम्परा के प्रतिमान

**''गुरु कलाल (कुम्हार/ठठेरा), शिष्य कुंभ (घड़ा) है, गढ़ गढ़ काढ़ै खोट।
अंदर हाथ पसार के, ऊपर मारे चोट॥''**

जिस प्रकार एक कुम्हार/ठठेरा मिट्टी के बर्तनों को पीट-पीट कर, जाँच-परख कर तैयार करता है, ठीक उसी प्रकार एक गुरु अपने शिष्य को कड़वी किन्तु उपकारी/हितकारी शिक्षा व तालीम से सुसज्जित कर उसे गढ़ता है। आदिवासी विस्तार की समृद्ध परम्परा रही है कि एक पीढ़ी, दूसरी पीढ़ी को परिवार व समाज में रहते हुए सम्पोषित आजीविका संचालन के गुर सिखाने का कार्य करती रही है। सिखाने वाले ये हुनरधारक ''गुणी'', कारीगर, महाराज अथवा उस्ताद, अपना सम्पूर्ण ज्ञान अपने शिष्यों को पेशेगत दक्षता एवं नैतिक मानवीय मूल्यों के साथ हस्तान्तरित करने में कदापि कृपणता नहीं बरतते। इस रचना में मानव समाज व सृष्टि सभी के समान कल्याण के प्रतिमान निहित होते हैं।

प्रस्तुत शोध मेरे श्रद्धेय गुरुजनों व मातापिता को समर्पित है जिन्होंने मेरे हृदय में समाज के अंतिम छोर पर रहने वाले सहोदरों के प्रति संवेदनशीलता का भाव भरने एवं पथ प्रदर्शन करने में सदैव अपना स्नेह व आशीष प्रदान किया है।

—लोकेश जैन

सम्पोषित आजीविकालक्षी दो प्रेरक नैतिक कहानियां

(क) आजीविका व्यवहारों की मर्यादा के संदर्भ में-

एक मछुआरा समुद्र के किनारे पेड़ के नीचे आराम कर रहा था। वहीं से एक व्यवसायी गुजरा। उसने कहा कि तुम अपना जीवन इस तरह व्यर्थ क्यों गंवा रहे हो? तुम और अधिक मछलियाँ क्यों नहीं पकड़ते? तुम मेरे साथ जुड़कर बहुत अधिक पैसा कमा सकते हो। मछुआरे ने शान्ति से पूछा कि इससे क्या होगा? व्यवसायी ने कहा कि तुम्हारे पास एक से अधिक नाव होंगी, तुम बाहर मछलियां निर्यात करोगे, तुम्हारे पास बहुत बड़ा घर तथा सुख-सुविधा के साधन होंगे। तुम्हारे पास इतना पैसा होगा कि तुम मेरी तरह समुद्री किनारे पर सैर कर सकोगे। मछुआरे ने कहा कि मान्यवर, मैं अभी यही कर रहा हूँ फिर मुझे अधिक संग्रहण करने की जरूरत क्या है? आजीविका हेतु मेरी जरूरत के मुताबिक मेरे पास सब कुछ है जबकि मेरे इस मर्यादित व्यवहार के चलते मेरे अन्य सहोदरों को भी आजीविका के अवसर प्राप्त हो सकेंगे। अनपढ़ किन्तु जीवन के मर्म को आत्मसात करने वाले की यह सीख व्यक्तिगत व सामाजिक सुख-शांति प्रदायक आजीविका व्यवहार पर विचार करने हेतु प्रेरित करती है।

(ख) स्थानीय आजीविका की समन्वित कड़ी का टूटना और उसका ग्रामीण अर्थव्यवस्था पर प्रभाव-(विलुप्त होते हुनर और बिखरती अर्थव्यवस्था)

एक गांव में मोची अपने जूते बनाने के हुनर से गांव के लोगों की आवश्यकताओं की संतुष्टि करने हुए अपना जीवन निर्वाह कर रहा था। समय गुजरने के साथ गांव के जमींदार का लड़का शहर में पढ़ने गया। जब वो शहर से गांव वापस आया तो फैक्टरी में बने चमकते जूते साथ लाया जिनका प्रदर्शन उसने अपने

गाँव के दोस्तों के सामने बड़े ही गर्व से किया। उसके दोस्तों ने अपने मातापिता से वैसे ही जूते मंगाने की जिद की। मातापिता ने कहा यदि तुम ऐसी जिद करोगे तो फिर हमारे गांव के मोची के जूते कौन खरीदेगा? उसका तथा उसके परिवार का गुजारा कैसे होगा? लेकिन अपने बेटे की जिद के आगे अंततः वे झुक गये और धीरे-धीरे पूरे गांव में बाहर के बने हुए जूते दिखने लगे। माल न बिकने से मोची काका के परिवार की स्थित बदतर होने लगी। वे गांव के साहूकार का ऋण नहीं चुका सके, व्यापारी व किसान भी अपना उत्पाद मोची को नहीं बेच सके, दर्जी उनके कपड़े नहीं सिल सका। हद तो तब हो गई जब मोची का लड़का इस हादसे के चलते मोचीगीरी के हुनर को छोड़ पत्थर ढोने की मजूरी भी खुशी-खुशी करने लगा।

आज के उद्योग गणित पर आधारित हैं जबकि परम्परागत हुनर मानवीय व सामाजिक समरसता के पहलू पर-ऐसे कई हुनरमंद जो जीवन की जरूरतों को पूरा करते थे, गांव में बसाए गए। फिर उन्हें किसी भी हालत में गांव छोड़कर नहीं जाने दिया जाता था। उनकी हर संभव मदद की जाती थी।

अर्थव्यवस्था धन आधारित नहीं श्रम आधारित होनी चाहिए। श्रम से ही श्री का निर्माण होता है जो लक्ष्मी का प्रतीक है। लक्ष्मी और पैसे में यथेष्ट अंतर करना जरूरी है। लक्ष्मी श्रम के बिना नहीं आ सकती। लक्ष्मी आती है तो वैभव आता है, ईश्वरीय कृपा आती है। जबकि पैसा बढ़ने से मतभेद-मनभेद, ईर्ष्या, द्वेष, बैर, अविश्वास, स्पर्धा, व्यसन, आदि 15 अनर्थ बढ़ते हैं। ऐसा श्रीमद्भगवद्गीता में कहा गया है। कागज के टुकड़े लक्ष्मी नहीं हैं अपितु अनाज, घी, दूध व मक्खन ही खरी लक्ष्मी है जो परिश्रम से उत्पन्न हो सकती है। इसी प्ररिप्रेक्ष्य में आजीविका के परिणामों का मूल्यांकन करना चाहिए।

—विनोबा भावे (1997)

ग्रामीण उद्योग आधारित हुनर एवं विकास की परकोलेशन थ्योरी

वर्तमान विकास की परकोलेशन थ्योरी के अनुसार उत्पादन या विकास के जो भी परिणाम प्राप्त होते हैं वे उसी प्रकार समाज के अंतिम व्यक्ति तक पहुँचते हैं जिस प्रकार पानी जमीन की ऊपरी सतह से अंतिम तह तक बचे हुए भाग के रूप में पहुँचता है। इस क्रम में ऊपरी सतह व अंतिम सतह के परिणामों में बहुत अधिक अंतर रह जाता है जिसे किसी भी दृष्टि से न्यायसंगत नहीं कहा जा सकता। संभवतः आज स्थानिक हुनरों की कब्र पर विशालकाय उद्योगों को इसलिए प्रश्रय दिया गया क्योंकि इससे राष्ट्र को कर के रूप में अधिक आय प्राप्त होगी और सरकार सामाजिक कल्याण के कामों को दिशा दे सकेगी, लोगों को रोजगार एवं आय में वृद्धि के अधिक अवसर मुहैया करा सकेगी। लेकिन इसके साइड इफेक्टों पर विचार के अभाव में यह छलावा मात्र है।

उत्पादन बढ़े, किन्तु किसका? यह एक विवेक का सवाल है। इसका निर्णय लफंगे पैसे पर नहीं छोड़ा जा सकता। आई.आई.एम. के प्रोफेसर डॉ. अनिल गुप्ता मानते हैं कि बड़े उद्योगों से रोजगार की समस्या का स्थायी समाधान नहीं लाया जा सकता। इसके लिए गांव में छोटे-छोटे उद्योगों की ओर लौटना ही होगा।

उद्योगीकरण गांव में ही क्यों हो? इसके पीछे तर्क यह है कि इससे गांव की पूँजी गांव में रहेगी, लोगों में श्रमसाध्य उद्यमितावृत्ति का विकास होगा, गांव के कच्चे माल से लोगों की जरूरतों की वस्तुएं गांव में ही निर्मित हो सकेंगी और उन्हें उचित दाम पर उपलब्ध हो सकेंगी जिससे उपभोग स्तर अथवा जीवन-निर्वाह के स्तर में मात्रात्मक एवं गुणात्मक सुधार लाया जा सकेगा तथा दूसरी तरफ स्थानीय लोगों के लिए रोजगार के अवसर तो खड़े होंगे जिससे गरीबी व बेकारी की समस्या से निजात मिल सकेगी। इसके साथ-साथ लागतों और अनावश्यक खर्चाओं पर अंकुश लाया जा सकेगा जिससे अंततः प्रतिव्यक्ति आय व राष्ट्रीय आय अथवा उत्पादकता में समान रूप से वृद्धि संभव हो सकेगी और स्वावलंबन का स्तर भी ऊपर उठेगा।

प्रो. गिलब्रेथ ''द न्यू इन्डस्ट्रियल स्टेट'' नामक पुस्तक में बताते हैं कि विश्व में चंद बड़े बड़े उद्योगगृहों का साम्राज्य है जिससे समाज में आर्थिक सत्ता के केन्द्रीकरणजनित बुराइयों के पनपने का खतरा बना हुआ है। इस पर नियंत्रण आवश्यक है। ग्रामीण बाजार में सस्ते और महंगे के गणित को सम्पोषित विकास व आय के स्थानीय चक्र के परिभ्रमण की कसौटी पर कसकर समझना होगा। सरहद के गांधी के नाम से विख्यात खान अब्दुल गफ्फार खान ने खुदाई खिदमतगार संगठन के सदस्यों की आचार-संहिता में लिखा था कि ''हरेक व्यक्ति हक और हलाल की कमाई पर ही जिंदा रहेगा'' जो साधन शुद्धि के विचार की वकालत करता है। आजीविका में साधन शुद्धि का आशय एकदम साफ है कि आजीविका में ऐसे अनुचित साधनों का उपयोग कतई न किया जाय जिससे दूसरों के अधिकारों का हनन होता हो अथवा उन्हें कोई प्रत्यक्ष या परोक्ष क्षति पहुँचती हो।

राष्ट्रीय ग्रामीण विकास एवं पंचायती राज संस्थान
उत्तर पूर्वी क्षेत्रीय केन्द्र
(ग्रामीण विकास मंत्रालय, भारत सरकार)
एन.आई.आर.डी.पी.आर. लेन, एन.एच-37, जवाहरनगर, खानापारा, गुवाहाटी-781022, असम (भारत)

NATIONAL INSTITUTE OF RURAL DEVELOPMENT & PANCHAYATI RAJ
NORTH EASTERN REGIONAL CENTRE
(Ministry of Rural Development, Govt. of India)
NIRDPR LANE, N.H- 37, Jawaharnagar, Khanapara, Guwahati – 781022, Assam (INDIA)

डॉ. राजीव मोहन पंत,
निदेशक
Dr. R. M. Pant,
Director

दिनांकः २ अगस्त, २०१७

प्रस्तावना

भारत के विशाल भू–भाग में एक भारी आदिवासी जनसंख्या है जो आज वैश्वीकरण के दौर में स्वयं को अनिश्चितता के चौराहे पर खड़ा महसूस करते हैं। तेजी से आते बदलावों के साथ चलने की ललक परन्तु संभावनाओं एवं संसाधनों का अभाव इनके प्रगति के मार्ग में बाधक है। जनजातियां पारंपरिक रूप से अनेक क्षेत्रों में आदिकाल से ही दक्ष रही हैं, परन्तु बदलाव के इस दौर में पारंपरिक दक्षताएं एवं पारंपरिक जीवनयापन के तौर–तरीकों में परिवर्तन से ये जनजातियां विकास के दौड़ में पिछड़ रही हैं।

प्रस्तुत पुस्तक **''आदिवासियों की आजीविका एवं संपोषित विकास''** के माध्यम से डॉ० लोकेश जैन ने जनजातीय समुदायों के जीवन से जुड़े अनेक आयामों को छूने का प्रयास किया है। संपोषित आजीविका के बदलते समय में प्रासंगिकता का विश्लेषण आज के समय की आवश्यकता है। लुप्त होते पारंपरिक हुनर चिंता का विषय है, पारंपरिक हुनर किस प्रकार से स्थानीय प्राकृतिक संसाधनों का उपयोग कर जनजातियों के आर्थिक विकास की अहम भूमिका निभा सकता है, इस पर पुस्तक में अच्छी चर्चा हुई है।

गांधीजी की कल्पना के भारत को मूर्तरूप देने के लिए पिछड़ी जनजातियों के लिए संपोषित आजीविका के मार्ग कैसे प्रशस्त हों, इसका समीचीन विश्लेषण लेखक ने पुस्तक में किया है।

तकनीकी के साथ सही प्रबंधन का समागम होने से ही जनजातियों में संपोषित आजीविका का मार्ग प्रशस्त हो पायेगा। इस शोध पुस्तिका में इस जीवंत विषय पर उपयुक्त विश्लेषण हुआ है, जोकि नीति–निर्धारकों के लिए अत्यधिक सहायक होगा।

पुस्तक की प्रस्तुति अत्यधिक सरल रूप में की गई है, यथावेश चित्रों, ग्राफ, टेबल्स आदि के समावेश से पाठक इस पुस्तक को रुचिकर पाएंगे। आदिवासियों की आजीविका एवं संपोषित विकास हेतु लेखक ने शोध पर आधारित जो सुझाव दिये हैं, उनके माध्यम से आदिवासियों के विकास की प्रक्रिया को अवश्य बल मिलेगा। श्री लोकेश जैन इस शोध प्रस्तुति के लिए साधुवाद के पात्र हैं व मुझे विश्वास है कि पाठक इस शोध से निश्चित रूप से लाभ उठाएंगे।

(आर.एम. पंत)

Phone:0361-2304790/91, Fax:0361-2302570, Cell:09435019953 email:director.nirdghy@gmail.com
website: www.nirdnerc.nic.in

प्राकथन

भारतीय गांव प्रचीन समय से एक स्वपोषित, स्वप्रबंधित, स्वाबलंबी, विकेन्द्रीकरण एवं सह–अस्तित्व पर आधारित एक आर्थिक इकाई थे जिनके निवासियों के जीवन–दर्शन में पारस्परिक सहयोग, सहकार, संतोष, संयम, सहिष्णुता, संवेदनशीलता, समानता, समरसता जैसे मानवीय मूल्य पूरी तरह से रचे–पचे थे किन्तु वर्तमान में भारतीय गांवों एवं गांववासियों के जीवन–दर्शन में काफी बदलाव आ चुका है लेकिन प्रकृति के सहोदर आदिवासियों के जीवन–दर्शन में अपेक्षाकृत आज भी कम बदलाव आए हैं। अभी भी वे अपनी मर्यादित जरूरतों की पूर्ति हेतु ऐसे आजीविका प्रतिमानों का प्रयोग करते हैं जो पर्यावरण के अनुकूल हैं, जिसमें उनकी तकनीकी एवं प्रबंधकीय कुशलताओं की सूझबूझ की झलक मिलती है तथा इसमें स्थानीय संसाधनों के विवेकपूर्ण विदोहन के साथ–साथ स्वदेशी, स्वाबलंबन, समरसता, सह–अस्तित्व व साधन शुद्धि के विचार का पोषण होता है।

प्रोफेसर लोकेश जैन द्वारा लिखित पुस्तक जिसका शीर्षक **"आदिवासियों की आजीविका एवं सम्पोषित विकास"** पढ़कर मुझे विशेष प्रसन्नता का अनुभव हुआ क्योंकि उनका यह अनुभवजन्य एवं तथ्यपरक शोध कार्य वर्तमान में प्रचलित अन्य शोध कार्यों से बिल्कुल हटकर है तथा आज के समय की वास्तविक मांग के अनुरूप है। इसके लिए लेखक बधाई के पात्र है क्योंकि शोध निबंध की सार्थकता तभी है जब उसकी वर्तमान समस्याओं के निवारण में, मानवीय, समाज एवं समुदाय हेतु महत्व एवं औचित्यता हो। पुस्तक इस संदर्भ में बहुत ही समयानुकूल एवं उपयोगी है। पुस्तक में एक साथ कई पहलुओं जैसे कि आदिवासी समुदाय, आजीविका, हुनर एवं दक्षताएं, परम्परागत ज्ञान एवं गांधीदर्शन व विचारों के परिप्रेक्ष्य में उनकी कसौटी पर जाँच करना, आदि का बहुत ही सुन्दर समावेश देखने को मिलता है।

लेखक ने अपने शोध निबंध में यह पाया है कि आज मानव द्वारा अपने लालच की पूर्ति हेतु प्रकृति के शोषण की बेरोकटोक मनोवृत्ति, उसकी भौतिकतावादी,

अतिवादी एवं विलासितापूर्ण जीवनशैली, मानवीय एवं लोकतांत्रिक मूल्यों की अवहेलना आदि ने आदिवासियों में रची-पची पारस्परिक समरसता, सह-अस्तित्व व सहयोग की कड़ियों में बिखराव पैदा कर दिया है जिससे स्थानीय हुनरधारकों का अस्तित्व ही खतरे में पड़ गया है। लेखक ने प्रस्तुत शोध निबंध में बड़ी ही चित्रात्मक एवं विश्लेषणात्मक भाषा शैली का प्रयोग करते हुए, बहुत ही सटीक उदाहरणों, लोकोक्तियों, व्यंगपूर्ण कथनों के माध्यम से यह कहने का प्रयास किया है कि वर्तमान आजीविका प्रणाली सम्पोषित विकास की प्रक्रिया से कोसों दूर है जिसके परिणाम भविष्य में काफी विनाशकारी एवं दुखदायी साबित होंगे। अत: आज ग्रामीण क्षेत्रों के सर्वांगीण विकास हेतु लोगों की स्थानीय जरूरतों/आवश्यकताओं, हुनरधारकों के आजीविका प्रतिमानों तथा सम्पोषित विकास के मध्य तालमेल बैठाने की सख्त जरूरत है। सम्पोषित आजीविका अभिगम जो पारस्परिक सहयोग, सहकार, सह-अस्तित्व, साधन शुद्धि, स्वावलंबन, सर्वोदय और अन्त्योदय की विचारधारा पर आधारित है, ही स्थानीय हुनरधारकों को विनाश से बचा सकता है और इस दिशा में राष्ट्रपिता महात्मा गांधीजी का जीवन-दर्शन, उनके रचनात्मक प्रयोग तथा उनका ग्रामीण विकास का प्रत्यय बहुत ही प्रासंगिक एवं उपयोगी सिद्ध होगा। गांधीजी का आर्थिक दर्शन अपने जन कल्याणकारी स्वरूप तथा त्यागपूर्वक सीमित उपभोग की अवधारणा के कारण ग्रामीण जनों की विभिन्न समस्याओं के निवारण हेतु बहुत ही अनुकूल है। मैं आशा करता हूँ कि इस पुस्तक के द्वारा उठाए गए विभिन्न महत्वपूर्ण एवं अनछुए मुद्दे पाठकों, विद्यार्थियों एवं शोधार्थियों हेतु बहुत ही उपयोगी साबित होंगे और यह पुस्तक गांधीजी की ग्रामीण विकास से जुड़ी विचारधारा को और आगे बढ़ाने में अपना अभिनव योगदान देगी। शुभकामनाओं सहित

-डॉ. गुलाब सिंह "आजाद"
कुलपति,
रामचंद्र चंद्रवंशी विश्वविद्यालय,
विश्रामपुर, पलामू (झारखण्ड)

लेखक परिचय

डॉ. लोकेश जैन

प्रोफेसर-ग्रामीण प्रबन्ध

ग्रामीण प्रबंध अध्ययन केन्द्र, गूजरात विद्यापीठ अहमदाबाद (गुजरात)

गांधी विचार, सम्पोषित ग्रामीण विकास तथा भारतीय संस्कृति में प्रबंध अध्ययन आदि में गहरी रुचि

शिक्षा-

1. ग्रामीण प्रबन्ध में स्नातकोत्तर (1992), गूजरात विद्यापीठ अहमदाबाद (गुजरात)
2. नेट व जे.आर.एफ. (जून-1992), यू.जी.सी.
3. पीएच.डी. (2000)-व्यवसाय प्रशासन विभाग एम.एल. सुखाड़िया विश्वविद्यालय, उदयपुर
4. व्याख्याता-व्यवसाय प्रशासन विभाग, आचार्य श्री तुलसी अमृत महाविद्यालय, गंगापुर-भीलवाड़ा (राजस्थान) 1997 से 2004 तक

यू.जी.सी. अनुदानित दो लघु शोध परियोजना -

1. "जल संसाधन प्रबंधन में आदिवासी समुदाय के पारम्परिक ज्ञान-विज्ञान की शोध" (2010)
2. "सम्पोषित विकास और आजीविका स्तर के संदर्भ में आदिवासी कारीगरों/हुनरमंदों के पारम्परिक प्रबन्धकीय-तकनीकी ज्ञान व कुशलताओं का अध्ययन" (2014)

तीन राष्ट्रीय संगोष्ठियों का आयोजन-

बालश्रम-उभरती चुनौतियां (2000)

सम्पोषित ग्रामीण विकास प्रबन्ध के आयाम (2012)

सम्पोषित ग्रामीण विकास में सहकारिताओं की भूमिका (2018)

1. 50 से अधिक अन्तर्राष्ट्रीय, राष्ट्रीय व राज्य स्तरीय संगोष्ठियों में सक्रिय भागीदारी
2. विविध अग्रणी अन्तर्राष्ट्रीय, राष्ट्रीय व राज्य स्तरीय शोध पत्रिकाओं में ग्रामीण विकास प्रबंध से जुड़े मुद्दों पर 68 से भी अधिक लेखों का प्रकाशन
3. 10 पुस्तकों में लेख प्रकाशन
4. वतन सेवा प्रोजेक्ट, निर्मल गाम पुरुस्कार योजना मूल्यांकन प्रोजेक्ट, पढार सर्वे आदि में संशोधक के रूप में कार्य
5. एकेडेमिक स्टाफ कॉलेज में व्याख्यान, गुजरात में भूकंप, सूरत की बाढ़, बिहार में कोसी नदी की बाढ़ आदि में राहत व सर्वे का कार्य

पुस्तक प्रकाशन–

1. प्रबंध चिंतन की विचारधाराएं
2. भारतीय संस्कृति एवं प्रभावशाली सम्प्रेषण
3. भारतीय संस्कृति एवं असरकारक समय प्रबंध
4. व्यवस्थापन–सिद्धान्तो अने व्यवहार (गुजराती)
5. लिविंग एण्ड सस्टेनेबल ट्रेडीशन्स ऑफ ट्राइबल फॉर वॉटर रिसोर्स मैनेजमेंट इन टीएसपी एरिया ऑफ गुजरात (अंग्रेजी)
6. सम्पोषित ग्रामीण विकास व्यवस्थापन
7. भारतीय संस्कृति एवं प्रकृति के प्रतीकों में सम्पोषित प्रबंध शिक्षण
8. जीवनशैलीना विकारोनुं व्यवस्थापन अने ग्रामीण महिलाओं (गुजराती)
9. गांधीजीनुं जीवनदर्शन (गुजराती)
10. संचालकीय अर्थशास्त्र (गुजराती)
11. पार्टिसिपेटरी इरीगेशन मेनेजमेन्ट (अंग्रेजी)
12. को–ओपरेटिव एण्ड रूरल डवलपमेन्ट (अंग्रेजी)
13. ग्रामीण सहकारिताएं
14. भारतीय संस्कृति एवं प्रबंध शिक्षण (गांधी विचार के समावेशी आयामों के संदर्भ में)
15. आदिवासियों की आजीविका एवं ग्रामीण विकास

सम्पोषित आजीविका के घटक

उत्पादकता में रचनात्मकता, आजीविकाजनित व्यवहारों में सामाजिक-आर्थिक एवं सांस्कृतिक प्रतिमानों की सम्बद्धता तथा नैतिक मूल्यों की बाध्यता, स्वदेशी, प्रबंधकीय तकनीकी कुशलताओं का उपयोग, स्थानीय लोगों की बुनियादी आवश्यकताओं की संतुष्टि, स्थानीय स्तर पर पूँजी का चक्रित होना, सामाजिक न्याय के साथ प्राकृतिक संसाधनों का विवेकपूर्ण उपयोग, साधन शुद्धि में विश्वास, सृष्टि के अवयवों का सह-अस्तित्व, सर्वोदय से अन्तोदय तथा उपभोक्ता के जीवन स्तर में गुणात्मक एवं मात्रात्मक सुधार।

↓

ग्रामीण विस्तार में एक हुनर दूसरे हुनर के साथ संबंध रखता है। उनकी पारस्परिक निर्भरता पूँजी को स्थानीय स्तर पर चक्रित कर उपभोग स्तर में वांछित सुधार लाकर सभी को आजीविका के अवसर प्रदान कर सकती है। यह समन्वय अनिवार्य है। यदि कोई भी हिस्सा कड़ी से अलग पड़ता है तो सम्पूर्ण प्रणाली अस्त-व्यस्त हो जाती है। ऐसा तब होता है जब उत्पादक अथवा उपभोक्ता में नैतिक मूल्यों की जगह आर्थिक मूल्यों की प्रधानता होने लगती है और आवश्यकता संतुष्टि की जगह लालचवृत्ति ले लेती है।

अनुक्रमणिका

अध्याय-1

सम्पोषित आजीविकाः अभिगम

(सम्पोषित आजीविका एवं आदिवासी हुनरधारकों का तकनीकी प्रबंधकीय ज्ञान)

(अ) सम्पोषित आजीविका अभिगमः एक विश्लेषणात्मक विवेचन

आजीविकोपार्जन मानव जीवन की अनिवार्य आवश्यकता है। आजीविकोपार्जक इस व्यवस्था में न सिर्फ आयोपार्जन को केन्द्र में रखकर चलता है अपितु समाज की बुनियादी जरूरतों की संतुष्टि हेतु वास्तविक रचनात्मकता का सृजन करता है ताकि सभी लोगों के जीवन स्तर में गुणात्मक एवं मात्रात्मक सुधार लाया जा सके। प्रकृति का सहोदर आदिवासी समुदाय भौतिकतावादी चकाचौंध से अपेक्षाकृत काफी दूर है जिसने अपनी मर्यादित जरूरतों की संतुष्टि हेतु ऐसे आजीविका प्रतिमानों को स्थापित किया है जो पर्यावरण के अनुकूल हैं तथा जिसमें उसकी तकनीकी प्रबंधकीय कुशलताओं की सूझबूझ की झलक मिलती है। इसमें स्थानीय संसाधनों के विवेकपूर्ण विदोहन की संवेदना के साथ स्वदेशी के विचार का पोषण है, व्यावसायिक नीतिमत्ता व साधन शुद्धि का विचार है तथा सर्व के सह-अस्तित्व का ख्याल। आदिवासियों की हुनर व्यवस्था को खंगालता यह अध्ययन सम्पोषित आजीविका व्यवहारों को समझने की एक ईमानदारीपूर्ण कोशिश है।

आजीविका.....ऐतिहासिक परिप्रेक्ष्य

मानव संसाधान विकास की दृष्टि से किसी भी राष्ट्र के सामने सभी के लिए पोषणक्षम आजीविका की सुनिश्चितता करना महत्वपूर्ण प्रश्न और बड़ी चुनौती बन जाता है क्योंकि इसी पर उसके समग्र विकास की बुनियाद टिकी होती है। आज

कमोवेश समग्र विश्व आजीविका की समस्या से जूझ रहा है। भारत जैसे घनी आबादी वाले राष्ट्र में तो सभी के लिए रोजगार की समस्या अत्यन्त गंभीर बनी हुई है। लोगों के पास स्थानीय स्तर पर कहीं पर काम नहीं रह गया है तो कहीं काम पाने हेतु यथोचित कुशलताओं की कमी महसूस हो रही है, अर्थतंत्र चरमरा रहा है। ऐसा नहीं है कि राष्ट्रीय स्तर पर आजीविका सृजन हेतु प्रयास नहीं किए जा रहे किन्तु ये प्रयास ऊँट के मुँह में जीरे के समान ही साबित हो रहे हैं। इसलिए ऐसे विकल्पों व उपायों अथवा आजीविका स्वरूपों पर गौर करने की नितान्त आवश्यकता है जिनसे व्यक्ति, समाज व समष्टि के हितों का समन्वित रूप से संरक्षण हो सके। व्यक्ति, समाज व राष्ट्र की व्यवस्थाओं के सुचारु संचालन में आजीविका और उसके लिए उपलब्ध साधन-संसाधनों, व्यवस्थाओं व प्रयासों का जितना महत्व है उससे कहीं अधिक जरूरी होता है आजीविका में मानवीय व नैतिक प्रतिमानों का अस्तित्व। इसके अभाव में समाज का संतुलन बिगड़ जाता है, गरीबी-अमीरी के बीच की खाई बढ़ती जाती है, असमानता बढ़ती है, भोगवादी समाजिक व्यवस्था के दूषण बढ़ते हैं, सृष्टि के घटकों का सामंजस्य टूट जाता है और इन सबके परिणामस्वरूप उत्पन्न पर्यावरणीय असंतुलन समग्र विनाश को न्योता देने लग जाता है। आजीविका व्यवहारों में विवेक व मानवीय संवेदनशीलता वैयक्तिक व सामाजिक सुख-समृद्धि और अमन-चैन को जन्म देती है जबकि इसका अभाव अशांति व अराजकता को। अतः आजीविका व्यवहारों के संदर्भ में यह सुनिश्चित करना जरूरी हो जाता है कि वह सह-अस्तित्व, परस्परोपग्रहोजीवानाम् अथवा सामाजिक उपादेयता जैसे मानवीय मूल्यों की पूरक है या नहीं अथवा सभी का समान रूप से पोषण करने में सक्षम है या नहीं। वर्तमान उत्पादन व्यवस्था की ओर यदि हम दृष्टिपात करें तो हम पाते हैं कि उत्पादन के क्षेत्र में आधुनिक वैज्ञानिक शोध के साथ पूँजीवाद पनपा जिसके चलते परस्पर हित विरोधी अर्थव्यवस्था का प्रादुर्भाव हुआ। विनोबाजी ''सर्वोदय के अर्थकारण'' में स्पष्टता करते हैं कि यह मान्यता गलत है कि व्यक्ति व समाज के हित परस्पर टकराते हैं। यदि ऐसा है तो वह जंगलराज की बात होगी। वस्तुतः व्यक्ति, समाज और सृष्टि के मध्य संतुलन का दर्शन ही जीवन का आधार है। जिसके ऊपर आजीविका की इमारत खड़ी की जा सकती है। सातत्यपूर्ण विकास की दिशा में समता एवं समाजनिष्ठा जैसे दो महत्वपूर्ण गुण हैं। यही युगधर्म है। ''सर्वोदय का उद्देश्य अहिंसक समाजरचना का निर्माण करना है।'' अपना सभी का हित सामूहिक है। इसलिए सर्वोदय के दर्शन में यह कहा गया है कि शक्ति, सम्पत्ति, जमीन, बुद्धि और कौशल्य जो किसी व्यक्ति विशेष को मिलते हैं, उस पर सभी का समान अधिकार है। वह सर्व के हितों की

पोषक बने यह जरूरी है। जब ये सब समाज को समर्पित होंगे तो सभी परस्पर हितों के लिए कार्य करेंगे। सभी का हित परस्परावलंबी है इसलिए कार्य प्रणाली में मानवीय दृष्टिकोण अपरिहार्य है। जरूरी यह है कि भौतिक व आध्यात्मिक विकास साथ-साथ हों। इसी क्रम में आजीविका एवं सम्पोषित आजीविका अभिगम को समझना जरूरी है।

आजीविका के ऐतिहासिक पहलू को सामने रखकर यदि विचार करें तो हम पाते हैं कि मानव जीवन की आजीविका का साधन शिकार से शुरू हुआ। आग और पहिये के आविष्कार ने जीवन यापन की व्यवस्था में क्रांतिकारी परिवर्तन किए। उपभोग का स्वरूप बदला, उसने छोटे-छोटे समूहों में साथ रहना शुरु किया, रहने की व्यवस्था के साथ जीवनयापन हेतु संग्रहण, पशुपालन जैसी गतिविधियों को आकार मिला। एक संगठित इकाई को गांव की पहचान मिली। तब संसाधनों का उपयोग व स्वामित्व को स्पष्ट करने की जरूरत हुई। लोग अपनी जरूरत के मुताबिक ही उनका उपयोग करते थे तब तक समाज में कोई समस्याएं नहीं थीं किन्तु जब आवश्यकता से अधिक इकठ्ठा करने की प्रवृत्ति बढ़ने लगी और तदानुरूप आजीविका का स्वरूप निर्धारित होने लगा जिसका व्यक्ति और परिवार की जरूरतों के साथ पूरा-पूरा आनुपातिक संबंध नहीं था, तब इससे सभी जगह असंतुलन का आरम्भ हुआ, स्थापित व्यवस्थाओं में टूटन आनी शुरू हुई। गुजराती में कहावत है-'भेगा करो, भेगु नहीं' यह कहावत सीख देती है कि जीवनयापन की व्यस्था इस तरह की होनी चाहिए कि भौतिक वस्तुओं व प्रतिफल को इकठ्ठा करने के बजाय लोग इकठ्ठे होकर एक साथ प्रेम से रह सकें। संग्रहवृत्ति से दूर ऐसी आजीविका व्यवस्था में द्वेष व ईर्ष्या न होकर सामाजिक सौहार्द, शांति व समृद्धि का समुच्चय दृष्टिगोचर होगा।

भारतीय संस्कृति साहित्य में आजीविका के संदर्भ में कहा गया है-"उत्तम खेती मध्यम बान, जघन्य चाकरी निश्चय जान"। यह युक्ति हमारी आजीविका का संकलित स्वरूप है। इससे ज्ञात होता है कि खेती, बनिज (व्यापार) एवं नौकरी आजीविका के प्रमुख आधार रहे हैं। इस युक्ति में खेती को उत्तम, बनिज को मध्यम तथा नौकरी को जघन्य माना गया है। कदाचित खेती इसलिए उत्तम है कि उससे उत्पादकता सीधे तौर पर जुड़ी हुई है तथा वह मानव की बुनियादी आवश्यकताओं की संतुष्टि से सीधा सरोकार रखती है। बनिज में वे प्रवृत्तियां शामिल की जा सकती हैं जिनके माध्यम से उत्पादन को उपभोक्ता की पहुँच में लाया जाता है। खेती और बनिज के बीच की एक मध्यमार्गीय प्रवृत्ति हो सकती है-खेत उत्पादन में मूल्यवर्धन,

जो प्रसंस्करण अथवा रचनात्मक प्रवृत्तियों के माध्यम से प्रस्थापित की जा सकती है। इन दोनों प्रवृत्तियों के संचालन में सहायक या पूरक के रूप में जो वर्ग जुड़ा हुआ है उसे हुनरधारक या कारीगर कहा जा सकता है। यह वर्ग समाज की, मानवीय आवश्यकताओं की बेहतर तरीके से संतुष्टि हेतु मूल उत्पाद में गुणात्मक सुधार लाकर, स्वरूप परिवर्तन कर, उपयोगिता का सृजन करते हुए अपनी आजीविका को सुनिश्चत करता है। इसके परिणामस्वरूप रोजगारी या काम के अवसरों का सृजन होता है, आय के साधन बढ़ते हैं तथा उत्पादक व उपभोक्ता सभी लोगों के जीवन स्तर में सुधार आता है। इस वर्ग में वे लोग भी सम्मिलित हैं जो प्रत्यक्षतः उत्पादन के स्वरूप में परिवर्तन करके आजीविकोपार्जन नहीं करते किन्तु मानव जीवन को सुगम बनाने वाली आवश्यक सेवाएं प्रदान करके अपनी जीविका को चलाते हैं जैसे दर्जी, नाई आदि। तीसरे वर्ग में उस आजीविकोपार्जक वर्ग को सम्मिलित किया जाता है जो दूसरों के मातहत काम करते हैं, उनके काम में मदद करते हैं। इसके कई नाम रहे हैं यथा–नौकर, चाकर, मजदूर तथा पेशेवर सेवा प्रदाता वर्ग आदि।

निःसंदेह खेती आजीविकोपार्जन की वह प्रवृत्ति रही है जिसमें खरी रचनात्मकता है, अहिंसक समाज रचना की बुनियाद है तथा जो सभी के जीवन का मूल आधार है। जनसंख्या का दबाव बढ़ने के साथ–साथ खेती की जमीन कम होती गई तथा निरन्तर जमीन का बंटवारा होते जाने से प्रति व्यक्ति जोत का आकार भी घटता गया जिसने उत्पादकता और उससे मिलने वाले काम के अवसरों को विपरीत दिशा में प्रभावित किया। खेती के कार्य तथा जीवनयापन हेतु अन्य सेवाकीय कार्यों की उत्पत्ति समाज व्यवस्था के साथ–साथ स्थापित हुई जिसमें बहुआयामी विविधता थी इसे कामदार वर्ग कहा गया। जजमानी प्रथा के अन्तर्गत सेवा प्रदाता यह वर्ग कमीन कहलाता था। कालक्रम में सेवा लेने वाला यजमान वर्ग अपने आप को ऊँचा तथा सेवा प्रदाता वर्ग को निम्न दर्जा देने लगा। मानव समुदाय की इस व्यवस्था में यह कामदार वर्ग सामाजिक–आर्थिक रूप से निरन्तर दबता गया और शोषित होता रहा। इस वर्ग के लोगों को भी दो भागों में विभक्त करके देखा जा सकता है–कुशल कामदार एवं अकुशल कामदार वर्ग। हालांकि यह प्रचलित विभाजन कदाचित उचित प्रतीत नहीं होता क्योंकि हर एक कार्य में कुशलता और चीवटता की जरूरत रहती ही है फिर भी कुछ कार्य ऐसे हैं जिनके लिए विशिष्ट कुशलता, निपुणता, अभ्यास की आवश्यकता होती है इसलिए इस विभाजन को तार्किक माना जा सकता है। हुनरधारकों की विविधतापूर्ण कलाएं लोक जीवन को समन्वित रूप से पूर्णता प्रदान करने वाली रही हैं। उत्पादकता हो या जीवन का आनन्द सभी क्षेत्रों में इनका

अप्रतिम योगदान रहा है। वर्गभेद के बावजूद इन कारीगरों का मानव समाज में अपना एक अलग स्थान रहा है। इनके बिना जीवन में अधूरापन लगता है। रोटी, कपड़ा और मकान की जरूरतों से भी आगे सौन्दर्य व कला बोध को जीवंत रखने की कवायद में यह वर्ग सतत लगा रहा। कालान्तर में बदलाव हुए, तथाकथित पढ़े-लिखे लोग श्रमसाध्य कार्य को निम्न और बौद्धिक कार्य को श्रेष्ठ मानने लगे। खेती से तो वही लोग जुड़े रह गए जो पढ़-लिख नहीं सके। व्यापार की प्रवृति में भी उन्हीं लोगों का बोलबाला रहा जो स्पर्धा में टिक नहीं सके और मर्यादित पढ़ाई-लिखाई के चलते बेबसी में इस व्यवस्था से जुड़े। किसी समय में अपना व्यवसाय नौकरी की अपेक्षा अधिक प्रतिष्ठा का प्रतीक समझा जाता था भले ही वह मध्यम स्तरीय क्यों न हो। किन्तु स्थापित लीक से अलग हटते हुए समाज में आज उच्च शिक्षित नौकरपेशा वर्ग श्रेष्ठी वर्ग के रूप में उभर कर सामने आया है, मध्यम नौकर-पेशा वर्ग अन्य लोगों से अपना स्तर ऊपर बताने की जुगत में लगा हुआ है जबकि निम्न स्तरीय नौकर-पेशा वर्ग चाकरी व मजदूरी की श्रेणी में ही स्थापित है। इस समाज में सफेदपोश कार्य अथवा कार्य किए बिना अधिक प्रतिफल लेना ही श्रेष्ठता का मापदण्ड बन गया। कार्य करने की जगह कार्य कराने की वृत्ति उच्चतर सिद्ध होने लगी।

हमारा स्वर्णिम अतीत गवाह है कि गांव जिसे एक सम्पूर्ण इकाई समझा जाता था, वहाँ स्थानीय आवश्यकताओं की संतुष्टि के लिए विविध प्रकार के हुनर अस्तित्व में हुआ करते थे अथवा यूं कहा जाय कि गांव को बसाने के लिए इन सभी की समन्वित उपस्थिति व सक्रियता अपरिहार्य हुआ करती थी। हमारे मनीषियों ने एक समय में एक पूर्ण ग्रामीण इकाई में 36 प्रकार के हुनरों के सह-अस्तित्व की परिकल्पना को विकास के केनवास पर उकेरा है। हुनरधारक ये लोग भले ही अक्षरज्ञान से विहीन रहे हों किन्तु अपने कार्य में इतने सिद्धहस्त हुआ करते थे कि आज का तथाकथित पढ़ा-लिखा समाज जो चार अक्षर लिखपढ़ कर शिक्षित होने का दंभ भरता है वह भी उनके हुनर को देखकर दांतो तले उंगलियां दबाए बिना नहीं रहता। इन हुनरधारकों के पास अनुभवजन्य ज्ञान व कला-कौशल के अभूतपूर्व भंडार हैं, पढ़े लिखे न होने के बावजूद मापन संबंधी ज्ञान कलात्मकता में कहीं भी नीचे नहीं उतरते। किन्तु भौतिकवादिता की आँधी में इनके हुनरों की कई कड़ियां टूट चुकी हैं, कई टूट रही हैं तथा कई टूटने के कगार पर हैं। इसके लिए हमारी उत्पादन व उपभोग व्यवस्था जिम्मेदार है। इन कड़ियों के टूटने का असर हमारे सम्पोषित विकास के वजूद पर पड़ा है।

आजीविकाः जीविका-निर्वाह व विकास की आवश्यकता

विकास के परिप्रेक्ष्य में आर्थिक प्रतिमानों की प्रासंगिकता से इंकार नहीं किया जा सकता है। प्रबंध विचारक भी इस बात से सहमत हैं कि व्यक्ति सबसे पहले शारीरिक आवश्यकताओं को पूरा करने का जतन करता है। रोटी, कपड़ा और मकान का नारा भी हमारी जीवन की बुनियाद से पृथक नहीं हैं। हमारे समाज में व्यंगात्मक स्वरूप में प्रायः कहते सुना जाता है-भूखे भजन न होय गोपाला, धर लेउ अपनी कंठी माला। इसका आशय यही है कि उपदेश मात्र से किसी का पेट नहीं भरता, अपितु जीने के लिए व्यावहारिक प्रतिफल जरूरी है। इसके लिए सुनियोजित प्रयास करने होते हैं। भारत जैसे ग्रामीण व्यवस्था आधारित राष्ट्र में गरीबी और बेकारी को मुख्य समस्या के रूप में चिन्हित किया जाता रहा है। इसके चलते मानव जीवन में आरोग्य-पोषणलक्षी समस्याओं के साथ-साथ मनो-सामाजिक एवं आर्थिक विकास की राह में विविध बाधाएं उत्पन्न होती हैं। वर्तमान में चित्र कुछ इस तरह का है कि कोई लाखों-करोड़ों में खेल रहा है तो कोई रोटी-रोटी को मोहताज है। सवाल आर्थिक प्रयासों के विकेन्द्रीकरण का है। इसलिए सबके लिए विकास की तर्ज पर सभी को पोषणक्षम आजीविका को सुनिश्चित करना एक ज्वलंत प्रश्न बना हुआ है। लोगों की कुशलताओं का उपयोग हो, उनकी कुशलताओं का संवर्धन हो, लोग स्वावलंबी बनें, सम्मानपूर्वक जीवनयापन कर सकें यह वर्तमान की मांग है। इसी संदर्भ में आजीविका को परिभाषित करना जरूरी हो गया है।

आजीविका हुनर

सामान्य तौर पर जीविका चलाने के साधनों एवं इसके लिए स्थापित व्यवस्था व व्यवहारों को आजीविका की श्रेणी में रखा जा सकता है। संकुचित दायरे में आजीविका से आशय रोजगार से है जिसे प्रायः लोग नौकरी के रूप में देखते हैं। एक अन्य अर्थ में आजीविका अर्थोपार्जन हेतु किया जाने वाला व्यवहार है एवं उद्यमितावृत्ति का परिणाम है जिसका उद्देश्य जीवनयापन हेतु मानवीय जरूरतों की संतुष्टि के लिए आय के समुचित व पर्याप्त साधनों की सुनिश्चितता करना है। आजीविका सर्वसामान्य से जुड़ा एक सार्वभौमिक अभिगम है। आजीविका के मायने हैं जीविका को चलाने का साधन। मानव समुदाय के लिए 'आजीविका' वह स्रोत है जिसका उपयोग करते हुए व्यक्ति स्वयं की और अपने परिवार की बुनियादी आवश्यकताओं को पूरा करता है तथा अपने व्यक्तिगत, सामाजिक व राष्ट्रीय दायित्वों का निर्वाह करता है। आजीविका के संचालन हेतु व्यक्ति अपनी जिन विविध

समाजोपयोगी कुशलताओं का उपयोग करता है उसे हुनर कहा जाता है। इस प्रकार हुनर आजीविका चलाने हेतु कौशल्य आधारित पुरुषार्थ है। इस व्यवस्था में दोनों ही प्रकार के हुनरधारकों को सम्मिलित किया जा सकता है एक वे जो स्व रोजगार की तरह अपनी कला का उपयोग कर रहे हैं और इसका संचालन करने के लिए वे हैं एक उद्यमी की तरह पर्याप्त निवेश, उत्पादन व विपणन व्यवस्थाएं कर रहे हैं। दूसरे वे हुनर धारक हैं जो इस तरह का बड़े पैमाने पर उत्पादन करने वाले उद्योगपतियों के यहाँ नौकरी कर रहे हैं या मालिकों के दिशा निर्देशानुसार अपने हुनर का उपयोग कर रहे हैं। प्रथम प्रकार के हुनरधारकों को स्वतंत्रता थी कि वे अपनी कल्पना को तथा उत्पादन व्यवस्था को अपने हिसाब से साकार कर सकते हैं जबकि दूसरी प्रकार के हुनरधारकों का मुख्य मकसद अधिकतम पैसा कमाना होकर रह गया भले ही उन्हें कोई भी समझौते करने पड़ें अर्थात वे सिर्फ अपने मालिकों की मर्जी के मुताबिक अपनी कला का उपयोग करने को विवश थे। दूसरी प्रकार के ये हुनरधारक उपभोक्तावादी संस्कृति का वाहक व भोग बने, अधिक कमाने के लालच में स्वयं ने तो अपने हाथ के हुनर को छोड़ा ही किन्तु साथ ही साथ अपनी युवा पीढ़ी को इसमें लाने से कतराते रहे। अत्यधिक उत्पादन के प्रवाह में ये मशीनों के प्रयोग के आदी बने। आर्थिक प्रतिमान बदलने से परस्पर आश्रितता घटी, टेक्नोलोजी बदली, लोगों के मध्य अपनापन कम हुआ, जरूरतों की संतुष्टि का स्वरूप बदला। इसका प्रभाव स्थानीय हुनरों के विलुप्त होने, स्थानीय हुनरों की कड़ी टूटने पर पड़ा। इसके परिणामस्वरूप स्थानीय अर्थव्यवस्था छिन्न-भिन्न हुई और विस्थापन बढ़ा। जो जितना पढ़ा वह उतना ही अपने मादरे वतन और हुनर से दूर होता चला गया।

हुनर एवं सामाजिक समतुला

आजीविका का मापदण्ड आय की मात्र नहीं उत्पादकता का सामाजिक सरोकार है क्योंकि समाज के साथ योग्य अनुबंध करके ही आजीविका के स्थायित्व की बात की जा सकती है। इस दृष्टि से व्यक्ति की उन्हीं कुशलताओं को हुनर के रूप में शामिल एवं प्रतिष्ठित किया जा सकता है जिससे रुपयों के रूप में आय का अर्जन होता हो जबकि हकीकत इससे कुछ अलग है। हुनर में उन सभी कुशलताओं का समावेश किया जा सकता है जिनके जरिये जीवन का निर्वाह होता हो। अर्थात् इन कुशलताओं के चलते भले ही अर्थोपार्जन न होता हो किन्तु इनके उपयोग से ''अर्थ'' की बचत अवश्य होती है, हाथों में पुरुषार्थ अवश्य रहता है

और लोग इन कुशलताओं के चलते अपनी जड़ों से जुड़े रहते हैं। इस दृष्टि से स्थापित हुनरों को दो श्रेणियों में वर्गीकृत किया जा सकता है-

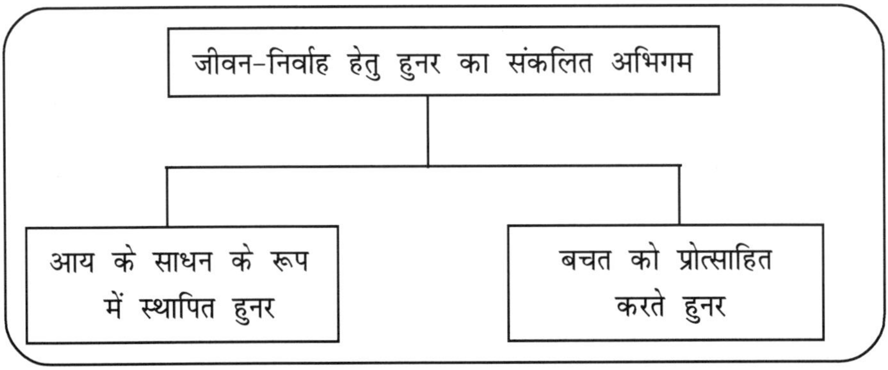

स्थानीय समुदाय अपनी जरूरतों को पूरा करने हेतु अर्थोपार्जन करता है और अर्जित आय का एक भाग अपनी जरूरतों को पूरा कराने के लिए व्यय करता है। किन्तु उसका जीवन स्तर तभी ऊपर उठ सकता है जब वह हुनर के द्वारा अर्जित आय के प्रमाण को बढ़ा सके अथवा घर के कामों में हुनर के उपयोग द्वारा स्वावलंबन लाकर बचत कर सके या जरूरतों को संयमित करके आय का विवेकपूर्ण उपयोग कर सके। कहने का तात्पर्य यह है कि हुनर में दोनों ही श्रेणियों के हुनरों को शामिल करना एकदम उचित होगा। एक-जिनसे आय का उपार्जन होता है तथा दूसरे जिनसे जरूरतों की संतुष्टि होती है और आय की बचत होती है अथवा जिनके लिए खर्च नहीं करना पड़ता।

आजीविका हुनर...

आजीविका वह रास्ता है जिसके द्वारा लोग अपनी और अपने परिवार के जीवन यापन हेतु जरूरी आवश्यकताओं-रोटी, कपड़ा और मकान, शिक्षा, आरोग्य आदि को पूरा करने का जतन करते हैं। आजीविका का आशय उन साधन-संसाधन एवं व्यवस्थाओं से लिया जा सकता है जिनके द्वारा किसी व्यक्ति व उसके परिवार का जीवन यापन होता है वह अपनी सामान्य बुनियादी आवश्यकताओं की संतुष्टि बेहतर तरीके से करते हुए समाज में सम्मानपूर्वक जीवन जीते हुए अपने विविध दायित्वों का निर्वाह कर सकता है। इस दृष्टि से उन समस्त आर्थिक व उत्पादकीय व्यवहारों को आजीविका अभिगम में सम्मिलित किया जा सकता है जिनके द्वारा आयोपार्जन होता है।

आजीविका एवं आयोपार्जन में भेद करना नितान्त आवश्यक है। आजीविका आयोपार्जन का माध्यम है, प्रेरक बल है किन्तु आय ही आजीविका का मुख्य आधार नहीं है क्योंकि आजीविका का अस्तित्व लोगों की आवश्यकताओं की संतुष्टि के साथ जुड़ा हुआ है। इसमें कोई संदेह नहीं है कि आयोपार्जन आजीविका का भौतिक प्रतिफल हो सकता है किन्तु प्रबंधकीय व्यूहरचना की दृष्टि से यदि हम विचार करें तो हम पायेंगे कि वही आजीविका स्थायित्व को और सफलता को प्राप्त हो सकती है जो लोक कल्याण को ध्यान में रखकर चलती हो। ऐसी आजीवका ही अहिंसक समाज रचना के निर्माण में महत्वपूर्ण भूमिका सुनिश्चित कर सकती है। इसलिए आजीविका चयन व मूल्यांकन में आय व नफाकारकता के घटक की जगह आजीविका की संकलित विभावना को प्राथमिकता मिलनी चाहिए। आजीविका को विविध संस्थाओं व लेखकों द्वारा निम्नवत रूप से परिभाषित किया गया है-

विभिन्न अन्तर्राष्ट्रीय संस्थाओं, जैसे DFID (Department for international development), UNDP (United Nations Development Programme), IFAD (International Funds for Agricultural Development) द्वारा सम्पोषित आजीविका विचारधारा Sustainable livelihood approach (SLA) पर अपनी व्यूहरचना इस प्रकार स्पष्ट की गई कि आजीविका की इकाई परिवार है जो एक चूल्हा पर अपनी रोटी पकाता है। इसका संबंध घर चलाने और उसके जीवन स्तर को ऊपर उठाने से है। ई.एफ.स्मेचर (1973) ने अपने अध्ययन 'small is beautiful', में आजीविका के संदर्भ में **'पर्याप्तता'** के दर्शन का उल्लेख किया है जिसमें मानवीय आवश्यकता, मर्यादा और तकनीकी के अनुकूलतम उपयोग के समुच्चय को सम्मिलित किया गया है। उन्होंने माना कि बड़े पैमाने पर उत्पादन के बजाय बहुत लोगों द्वारा उत्पादन हो तथा लोगों की न्यूनतम आवश्यकताएं आजीविका का आधार बने इसी में समाज का कल्याण है। सर्वोदय के चिंतक भलीभांति परिचित होंगे कि 'हिन्द स्वराज' नामक कृति में गांधीजी ने इसी तथ्य को काफी पहले समाज के सामने रख दिया था। सन 1972 की स्टॉकहोम कॉन्फ्रेंस के पश्चात् सन 1983 में ग्रो हारलेम ब्रूनडट्लेन्ड की अध्यक्षता में पर्यावरण व विकास पर बने आयोग ने सम्पोषित विकास की आज की सर्वमान्य परिभाषा दी जिसके आलोक में आजीविका को देखा जा सकता है। ''विकास वह है जिसमें भावी पीढ़ी के हितों से समझौता किए बिना वर्तमान की आवश्यकताओं को संतुष्ट करने की क्षमता है।'' पोल्यानी कार्ल (1977) का मत है कि व्यक्ति अपनी आवश्यकताओं की संतुष्टि के लिए भौतिक संसाधनो का उपयोग करता है किन्तु आजीविका हेतु इनके उपयोग

का प्रमाण सामाजिक-सांस्कृतिक और राजनैतिक परिस्थितियों पर निर्भर है। नोबेल पुरुस्कार विजेता मानवीय विचारधारा से प्रेरित प्रसिद्ध अर्थशास्त्री अमृत्यसेन आजीविका के संदर्भ में संसाधनों की वहनीय क्षमता पर प्रकाश डालते हुए इसे लोक कल्याण से जोड़कर देखते हैं। उनके मतानुसार गरीबी का निवारण तभी संभव है जब उसकी शिक्षण, आरोग्य, मानव संसाधन विकास, मजदूरी आदि की आवश्यकताएं समानुपातिक रूप से संतुष्ट होती हों। सम्पोषित ग्रामीण आजीविका के संदर्भ में चेम्बर्स एवं कोनवे जी. आर. (1992) का मानना है कि अत्यन्त गरीब के लिए जीविका का ध्येय महत्तम प्रतिफल नहीं अपितु जोखिम को न्यूनतम रखना होता है। इस अभिगम में उन्होंने 5 प्रकार की पूँजी को सम्मिलित किया है-

(अ) कुदरती पूँजी-भूमि, पानी, जानवर व जंगल आदि।

(आ) भौतिक आधारभूत संरचना।

(इ) मानव पूँजी-कुशलताएं, ज्ञान व योग्यताएं।

(ई) सामाजिक पूँजी-जाति, समुदाय के मध्य सामाजिक संबंध और

(उ) वित्तीय पूँजी-जिसमें व्यवस्था हेतु घर के गहने व नकद जमा आदि को शामिल किया जाता है।

आजीविका की सम्पोषितता का आंकलन मात्र आर्थिक आधार पर नहीं किया जा सकता अपितु समग्रता की दृष्टि से इसकी कसौटी मानव कल्याण अथवा मानव विकास के साथ-साथ सृष्टि के सह-अस्तित्व से की जाती है। इसमें उत्पादक का नैतिक आचरण, उपभोक्ता का सम्पोषित उपभोग व्यवहार और सामाजिक समरसता जैसे घटक शामिल होते हैं। जब हम सम्पोषित विकास के मापदण्डों पर आजीविका के स्वरूप को कसकर देखते हैं तो हमें विकास की सातत्यपूर्ण बुनियाद को ध्यान में रखना होगा जिसमें सभी का लाभ व जीवन निहित है।

सम्पोषित आजीविका अभिगम-अर्थ एवं परिभाषाएं

सम्पोषित आजीविका के अभिगम को समझने से पूर्व सम्पोषित विकास के अर्थ को समझ लेना श्रेयस्कर होगा। सम्पोषित विकास मतलब है विकास के परिणामों में सातत्यता की उपस्थिति, वह व्यवस्था जिसमें वर्तमान पीढ़ी अपनी जरूरतों की संतुष्टि हेतु उपलब्ध प्राकृतिक संसाधनो का उपयोग इस प्रकार करती है कि भावी पीढ़ी के हितों को नुकसान न हो तथा सभी का सह-अस्तित्व सुनिश्चित रहे।

सम्पोषित विकास का संबंध संसाधनों के विवेकपूर्ण उपयोग से जुड़ा हुआ है और आजीविका हेतु भी प्रत्यक्ष व परोक्ष रूप से इन संसाधनों का उपयोग होता है। पर्यावरण संरक्षण की दृष्टि से आजीविका व्यवहारों का प्रभाव इन संसाधनों की स्थिति पर पड़ता है। इसलिए आजीविका व्यवहारों के संचालन में वैयक्तिक हित तथा वर्तमान समाज के सभी वर्गों के हितों की बात और भावी पीढ़ी के अस्तित्व को लेकर संसाधनों के संरक्षण व उनके यथोचित जतन की चर्चा प्रासंगिक ही नहीं अनिवार्य हो जाती है।

सम्पोषित आजीविका का अर्थ है वे आजीविका व्यवहार जो उत्पादक व उपभोक्ता के हितों का समान रूप से पोषण करती है तथा जिसमें व्यक्ति, समाज व प्रकृति के हितों का समान रूप से रक्षण होता है किसी का भी अनुचित उपयोग या शोषण नहीं होता। एक अहिंसक समाज रचना के संदर्भ में यह जरूरी है कि सर्व के सह-अस्तित्व की शर्त की पूर्णता के साथ सभी को जीवनयापन हेतु आजीविकोपार्जन के समुचित अवसर मिलें। यहाँ 'सर्व' को व्यापक अर्थ में समझना होगा। सर्व में आजीविकोपार्जकों की वह कड़ी सम्मिलित है जो एक-दूसरे की आवश्यकता पूर्ति हेतु रचनात्मकता से जुड़ी हुई है। जो आवश्यकता पूर्ति के क्रम में किसी के हितों को प्रत्यक्ष या परोक्ष रूप से नुकसान नहीं पहुँचाती। इसमें व्यक्ति, समाज और समष्टि अर्थात प्रकृति तीनों के हित समान रूप से परिलक्षित होते हैं तथा किसी के हित एक-दूसरे से टकराते नहीं हैं अपितु विवेकपूर्ण व्यवहार के चलते परस्पर पूरक बनते हैं। यहाँ व्यक्ति स्व-पुरुषार्थ के द्वारा उपलब्ध संसाधनों का दोहन करके समाजोपयोगी रचनात्मकता का सृजन करता है तथा बदले में बुनियादी आवश्यकताओं की संतुष्टि हेतु प्रतिफल प्राप्त करता है। सृजन की इस कड़ी में जुड़े समस्त जीवंत घटक हुनरधारक के रूप में प्रतिष्ठित होते हैं।

सम्पोषित आजीविका अभिगम के मूल में यही विमर्श है जो आजीविका के स्वरूप, आजीविका का परिमाण अथवा कद तथा आजीविकाजनित प्रतिफल के समुचित वितरण की सुनिश्चितता के घटकों को साथ लेकर चलता है। वे आजीविका व्यवहार ही समाज के लिए उपयोगी साबित हो सकते हैं जिसमें स्थानीय लोगों की स्थापित कुशलताओं व हुनरों का समुचित उपयोग होता हो, जिसमें समाजोपयोगी रचनात्मकता हो, समाज की वास्तविक जरूरतें पूरी करने की क्षमता हो, संसाधनों के विदोहन का करुणामयी विचार हो, सर्व के कल्याण हेतु आर्थिक विकेन्द्रीकरण हो, आय के वितरण में न्याय व समता हो और पूंजी का चक्र स्थानीय स्तर पर चक्रित होने के लिए स्थानीय उत्पादकता की फलती-फूलती जीवंत विशिष्टताएं हों।

सम्पोषित आजीविका घटकों को निम्नवत चित्र के माध्यम से भी समझा जा सकता है–

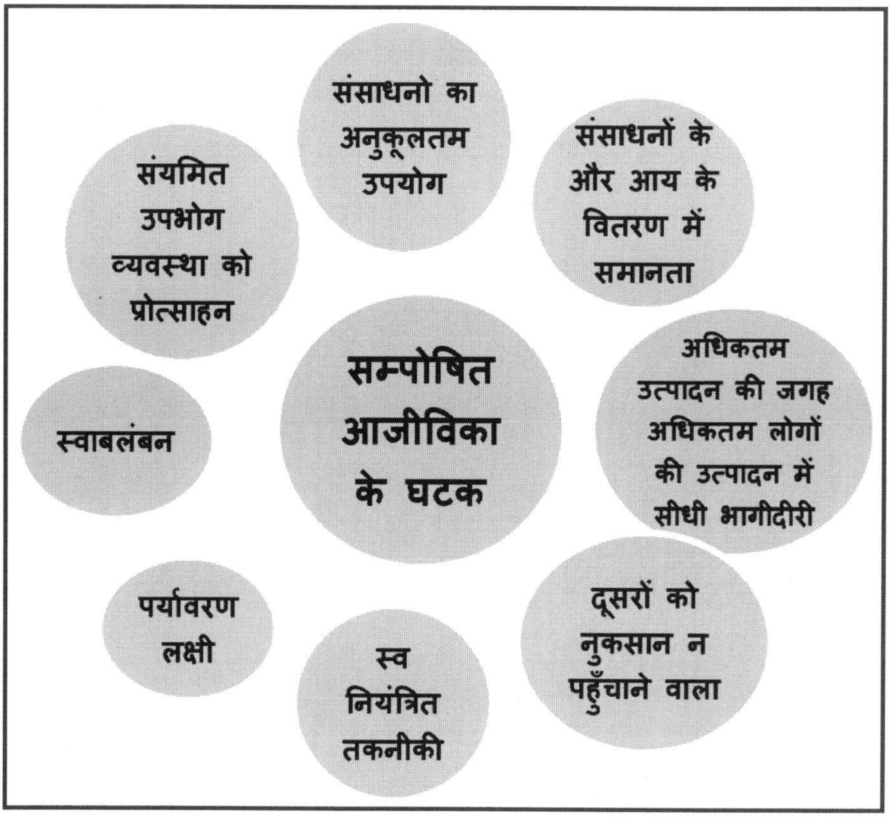

भारतीय संस्कृति साहित्य में सम्पोषित आजीविका व्यवहार

आजीविकोपार्जन का ध्येय जरूरतों की संतुष्टि करना है। आजीविका प्रतिफल के प्रमाण को लेकर यह कबीर वाणी मार्गदर्शक प्रतीत होती है कि 'साहिब इतना दीजिए, जा में कुटुंब समाय। मैं भी भूखा ना रहूँ, साधु न भूखा जाय।' पाँच महाव्रतों (जिन्हें गांधीजी ने एकादशव्रतों में अग्रताक्रम में शामिल किया है) में उपभोग व्यवहार संबंधी मर्यादाओं की ओर मानव व्यवहार को निर्देशित करने की सीख दी गई है तथा सुखमय जीवन हेतु संयममय जीवनशैली को आत्मसात करने की सलाह भी। यथा भारतीय संस्कृति की प्रतिनिधि रूप जैन दर्शन प्रेरित सम्पोषित आजीविका की व्यवस्था में मर्यादित अर्थोपार्जन की व्यवस्था को अपनाने की वकालत की गई है जैसे–किस सीमा तक आपको व्यवसाय का भौगोलिक विस्तार करना है? कितनी वित्तीय परिसीमा के साथ व्यावसायिक गतिविधियों का संचालन करना है? तथा

कितनी समय सीमा तक कार्य करना है? आदि का परिमाण अपनी संयमित जरूरतों के आधार पर पूर्व निर्धारित कर लेना एक श्रावक (आजीविका कर्मयोगी) के लिए उपयुक्त है। संयमित जरूरतों का प्रमाण आध्यात्म से प्रेरित है जो समय बढ़ने के साथ, एक आवश्यकता पूरी होने के साथ घटता चला जाता है जबकि इसके विपरीत भौतिकतावादी भोगवादी संस्कृति में यह दिनो-दिन अपरमित प्रमाण में बढ़ता चला जाता है। अभिप्रेरण के सिद्धान्तों में आधुनिक प्रबन्ध विशेषज्ञों का मत रहा है कि व्यक्ति की भावी असंतुष्ट आवश्यकताओं का प्रमाण वर्तमान में संतुष्ट होने वाली आवश्यकताओं के प्रमाण से सदैव उच्चतर होता है जिसके अनुरूप वह कार्य का अथवा निष्पादन का परिमाण निर्धारित करता है। यह दशा उपभोग के भारतीय आध्यात्मिक मूल्यों के विपरीत है। सम्पोषित जीवनशैली में विशेषकर स्वयं के लिए उपलब्ध संसाधनों के अधिकतम उपयोग से परहेज रखा गया है। यदि आपकी जरूरतें पूरी होने लायक आपको मिल जाता है तो अर्थोपार्जन की वृत्ति पर विराम लगाएं ताकि दूसरों के आजीविका के अधिकारों का जाने-अनजाने अतिक्रमण या हनन न हो, सभी को रचनात्मक उत्पादकता में सक्रिय भागीदारी का अवसर मिल सके। यत्र तत्र सर्वत्र जीवन ही जीवन हो। जीवन की धुन को सहजता से गुनगुनाने वाले कबीर हमेशा 'अति' को वर्जनीय बताते हुए कहते हैं कि "अति का भला का न बोलना अति की भली न चूप, अति का भला न बरसना, अति की भली न धूप।" जीवन के हर क्षेत्र में यह कहावत एकदम सही साबित होती है। हमारी अन्य संस्कृतियां भी कमोवेश इसी विचारधारा का समर्थन करती हैं कि सबके भले में ही हमारा भला निहित है। आजीविका जब बुनियादी जरूरतों की संतुष्टि की जगह विलासिता की पूर्ति का माध्यम, अतिरेक संचय वृत्ति का साधन, सामाजिक प्रतिष्ठा का आधार तथा शक्ति अधिग्रहण का केन्द्र बनती है तब पारिस्थितिकीय संतुलन डगमगा जाता है और समाज में अशांति व संघर्ष का साम्राज्य पनपने लगता है और कोई भी अपनी स्थापित आजीविका की सुरक्षा के प्रति आश्वस्त नहीं रह पाता। एक ऐसी अंतहीन स्पर्धा की दानवीय शक्तियां सिर उठाकर उपद्रव मचाने लगती हैं जिसका अंत परस्पर विनाश या हानि पर आकर ही रुकता है।

आजीविका और जीवनशैली अथवा उपभोग प्रतिमान

संपोषित विकास की कसौटी पर विश्लेषण करें तो ज्ञात होता है कि आजीविका और जीवनशैली के मध्य सकारात्मक संबंध है। आजीविका का मुख्य ध्येय उपभोग स्तर में मात्रात्मक एवं गुणात्मक सुधार लाना है तथा जीवन को सुख व शांति से

परिपूर्ण करना है। अतः आजीविका इसके अनुरूप होनी चाहिए। हमारी आजीविका समुचित है कि नहीं यह हमारे जीवन की जरूरतों पर निर्भर होता है और इन जरूरतों का निर्धारण हमारी जीवनशैली पर आश्रित रहता है। इसके दूसरे पहलू पर विचार करें तो हम यह कह सकते हैं कि आजीविका की असरकारकता का मापन निःसंदेह आय के परिमाण पर किया जाना तर्कसंगत है किन्तु यदि कोई व्यक्ति अपने हुनर के द्वारा आय का सृजन करने की जगह अपने उपभोग खर्च को बचा लेता है अथवा इस दिशा में स्वावलंबन को प्राप्त कर लेता है तो वह भी आजीविका की असरकारकता की दिशा में सकारात्मक परिमाणों की वृद्धि करता है। आदिवासी समुदाय में घर बनाने, घर के उपयोग के दैनिक तथा प्रसंगोवसात वस्तुओं को बनाने की वृत्ति उनके खर्चों को कम करती है। भले ही इस तरह से आय का सृजन नहीं होता किन्तु बिना खर्च किए जीवन की आवश्यकताओं की संतुष्टि अवश्य होती है। अन्यथा श्रम से दूर होती विलासितापूर्ण जीवनशैली की दिशा में इनके कदम उठते और इन आवश्यकताओं की पूर्ति हेतु अच्छा-खासा खर्चा करना पड़ जाता और इसके लिए अतिरेक आय व आजीविका के साधनों की खोज भी करनी पड़ती जिनसे राष्ट्र पर आय के साधन खड़े करने का अतिरिक्त भार पड़ता। आचार्य विनोबा भावे ''सर्वोदय का अर्थकारण'' में स्पष्ट करते हैं कि विज्ञान और सृष्टि में जो शक्ति निहित है उसका मान करना तथा उसे उपयोग में लाने की कला का समन्वित प्रयास का परिणाम है हुनर। इस शक्ति को सम्पोषित दिशा में ले जाने का पुरुषार्थ खरा हुनर कहा जा सकता है। सम्पोषण की दृष्टि से हुनर ''विज्ञान और आत्मज्ञान'' का सुन्दर समन्वय है। भौतिक व आध्यात्मिक विकास साथ-साथ हो तभी सर्वांगीण विकास संभव है। सम्पोषित आजीविका अभिगम को समझने के लिए दोनों शब्दों का विस्तृत अर्थ जानना जरूरी है। सम्पोषित का सामान्य अर्थ है जिसमें सभी का पोषण होता हो अर्थात आपके पोषण संबंधी प्रयासों से दूसरों का पोषण अवरुद्ध नहीं होता हो या दूसरे के हितों को क्षति नहीं पहुँचती हो। गांधीजी के विकासलक्षी विचारों के आधार पर कहें तो सम्पोषण वह स्थिति है जिसमें व्यक्ति अपने कार्यों की योजना बनाने एवं अमलीकरण संबंधी निर्णय लेने से पूर्व विचार करता है कि उसका समाज के अंतिम छोर पर रहने वाले व्यक्ति पर क्या प्रभाव पड़ेगा? उनका एक कथन सम्पोषित आजीविका व्यवस्था की स्थापना हेतु आन्तरिक ताकत प्रदान करता है-''मैं तुम्हें एक जंतर देता हूँ कि जब भी तुम्हें संदेह हो या तुम्हारा अहम तुम पर हावी होने लगे तो यह कसौटी आजमाओ-जो सबसे गरीब और कमजोर आदमी तुमने देखा हो, उसकी शक्ल याद करो और अपने दिल से पूंछो कि जो कदम उठाने का तुम विचार कर रहे हो, वह उस आदमी के लिए कितना उपयोगी

होगा। क्या उससे उसे कुछ लाभ भी पहुँचेगा? क्या उससे वह अपने ही जीवन और भाग्य पर कुछ काबू रख सकेगा? यानि कि क्या उससे उन करोड़ों लोगों को स्वराज्य मिल सकेगा जिनके पेट भूखे हैं और आत्मा अतृप्त है? तब तुम देखोगे कि तुम्हारा संदेह मिट रहा है और अहम समाप्त होता जा रहा है।'' सम्पोषित आजीविका प्रबंधन हेतु यदि प्रत्येक निर्णय इस कथन को ध्यान में रखकर लिया जाय तो हरेक मुश्किल आसान हो जायेगी। सम्पोषितता के अभिगम में स्थानीयता को प्राथमिकता दी जाती है कि पहले सबसे नजदीक के लोगों का संसाधनों के उपयोग और प्रतिफल पर हक हो। गांधीजी का मानना था कि हमें अपने मस्तिष्क की खिड़कियों को खुला रखना चाहिए ताकि बाहरी विचार उसमें प्रवेश कर सकें किन्तु इतना अवश्य ध्यान रखना चाहिए कि वे कहीं हमारी जड़ों को ही उखाड़ न फेक दें। आज वैश्वीकरण और उदारीकरण के दौर में अपनी जड़ों को बचाए रखकर जीवनयापन का विचार को सम्पोषण के दायरे में रखकर देखा जा सकता है क्योंकि वर्तमान प्रवाह से कोई भी अछूता नहीं रह सकता किन्तु विवेकपूर्ण आजीविका उपायों से अपने अस्तित्व को बचाए रखने में कामयाब हो सकता है।

गांधीजी ने हिन्द स्वराज (1909) में सभ्यता के मायने खोजते हुए जिन प्रतिमानों को मानवता के लिए जरूरी समझा गया है उनमें सातत्यपूर्ण विकास के आयामों की झलक मिलती है। सच्ची सभ्यता में उन नैतिक प्रतिमानों को शामिल किया जा सकता है जिनसे आत्मसंतुष्टि, दूसरों की खुशी, सम्मान व प्यार मिलता हो। गांव सबसे छोटी किन्तु पूर्ण स्वावलंबी इकाई के रूप में विकसित हो, यह स्थानीयता की बुनियाद को मजबूत करने व लोकतांत्रिक मूल्यों को दृढ़ करने तथा विकेन्द्रीकरण व्यवस्था की स्थापना के लिए जरूरी है। आजीविका के संदर्भ में इस आधार को नजरअंदाज किया जाना उचित नहीं माना जा सकता। गांधीजी एक सत्याग्रही के लिए वैयक्तिक व सार्वजनिक सुख की समान चिंता करने वाले कर्मयोगी के लिए जिन एकादश व्रतों की अनुपालना जीवन में आवश्यक समझते थे क्योंकि अहिंसक समाज रचना की दिशा में इसकी मजबूत बुनियाद पर ही सम्पोषित आजीविका की इमारत खड़ी की जा सकती थी सच्चे विकास की दिशा में गति करने हेतु शाश्वत ऊर्जा प्रदान की जा सकती थी। गांधीजी की नजर में सुख-समृद्धि व शांति के समन्वय का इससे पृथक अन्य कोई छोटा रास्ता नहीं था। साधन शुद्धि व ध्येय शुद्धि में उनकी अटूट श्रद्धा थी। सम्पोषित आजीविका व्यवहारों की स्थापना में साधन शुद्धि का ख्याल केन्द्र में होना चाहिए। यदि हमारी आजीविका का मकसद शुद्ध है अर्थात किसी छल-बल से क्षति पहुँचाकर लाभ कमाना नहीं

है तभी हमें आजीविका के परिणामस्वरूप शाश्वत खुशी मिल सकती है। नोबेल पुरुस्कार विजेता अर्थशास्त्री अमृत्यसेन जिन्होंने मानव विकास, ग्रीन अर्थशास्त्र व गरीबी पर अपने विश्लेषणात्मक विचार रखे हैं, का मानना है कि अर्थव्यवस्था ऐसी होनी चाहिए जिसमें लाभ व संसाधनों का न्यायोचित बँटवारा सुनिश्चित होता हो एवं पर्यावरणीय संरक्षण का संतुलन कायम रहता हो।

आजीविका के संदर्भ में आवश्यकता संतुष्टि बनाम आवश्यकताओं का निर्माण

इस विमर्श में यह सर्वमान्य तथ्य सामने उभर कर आता है कि आजीविका का अस्तित्व मानवीय आवश्यकताओं की संतुष्टि के लिए है। आजीविका के तहत व्यक्ति अर्थोपार्जन भी इसलिए करता है कि उसकी और उसके परिवार की बुनियादी आवश्यकताएं बेहतर तरीके से संतुष्ट हो। इसलिए इस सम्पूर्ण विमर्श में 'आवश्यकता संतुष्टि' एक महत्वपूर्ण घटक है जो आजीविका की आत्मा को समझने पर बल देता है। हम अपनी बुनियादी आवश्यकताओं की संतुष्टि हेतु आजीविका का सृजन करें किन्तु वह आजीविका लोगों की वास्तविक जरूरतों की संतुष्टि से सीधी सरोकार रखती हो यह अत्यन्त आवश्यक है। किन्तु आजीविकोपार्जक यदि लालचवश अथवा निहित स्वार्थ की सिद्धि के लिए ऐसा उत्पाद या सेवाएं उपलब्ध कराने लग जाता है जो लोगों की आवश्यकता संतुष्टि की जगह आवश्यकता खड़ी करने लग जाता है जो व्यावसायिक नीतिमत्ता की दृष्टि से गलत होगा ही साथ ही साथ राष्ट्रीय हितों पर भी विपरीत असर डालेगा। इस मर्म को गहराई से न समझ सकने वाले कतिपय लोग तर्क दे सकते हैं कि अधिक उत्पादन होने पर देश का सकल घरेलू उत्पाद एवं आय में वृद्धि ही होती है। ऐसे लोग संभवतः आजीविका का एक ही पक्ष देख पाते हैं। इस दशा में वस्तु, उत्पाद या सेवा अपना वास्तविक मूल्य खो देता है और मांग पूर्ति के मकड़जाल में उलझकर रह जाता है। इस दृष्टि से आजीविका में वे प्रयास ही सम्मिलित करने योग्य हैं जो समाज के जीवनयापन के लिए आवश्यक हों, जिसमें श्रम के अनुरूप प्रतिफल की सुनिश्चितता हो, जिसमें उद्यमी की बुनियादी आवश्यकताओं को संतुष्ट करने की क्षमता हो। अन्य शब्दों में व्यक्ति अपनी निहित व अर्जित कुशलताओं और क्षमताओं का उपयोग करके जीवनयापन हेतु आवश्यक जरूरी उपयोगिता का सृजन करता हो ताकि उद्योगसाहसिक और समाज दोनों की आवश्यकताओं की समान रूप से संतुष्टि हो। यदि यह विचार आजीविका सृजन के मूल में रहे तो कोई भी आजीविका सम्पोषित विकास की कसौटी पर खरी उतर सकती है।

आजीविका और उपभोग का अर्थशास्त्र

अहिंसक समाज रचना की दृष्टि से आजीविका आय का स्त्रोत मात्र नहीं अपितु जीवन जीने का माध्यम होनी चाहिए क्योंकि 'आजीविका जीवन के लिए है, जीवन आजीविका के लिए नहीं।' जीवन से तात्पर्य खुशी से है, वैयक्तिक-सामुदायिक समृद्धि से है इसलिए आजीविका से मात्र पैसा नहीं अपितु सच्ची खुशी मिलनी चाहिए। यह भी समझ लेना जरूरी है कि समुदाय की खुशी में और सृष्टि के अस्तित्व में ही व्यक्ति की खुशी निहित है। आजीविका में वैयक्तिक जरूरतों की संतुष्टि के लिए उपलब्ध संसाधनों का विदोहन किया जाता है। सम्पोषित विकास के दृष्टिकोण से यहाँ यह तय करना जरूरी हो जाता है कि व्यक्ति विशेष को किस मात्रा में सामुदायिक संसाधनों के विदोहन का अधिकार है अथवा उसे किस मात्रा में अपनी जरूरतों की संतुष्टि हेतु उपलब्ध संसाधनों का विदोहन करना चाहिए। इनके मध्य एक उपयुक्त संतुलन का होना अनिवार्य है। इसे 'उपभोग का नीतिशास्त्र' अथवा 'नीतिमत्तापूर्ण अर्थशास्त्र' कहा जा सकता है। आजीविका के स्वरूप, प्रमाण व आजीविका की व्यूहरचना को तय करने में उपभोग वृत्ति में परिवर्तन की दशा दिशा महत्वपूर्ण भूमिका अदा करते हैं। गांधी विचार के अनुरूप सम्पोषित समाज-रचना के निर्माण में संयमित जीवन शैली की उपस्थिति हेतु प्रयोग अनिवार्य हैं तभी व्यक्ति, समाज व सृष्टि का संकलित रूप से संरक्षण संभव है। भारतीय संस्कृति में व्याप्त इस विचार को आजीविका की विभावना के साथ आत्मसात करना होगा कि इस जगत में कोई भी व्यक्ति अपने जन्म के समय अपने साथ लेकर कुछ नहीं आता है इसलिए किसी को भी अन्य की अपेक्षा आजीविका हेतु उपलब्ध संसाधनों के उपयोग का कोई भी विशिष्टाधिकार प्राप्त नहीं हो जाता है। कदाचित यदि उसे पुश्तैनी रूप से (विरासत में) अतिरेक संसाधन अथवा संसाधनों के उपयोग हेतु उचित-अनुचित रूप से शक्ति, सत्ता या अधिकार प्राप्त हो भी जाते हैं जो उसकी सामान्य जरूरतों से अधिक हैं, तो उस पर उसका नैतिक दृष्टि से न्यासीय अधिकार ही होना चाहिए। तभी सभी की सम्पोषित आजीविका सुनिश्चित हो सकती है। यहाँ ''आवश्यकताओं'' के संदर्भ में यह स्पष्ट कर देना जरूरी है कि वे जरूरतें जो सभी के जीवन के लिए समान रूप से अपरिहार्य हों, बुनियादी हों, संयमित जीवनशैली एवं संसाधनों के मर्यादित उपयोग पर आधारित हों, को सम्मिलित करना ही न्यायोचित है तभी अहिंसक आजीविका और भयमुक्त समाज की कल्पना को साकार किया जा सकता है। आज इसकी अनुपस्थिति में समाज में केंकड़ावृत्ति घर करती जा रही है जिसमें हर कोई एक-दूसरे की आजीविका को छीनने, उस पर

अनाधिकृत अतिक्रमण करने एवं येन केन प्रकारेण उस पर काबिज होने की जुगत में लगा हुआ है। इसमें अंततः सभी के साथ उसका भी अस्तित्व जोखिम में आ जाता है किन्तु वह तब तक बहुत दूर निकल चुका होता है जहाँ से पीछे लौटना संभव नहीं होता। कविवर नीरज की ये पंक्तियां काफी सटीक प्रतीत होती हैं-'आग लेकर हाथ में पगले जलाता है किसे, जब न ये बस्ती रहेगी, तू कहाँ रह पायेगा।' ऐसे में एक-दूसरे को अपनी आजीविका को लेकर हमेशा असुरक्षा व चिंता बनी रहती है जो उसके विवेक पर हावी होकर उचित-अनुचित कृत्य व उसके परिणामों का भेद भुला देती है तब वह पैसा होने के बाबजूद खुशी के साथ भयमुक्त व तनावमुक्त जीवनयापन नहीं कर पाता है। इस स्थिति में वैयक्तिक तौर पर सहज मानवीय गुणों का तो ह्रास होता ही है साथ ही साथ समाज में भी अपराधिक व विकारी मानसिकता का जन्म होता है जिसका प्रभाव उत्पादक व उपभोक्ता एवं समूचे अर्थतंत्र पर पड़ता है। ऐसी दशा में हो सकता है कि लोगों के पास आर्थिक समृद्धि बढ़े, सकल राष्ट्रीय आय भी बढ़े किन्तु वह व्यक्तिगत सुख-चैन, सामुदायिक अमन-चैन नहीं होगा जिसमें सुखमय आनंदित जीवन जीया जा सके अथवा जिसके लिए आजीविका की व्यवस्था की गई थी उसे मूर्तरूप में महसूस किया जा सके। यदि स्थापित मानवीय मूल्यों के साथ आजीविका का संचालन नहीं किया गया तो विषमताओं की खाई निरंतर बढ़ते रहने से आजीविका का स्थायित्व संकट में आ जायेगा। गांधीजी का यह कथन सत्य ही प्रतीत होता है कि "प्रकृति सभी व्यक्तियों की आवश्यकताओं को संतुष्ट कर सकती है किन्तु किसी एक के लालच को नहीं।" लालच अपरिमित है, सुरसा के मुँह की भाँति है जिसमें सभी कुछ अपने में समेट लेने की आकांक्षा करने वाला व्यक्ति एक दिन स्वयं उसी काल के गाल में समा जाता है और यह उस व्यक्ति के विवेक-रहित कृत्य की तरह है जो उसी डाली को काटने में जाने अनजाने में मग्न है जिस पर वह बैठा हुआ है। आज वैश्वीकरण और उदारीकरण के दौर में कमजोर लोगों व स्थानिक हुनरों को लेकर कमोवेश यही स्थिति बनती जा रही है। लोग अपने परम्परागत हुनर को तवज्जो न देकर थोड़े से अधिक पैसे के लालच में एवं भौतिकतावादी जीवनशैली की चकाचोंध में भ्रमित होकर अपने सातत्यपूर्ण विकास की दिशा निर्धारित नहीं कर पा रहे हैं। इसके चलते स्थानीय संसाधनों का स्वामित्व शक्ति-सम्पन्न लोगों के हाथों में चला जा रहा है, अधिकतम नफाकारता के पैमाने पर कम से कम समय में सबसे आगे निकलने की होड़ में ऐसे लोगों के मन में प्रकृति का क्रूर निकंदन करने से कोई गुरेज नहीं हैं क्योंकि उन्हें तो स्थानिक पारिस्थितिकीय तंत्र के संरक्षण

से कोई लेना–देना नहीं होगा। इस स्थिति में कुदरती संसाधनों को लेकर इनकी मनोवृत्ति भी उत्पादन के अन्य साधन की तरह ही रहती है जब तक उपयोगिता है तब तक उनका भरपूर शोषण, नहीं तो फिर दूसरी जगह पर विनियोजन करके वही पुनरावृत्ति। यह मनोवृत्ति बुनियादी आवश्यकताओं की पूर्ति के लिए नहीं अपितु अन्य पर अपना प्रभुत्व साबित करने के उद्देश्य से आजीविका संचालन हेतु संसाधनो के संवेदनरहित अविवेकपूर्ण उपयोग को बढ़ावा देती है। उन्नत टेक्नोलोजी व असंतुष्ट आवश्यकताओं को असंतुलित रूप से साथ लेकर चलने से आजीविका का प्रबंधन गड़बड़ाता जा रहा है। संसाधनों की निर्वहन क्षमता जो जनसंख्या प्रमाण पर एक हद तक निर्भर करती है, से कहीं अधिक संसाधनों के उपयोग व उपभोग पैटर्न को लेकर लोगों की मानसिकता में जो परिवर्तन आए हैं, जो विसंगतियां खड़ी हुई हैं, वे संसाधनों की बदतर स्थिति व स्थानीय आजीविका आधारित हुनरों के अस्तित्व के लिए घातक सिद्ध हो रही हैं। सामाजिक सांस्कृतिक घटक जो जीवनशैली के स्वरूप व प्रवाह को निर्धारित, नियमित व नियंत्रित करते हैं, उन पर आमजन की ढीली होती पकड़ वर्तमान आजीविका व्यवस्था के संदर्भ में जिम्मेदार कारक माने जा सकते हैं।

आ-सम्पोषित आजीविका की प्रवर्तमान प्रासंगिकता, सम्पोषित आजीविका अभिगम को समझने की आवश्यकता

वर्तमान विकास की परकोलेशन थ्योरी के अनुसार आजीविका के स्वरूप पर विचार के आधार पर माना जाता है कि उत्पादन या विकास के जो भी परिणाम प्राप्त होते हैं वे उसी प्रकार समाज के अंतिम व्यक्ति तक पहुँचते हैं जिस प्रकार पानी जमीन की ऊपरी सतह से अंतिम तह तक बचे हुए भाग के रूप में पहुँचता है। इस क्रम में ऊपरी सतह व अंतिम सतह के परिणामों में बहुत अधिक अंतर रह जाता है जिसे किसी भी दृष्टि से न्यायसंगत नहीं कहा जा सकता। इसके विपरीत सर्वोदय के अंतोदय अभिगम में वितरण की विकेन्द्रित योजना को मूर्तरूप दिया जाता है। इसमें समाज के अंतिम छोर पर रहने वाले व्यक्ति को उसी प्रकार अग्रताक्रम में रखा जा सकता है जिस प्रकार घर की किसी भी वितरण व्यवस्था में सबसे छोटे, निर्बल या जरूरतमंद सदस्य का ख्याल रखा जाता है। आजीविका हेतु आर्थिक आयोजन इस तरह से हो जिसमें प्रत्येक व्यक्ति की प्राथमिक आवश्यकताएं सर्वप्रथम पूरी हो सकें। यह देखा गया है कि स्थानीय व्यवस्था में जब भी किसी भी नाम पर बाहरी प्रोफेशनल्जिम को घुसाने की कोशिश की जाती है तो शक्ति सम्पन्न होने से वह स्थानीय उत्पादन व वितरण व्यवस्था को धीरे-धीरे कब्जिया (नियंत्रित कर) लेती है। वृहद इकाईयों से शुरूआत में कुछ लोगों को आय के बढ़ने का लालच व स्थानिक लोगों के हितों के संरक्षण का भ्रम रहता है किन्तु अंततः वे स्थानिक हितों के संरक्षण को ही खदेड़ कर अपना शिकंजा कसती चली जाती है जो आरम्भ से ही उनके छद्म एजेन्डे का हिस्सा होता है। स्थानीय समुदाय इस व्यवस्था से अपना स्वावलंबन और स्वायत्तता दोनों खो देता है। फिर उसकी स्थिति ''धोबी का कुत्ता घर का न घाट का'' जैसी होती है। उसे इस सयानी सोच पर भी अवश्य ध्यान देना चाहिए कि ''आधी छोड़ सारी को धावे, सारी मिले न आधी पावे''। इससे बेहतर तो पूर्व की स्थिति होती है जिसमें उसे थोड़ा-थोड़ा ही सही उतना लाभ सतत रूप से अवश्य मिलता रहता है जिसमें उनकी बुनियादी व मर्यादित जरूरतें पूरी हो सकें। वर्तमान उदारीकरण के दौर में साथ चलने की होड़ में संसाधनों के दोहन को लेकर वैश्विक व ग्रामीण अर्थव्यवस्था की संयुक्त गाड़ी इसी तरह खिचड़ती है क्योंकि उस बेमेल व असंतुलित गाड़ी में एक पहिया शक्ति सम्पन्न ट्रेक्टर का होता है तथा दूसरा निर्बल छोटे से स्कूटर का। यदि हमें सच में कुछ

प्रयास करना है तो समझना होगा कि उद्धार में उधारी नहीं चलेगी जो भी करना है दृढ़ इच्छाशक्ति के साथ, तत्परता के साथ और त्वरित करना होगा।

संयमित बनाम् उपभोक्तावादी जीवनशैली तथा आजीविका का प्रवाह, कारण, एवं परिणाम पर चर्चा प्रासंगिक एवं जरूरी है। रचनात्मक व शाश्वत विकास के कर्मयोगी महात्मा गांधीजी ने संयमित जीवनशैली, साधन शुद्धि, सह-अस्तित्व और स्वावलंबन के माध्यम से आजीविका के पोषणक्षम विकल्पों को समाज के सामने रखा जिनकी प्रासंगिकता पर आज भी प्रश्नचिन्ह नहीं लगाया जा सका है और न ही उसे आधुनिकता के युग में औचित्यहीन ठहराया जा सका है। हाँ यह बात अलग है कि उस पर चलना आज हमें कठिन या दुष्कर अवश्य प्रतीत होता है, किन्तु वांछित सुख-शांति के परिणामों को प्राप्त करने का वह एक सर्वोत्तम व साधन शुद्धि युक्त मार्ग है, इस तथ्य से इंकार नहीं किया जा सकता। उपभोक्तावादी जीवनशैली में इच्छाएं अपरिमित होने से श्रम-साध्यता के अभाव में आजीविका के प्रवाह को आपाधापी की अंधी दौड़ में झोंक दिया गया है। 'अर्थ' आधारित संकुचित दायरे में बंधी लोगों की मानसिकता जिसमें व्यक्ति निजी स्वार्थ की सिद्धि हेतु वह समस्त साधन-संसाधनों का बेहताशा शोषण करता है और विवेक रहित होकर दूसरों के हितों पर अनुचित सत्ता कायम करने में भी नहीं सकुचाता, आजीविका अर्थात् व्यवसाय को जंग मानकर उचित-अनुचित में भेद नहीं करता, अधिकतम संग्रहखोरी को बढ़ावा देता है, दूसरे को कुचलते हुए आगे निकल जाने की जुगत में रहता है तब इस प्रयास में संतुष्टि के मापदण्ड कहीं दूर छूट जाते हैं, सह-अस्तित्व का सुरक्षा कवच छिन्न-भिन्न हो जाता है, सभी को हुनर के अस्तित्व बनाए रखने हेतु न तो अवसर प्राप्त हो पाते हैं और न ही पूर्ण आजीविकोपार्जन का परिमाण। अंतहीन लालच की इस कड़ी का पर्याय है उपभोक्तावादी, भौतिकतावादी, भोगवादी संस्कृति। आजीविका का संयमित जीवन शैली पर केन्द्रित होना आवश्यक है जिसमें सभी का जीवन निहित है भले ही आंकड़ाकीय रूप से उतनी समृद्धि दृष्टिगोचर न हो किन्तु उससे कहीं अधिक सभी के लिए सुख की अनुभूति अवश्य सुनिश्चित होगी जिसमें आजीविका के माध्यम से सर्वोदय व अन्तोदय की कल्पना को साकार किया जा सकता है।

भारतीय ग्रामीण परिवेश में आजीविका आधारित हुनर

हमारे देश के शुभचिंतक व कर्णधारों का मानना था कि इस देश की अर्थव्यवस्था ग्रामोद्योगों के बिना सही तरीके से नहीं चल सकती है। इतिहास गवाह

है कि अंग्रेज हमारे यहाँ व्यापार करने के उद्देश्य से आये थे। उस समय भारत के हाथ से बने उत्पादों की इंग्लेंड में बहुत मांग थी। हिन्दुस्तान के लोग अपनी जरूरतें पूरा करने के उपरान्त अतिरिक्त माल सात हजार मील दूर के देशों तक भेजा करते थे। अंग्रेजों ने सर्वप्रथम भारत से कच्चा माल अपने देश भेजा और वहाँ के तैयार माल की खपत अपने व भारत देश में की तथा समूचे अर्थतंत्र पर अपना कब्जा कर लिया। इस तरह ग्रामोद्योग, हुनर और स्थानीय आय के साधनों (रोजगारी) की कमर टूटती चली गई। आज अपने ही देश में अधिकतम उत्पादन व लागतों को कम करने के नाम पर बेफाम यंत्रीकरण व बड़े पैमाने पर उत्पादन को प्रश्रय दिया जा रहा है। विकास के परकोलेशन सिद्धान्त के तहत यह माना जा रहा है कि यदि बड़े पैमाने पर या औद्योगिक घरानों को लाभ होगा तो इसका फायदा नीचे के लोगों तक अपने आप पहुँच जायेगा। मशीनीकरण लोगों के हाथ से श्रमसाध्य हुनर और बौद्धिक रचनात्मकता और स्थानीय स्तर पर स्थायी आजीविका को छीनने का अंग्रेजों के जमाने जैसा ही दुष्चक्र है जो वैश्वीकरण व उदारीकरण के नाम पर अपने ही देश में अपने लोगों द्वारा चलाया जा रहा है। मशीनीकरण के विरोध को लेकर गांधीजी के विचार स्पष्ट थे कि वे यंत्रों का विरोध हरगिज नहीं करते थे अपितु यंत्रों के विवेकपूर्ण उपयोग को अनिवार्य मानते थे। यंत्रों के पीछे भागने की असीमित लालसा या अति को नहीं चलाया जा सकता। यह अवधारणा भी गलत है कि छोटे औजारों की बजाय बड़े यंत्र अधिक उपयोगी हैं। जबकि वास्तविकता यह है कि कारखानों के बड़े बड़े यंत्रों ने मानव को हर क्षेत्र या छोटी-मोटी जरूरत के संदर्भ में लगभग परावलंबी बना दिया है। यंत्र तीन प्रकार के होते हैं-संहारक यंत्र जैसे तोप, गन इत्यादि इनका विरोध होना चाहिए, दूसरे समय साधक जिनसे उत्पादकता पर विपरीत असर नहीं होता है तथा तीसरे उत्पाद यंत्र जिनका विवेकपूर्ण उपयोग अनिवार्य है क्योंकि जो यंत्र मानव श्रम में पूरक हों जैसे तकली, चरखा, फावड़ा, खुरपी, हांसिया आदि उनका स्वागत हो तथा मारक यंत्र जो मानव श्रम को बेकार बनाते हैं उनका विरोध हो। कोई यंत्र मारक है या उत्पादक यह देश काल की परिस्थिति के अनुसार निर्धारित किया जा सकता है। उदाहरण के लिए ट्रेक्टर जो आस्ट्रेलिया जैसे कम जनसंख्या वाले देश में श्रम को बचाने वाला होता है तो भारत जैसे देश में मारक हो जाता है।

बड़ी-बड़ी कपड़ों की मिलों ने हमारे गांवों से छोटे-छोटे बुनकर, रंगरेज जैसे हुनरों को खतम करके इसकी समस्त कड़ियों को लुप्त कर दिया जबकि ये स्वदेशी धर्म तथा ग्राम स्वराज का अभिनव अंग रही हैं। आज की पीढ़ी के लिए तो ये

कार्य कहानी किस्सों में ही सिमट कर रह गये हैं। गांधीजी ने इस संवेदना को समझा होगा तभी उन्होंने खादी को वस्त्र नहीं अपितु विचार के रूप में, आजादी के सशक्त साधन के रूप में, तंत्र नहीं अपितु तत्व के रूप में विकेन्द्रित अर्थव्यवस्था हेतु अनिवार्य बताया। इसी प्रकार हम देखें तो समझ पायेंगे कि गांवों से कच्चे तेल की घाणी खत्म करके स्थानिक हुनर को सुनियोजित तरीके से नेस्तानाबूत किया गया था और इन दस्तकारों को पराधीनता की आजीविका की ओर धकेल दिया गया। जबकि आज बड़े उद्योगों द्वारा इन्हीं घाणियों का पुनः नफाकारक उपयोग किया जा रहा है जिसका खामियाजा अधिक कीमत का भुगतान कर सम्पूर्ण समाज भुगत रहा है। हमारी उत्पादन व्यवस्था स्वावलंबी अथवा परस्परालंबी होनी चाहिए। इस दिशा में दो परिपूर्ण ही एक-दूसरे के लिए पूरक साबित हो सकते हैं-पूर्णम् अदः पूर्णम् इदम। उदाहरण के लिए जहाँ अच्छे गेहूँ नहीं होते वहाँ उसके उत्पादन का आग्रह नहीं रखना चाहिए और इसके स्थान पर स्थानीय स्तर पर जो कुछ उत्पन्न होता है उसका सेवन करके अर्थतंत्र की समस्याओं का स्थायी समाधान प्रस्तुत किया जा सकता है। ऐसी वस्तुओं का भार दूसरों पर न डालना ही स्वदेशी धर्म और अहिंसक समाज रचना है। आज मानव की निष्ठुरता खोटी व्यवस्था के कारण उदय हुई है। अपना पड़ोसी जो वस्तु बनाता है उसका उपयोग न करके संकुचित स्वार्थपरता के कारण बाहरी वस्तुओं का उपयोग करना स्वदेशी विरोधी वृत्ति को बढ़ावा देना है। **तू पंगु नहीं है, तुझे काम करना चाहिए, और उस प्रकार तू जो उत्पन्न करेगा उसे उपयोग करने का धर्म मेरा है।** आसपास की वस्तुओं को छोड़कर बाहर की वस्तु का उपयोग करने के पीछे करुणा नहीं लोभ की दृष्टि होती है अन्यथा उसकी वस्तु खरीदकर उसके दुख को कम करने में हम हिस्सेदार अवश्य बनते। कच्चा माल गांव में पैदा होता है और जिसके तैयार माल की गांव को जरूरत है, यदि वह माल हम गांव के लोगों द्वारा गांव में ही बना लिया जाय तो हम स्वदेशी धर्म का पालन कर सकते हैं, नहीं तो ''उल्टे बांस बरेली को'' वाली कहावत चरितार्थ होगी। 'बाजार तंत्र के शिकंजे में फँसकर' के कसमसा रही वर्तमान ग्रामीण हुनर अथवा आजीविका की व्यवस्था का 'बाजार-अर्थतंत्र' से मुक्त होना आवश्यक है। ग्रामीण बाजार में सस्ते और महंगे के गणित को सम्पोषित विकास व आय के स्थानीय चक्र के परिभ्रमण की कसौटी पर कसकर समझना होगा।

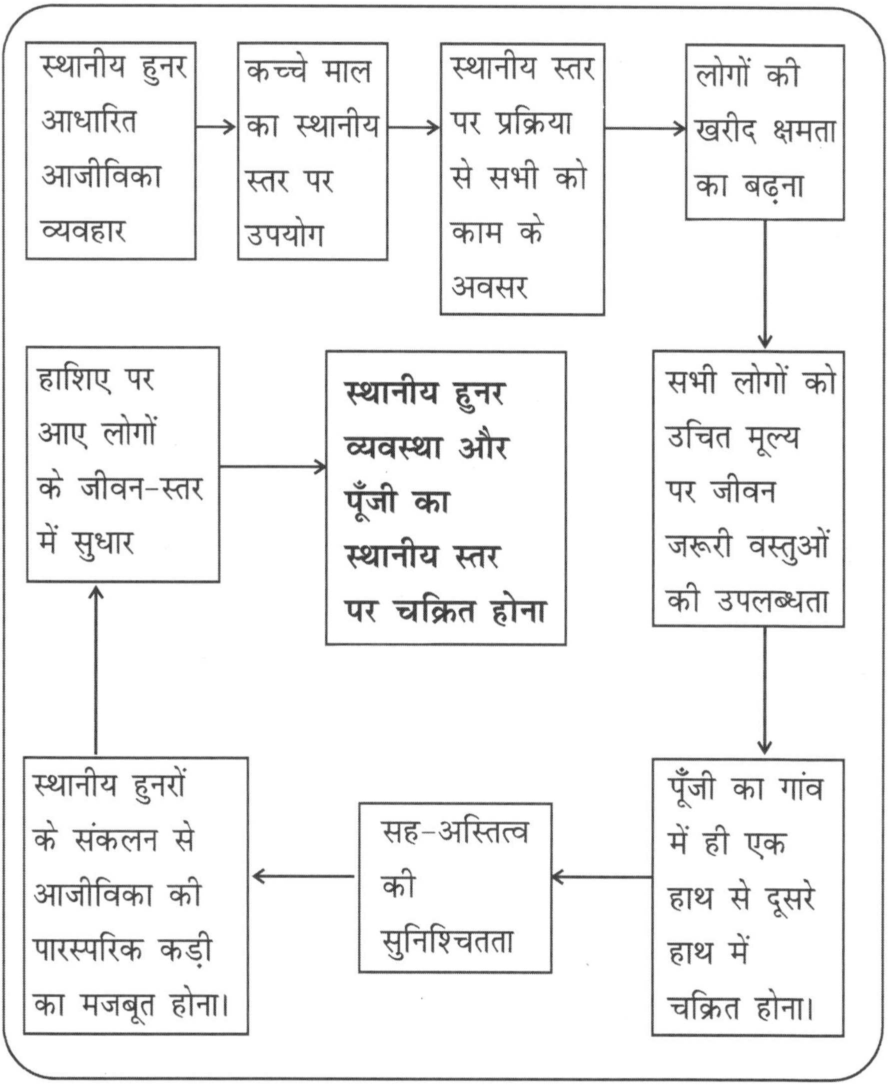

उद्योगीकरण गांव में ही क्यों हो?.... इसके पीछे तर्क यह है कि इससे गांव की पूँजी गांव में रहेगी, गांव में श्रमसाध्य उद्यमिता वृत्ति का विकास होगा, गांव के कच्चे माल से लोगों की जरूरतों की वस्तुएं गांव में ही निर्मित हो सकेंगीं और उन्हें उचित दाम पर उपलब्ध हो सकेंगीं जिससे उपभोग स्तर अथवा जीवन निर्वाह के स्तर में मात्रात्मक एवं गुणात्मक सुधार लाया जा सकेगा तथा दूसरी तरफ स्थानीय लोगों के लिए रोजगार के अवसर खड़े होंगे जिससे गरीबी व बेकारी की समस्या से निजात मिल सकेगी। इसके साथ–साथ लागतों और अनावश्यक खर्चों पर अंकुश लाया जा सकेगा जिससे अंततः प्रति व्यक्ति आय व राष्ट्रीय आय अथवा उत्पादकता

में समान रूप से वृद्धि संभव हो सकेगी तथा स्वावलंबन का स्तर भी ऊपर उठ सकेगा। इसका मूलमंत्र स्वदेशी की अवधारणा में निहित है। यदि आर्थिक प्रतिफल का समान रूप से बँटवारा होता है तो सामाजिक अंहिसा का ध्येय सिद्ध किया जा सकता है जिसे कौमी एकता के रूप में शांतिपूर्ण समाज की रचना की दिशा में गांधीजी एक आवश्यक घटक मानते थे। गांधीजी साधन शुद्धि का आग्रह रखते थे। उत्तम साध्य की प्राप्ति हेतु साधनों की शुद्धि अनिवार्य है जो उस अहिंसा के मार्ग से ही संभव है जिसमें प्रेम, करुणा, मानवता व परस्पर विश्वास है। कमाने के साधन अर्थात् आजीवका के साधन शुद्ध होने चाहिए। इसी प्रकार जो आय हो उसका एक न्यायोचित भाग जरूरतमंद लोगों के हितों के लिए अलग करना जरूरी है। गांधी विचार के अनुयायी सरहद के गांधी के नाम से विख्यात खान अब्दुल गफ्फार खान ने खुदाई खिदमतगार संगठन के सदस्यों की आचार-संहिता में लिखा था कि ''हरेक व्यक्ति हक और हलाल की कमाई पर ही जिंदा रहेगा'' यह कथन साधन शुद्धि के विचार की वकालत करता है। आजीविका में साधन शुद्धि का आशय एकदम साफ है कि ऐसे अनुचित साधनों का उपयोग न किया जाय जिससे दूसरों के अधिकारों का हनन होता हो अथवा उन्हें कोई प्रत्यक्ष या परोक्ष क्षति पहुँचती हो। बड़े उद्योगों से रोजगार की समस्या का स्थायी समाधान नहीं लाया जा सकता। इसके लिए गांव में छोटे-छोटे उद्योगों की ओर लौटना ही होगा।

इ-सम्पोषित आजीविका एवं स्थानीय प्राकृतिक संसाधन

सम्पोषित आजीविका और स्थानीय प्राकृतिक संसाधनों के मध्य अर्थपूर्ण संबंध माना जा सकता है। प्रायः आजीविकोपार्जन हेतु उपलब्ध प्राकृतिक संसाधनों का उपयोग किया जाता रहा है किन्तु समस्या तब खड़ी हुई जब आजीविका व्यवहारों के चलते प्राकृतिक संसाधनों के अस्तित्व पर खतरा मंडराने लगा। आजीविका व्यवहारों में मानवीय लालच, अंतहीन लालसा और अतिमहत्वांकाक्षा सिद्धि की कुचेष्टा के बढ़ते जाने से इन संसाधनों का बेहताशा शोषण शुरू हुआ। मानव समुदाय में यह होड़ निरन्तर बढ़ती रही। इससे चंद लोगों को अल्पकालीन आर्थिक लाभ जरूर हुआ किन्तु प्रकृति में असंतुलन पैदा होता गया। जिस प्राकृतिक सम्पदा की धुरी पर ये आजीविका व्यवहार संचालित थे उनका अस्तित्व खतरे में पड़ने लगा, उनकी गुणात्मकता घटने लगी। प्रकृति असंतुलन के साथ-साथ इन कुत्सित व अस्वाभाविक प्रयासों ने सामाजिक-आर्थिक असमानता को पनपाया, आजीविका के प्रतिमानों को बदला, लोगों की मानसिकता को ईर्ष्यालु और भोगवादी बनाकर कुदरत को और अधिक तीव्रता से नुकसान पहुँचाने का कार्य किया। जो आजीविका व्यक्ति समाज व समष्टि के अनुकूलतम संयोजन पर टिकी हुई थी वह स्वार्थ केन्द्रित बन गई। ऐसे में भावी पीढ़ी के हितों की बात तो जाने ही दें वर्तमान पीढ़ी भी इसके दुष्प्रभावों से नहीं बच सकी। चार दिन की चांदनी फिर अँधेरी रात जैसी स्थिति उत्पन्न हो गई। शायद ऐसा हुआ होगा कि हमने अपना ही घर जलाकर हाथ सेंकने की बेवकूफी की, उसी डाल को काटते रहे जिस पर हम और हमारे आने वाली पीढ़ियां ताउम्र बैठ सकती थीं और अपने जीवन का निर्वाह सुख-शांति के साथ कर सकती थीं।

आज कुदरती संसाधनों की क्रूर निकंदन करके विकास पटल पर तथाकथित बेहतर आजीविका का जो भ्रामक चित्र आंकड़ाकीय प्रगति के जादूगरों द्वारा खींचा जा रहा है उसमें सातत्यता नहीं है, जीवंतता नहीं है और स्थायित्व भी नहीं है। यह कुछ ऐसा लगता है जैसे बचपन में जादू की स्लेट पर लिखे शब्द। जिनका लुप्त होना तय है फिर भी प्रगति का भ्रम और इसी रास्ते पर बढ़ते रहने की कवायद यह बुद्धि के दिवालियापन का प्रतीक है। वरना प्रकृति रूपी जीवनदायनी नाक को बेचकर ऐसी आर्थिक प्रगति रूपी नथ को पहनना किस बुद्धिमानी का प्रतीक माना जा सकता है जो आर्थिक केन्द्रीकरण, सामाजिक-आर्थिक असमानता, वर्गभेद को जन्म देती हो और प्राकृतिक घटकों के अस्तित्व व संरक्षण की अवहेलना करती हो।

वर्तमान प्राकृतिक संसाधनों व आजीविका व्यवहारों पर दृष्टिपात करें तो प्रतीत होता है कि निश्चय ऐसा कुछ अवश्य हुआ है जिसने आजीविका के उद्देश्य पर ही प्रश्नचिन्ह खड़ा कर दिया है और आजीविका की प्रकृति पर पुनः विचार करने को विवश कर दिया है। ''सर्वे भवन्ति सुखिनः, सर्वे सन्तु निरामया'' की संस्कृति वाले भारत देश में ऐसी आजीविका को ही स्थान मिल सकता है जिसमें स्व-पर का हित समान रूप से समाहित हो। यदि एक व्यक्ति की आजीविका दूसरे व्यक्ति के आजीविका व्यवहारों का हनन करती है या समष्टि को अनुचित नुकसान पहुँचाती है तो वह सम्पोषितता के दायरे में नहीं आ सकती।

वही आजीविका सम्पोषित है जिसमें प्रकृति प्रदत्त संसाधनों का विवेकपूर्ण उपयोग होता है और जिसका ध्येय मर्यादित व संयमित मानवीय आवश्यकताओं की संतुष्टि करना है। आजीविका व्यवहार इसी विचारधारा के अनुरूप सुगठित व संचालित होने चाहिए। यदि आजीविका व्यवहार अंतहीन नफाकारता के लालच में मानवीय आवश्यकताओं को उकेरने (बढ़ाने) का सबब बनते हैं तो प्रकृति के अस्तित्व को संकट में पड़ने से नहीं बचाया जा सकता। इससे समाज में उपभोक्तावादी संस्कृति जन्म लेगी, और इससे अतिरेक उत्पादन होगा, कुदरती संसाधनों का जरूरत से अधिक उपयोग होगा जिससे प्रकृति इसके भार से दबती चली जायेगी और अंत में फटकर महाविनाश का कारण बनेगी। प्रकृति से हम आजीविका व्यवहारों के संचालन हेतु जो कुछ ले रहे हैं वह उसे पठान की तरह सूद समेत एक साथ वसूल करती है। ऐसा हाल की दशक में आयीं वैश्विक विपत्तियों से सिद्ध हो चुका है। भले ही वह सुनामी हो या अन्य कुदरती विपदाऐं, किन्तु आज का तथाकथित प्रगतिशील मानव समुदाय इन घटनाओं से सबक नहीं ले रहा है और जानबूझकर गड्ढे में गिरने का काम कर रहा है। सम्पोषित आजीविका व्यवहार ही इससे बचने का और जीने का एकमात्र विकल्प है जिसमें सभी की बुनियादी जरूरतों की संतुष्टि के लिए सभी को काम मिलने की सुनिश्चितता है।

ई-वर्तमान प्रवाह में आजीविका अभिगमः एक विश्लेषण

सम्पोषित आजीविका के स्वरूप और परिमाण पर विचार-वैश्विक दृष्टि से मान्य सम्पोषित विकास की परिभाषा ब्रून्डट्लेण्ड कमीशन द्वारा दी गई है कि भावी पीढ़ी के हितों से समझौता किए बिना वर्तमान पीढ़ी की आवश्यकताओं की संतुष्टि ही सम्पोषित विकास है। इसमें पर्यावरण संरक्षण का अभिगम गर्भित है अर्थात विकास के चलते पर्यावरणीय संतुलन व जैविक विविधता में अनावश्यक दखलंदाजी नहीं होनी चाहिए। इस दृष्टि से देखें तो हम पाते हैं कि सम्पोषित आजीविका वह उद्योगसाहसिकता या उद्यमिता मानी जा सकती है जिसमें सभी की जरूरतों की संतुष्टि के साथ सृष्टि के समस्त घटकों का सह-अस्तित्व सुनिश्चित होता है तथा जिसमें समाज व राष्ट्र की सुख-शान्ति सुनिश्चित होती है। इस दृष्टिकोण से उद्यमिता के 'स्वरूप' और 'परिमाण' दोनों पहलुओं पर विचार करने की जरूरत है। 'स्वरूप' निर्धारण में 'साधन शुद्धि' पर विचार करना अपरिहार्य होगा तभी विशुद्ध परिणामों की उपलब्धि संभव है। अन्यथा वही कहावत चरितार्थ होगी 'बोया पेड़ बबूल का आम कहाँ से होय'। और इसे भी समय रहते समझ लेना होगा नहीं तो 'जब चिड़िया चुग गई खेत, फिर पछताए होत का'। आजीविका अथवा उद्यमिता के स्वरूप का संबंध उत्पादकों की बुनियादी जरूरतों तथा समाज के अंतिम छोर पर रहने वाले व्यक्ति की खरीद-क्षमता से होना चाहिए ताकि हर व्यक्ति की पहुँच में वे वस्तुएं हों जिनकी उन्हें जरूरत है। आवश्यकता संतुष्टि हेतु वे वस्तुएं उत्पादित करनी चाहिए जिनसे समाज व सृष्टि को न्यूनतम हानि पहुँचती हो। कम से कम वे स्थानीय लोगों की जरूरतों को पूरा करती हों।

इस अभिगम का दूसरा पहलू आजीविका का 'परिमाण' है। उद्यमिता में यह 'परिमाण' जितना या जिस गति से 'अधिकतम बिन्दु' की ओर बढ़ता है सामान्य व्यावसायिक जगत में सफलता उतनी ही बड़ी मानी जाती है किन्तु यदि इसका सम्पोषित विकास के पैमाने पर आकलन करें तो हम पाते हैं कि इस प्रकार की व्यक्तिगत सिद्धि (Achievement) सामूहिक खुशी का सबब नहीं बनती क्योंकि इसके तरीकों में गलाकाट प्रतियोगिता होती है और इस होड़ में संसाधनों का बिना रुके बेहताशा शोषण बढ़ता है, पूँजी, शक्ति व सत्ता का केन्द्रीकरण बढ़ता है, अमीर-गरीब के बीच की खाई गहरी होती चली जाती है। असीम नफाकारकता के लोभ में 'कृत्रिम जरूरतें' खड़ी करके 'उपभोग व्यवहार को बदलने' की हर संभव कोशिशें की जाती हैं भले ही इससे सृष्टि, समाज, संस्कृति तथा दीर्घकाल में

उपभोक्ता की आर्थिक व आरोग्य स्थिति पर विपरीत ही असर क्यों न पड़ता हो, इससे कोई लेना-देना नहीं होता। हम नोबेल पुरस्कार विजेता अमृत्यसेन के नजरिए से देखें तो अर्थव्यवस्था ऐसी होनी चाहिए जिसमें अमीरी-गरीबी का अंतर कम हो, पर्यावरणीय संतुलन हो, जिसमें समाज के सभी लोग अपनी बुनियादी आवश्यकताओं की संतुष्टि कर सकें।

उद्योग साहसिकता का परिमाण → उपभोग व्यवहार → आजीविका तथा सम्पोषित विकास

इन तीनों के मध्य परस्पर सीधा सम्बन्ध है। उद्यमिता अथवा आजीविका के संचालन के प्राथमिक मकसद की ओर गौर करें तो स्पष्ट होता है कि आजीविका का प्रमाण इतना अवश्य हो जिससे उसकी और उसके परिवार की बुनियादी आवश्यकताओं की संतुष्टि बेहतर तरीके से सुनिश्चित हो ताकि वह अपना जीवनस्तर उपर उठा सके। इस प्रकार यह प्रमाण अपनी जरूरतों की संतुष्टि के आधार पर नियत होना चाहिए न कि दूसरे लोगों द्वारा स्थापित परिमाण से अधिक की सीमा निर्धारित करके क्योंकि यह अंतहीन स्पर्धात्मक दौड़ रुकने वाली नहीं है। इससे ऊपर से भव्य दिखने वाले विकास रूपी महल की जड़ें अवश्य खोखली होने लगती हैं। तकनीकी-प्रबंधकीय कुशलताओं के आधार पर गणितीय रूप से उद्यमिता के विस्तार या परिमाण का निर्धारण में सम-विच्छेद बिन्दु विश्लेषण के आधार उत्पादकता की न्यूनतम सीमा अवश्य निर्धारित कर लेनी चाहिए ताकि नफाकारकता को सुरक्षित रखते हुए अथवा नुकसान से बचते हुए स्थापित क्षमता व उपयोग की जाने वाली क्षमता के मध्य तारतम्य बैठाया जा सके। यदि आपकी आजीविका मर्यादित रहती है तो ऐसा कार्यवातावरण खड़ा होगा जिसमें सभी को अथवा अधिकतम हाथों को काम मिल सकेगा, जिसमें संसाधनों का शोषण जरूरत के मुताबिक मर्यादित प्रमाण में होगा। सम्पोषित विकास की वैश्विक भावना के मद्देनजर भावी पीढ़ी के हितों की रक्षा के लिए उपलब्ध संसाधनों के शोषण व विवेकपूर्ण विदोहन के मध्य पतली भेदरेखा को समझना जरूरी है ताकि अर्थ का अनर्थ होने से बच सकें। दोहन में स्त्रोत का उपयोग करते समय करुणा होती है तथा उसे संरक्षित रखने की परम्परा का दृढ़ता से पालन। मान लीजिए यदि हम बड़े पैमाने पर उत्पादन का लाभ लेने तथा लागतों को घटाने के लिए वृहद्स्तर पर उत्पादन करते हैं तो हम निःसंदेह कम कीमत पर उच्च गुणवत्ता की वस्तु उपभोक्ता को उपलब्ध कराने का दंभ भर सकते हैं किन्तु अधिकतम उत्पादन के लिए सृष्टि के अवयवों का क्रूर निक्रंदन करने, अतिरेक उत्पादन को खपाने तथा अपना वैयक्तिक

लाभ बढ़ाने एवं अपने बढ़े हुए उत्पादन को येन-केन प्रकारेण उपभोक्ता की पहुँच में लाने हेतु उचित-अनुचित प्रयास करने में नहीं कतराते। लुभावने विज्ञापन देकर अथवा फिर भ्रमात्मक जानकारी के द्वारा हमारी नजर तो सिर्फ उपभोक्ता की जेब से पैसा निकलवाने की रहती है। उपभोक्तावादी संस्कृति को बढ़ावा देकर (उकेर कर) उपभोक्ता को उन बिन-जरूरी व विकास में अवरोधक साधन-सुविधाओं का भी आदी बना दिया जाता है जिससे उन पर विपरीत असर होता है। आज बैंकों से परिवार की पारिवारिक व स्वास्थ्य संबंधी जानकारी के लिए कई सारी औपचारिकाएं पूरी किए बिना आसानी से ऋण भले ही न मिल सकता हो किन्तु विलासी वस्तुएं किस्तों पर आसानी से उपलब्ध कराने का फंडा उपभोक्ता की भावी आय पर पहले से कब्जा जमा लेता है। हमारी संस्कृति थी कि ''तेते पांव पसारिये, जेती लम्बी शॉल''। इसमें सयानापन था अपनी हैसियत के मुताबिक जीवन जीओ। जबकि आज के आजीविका आधारित व्यवहार में इसकी जगह 'कर्ज लो और घी पियो' की संस्कृति ने ले ली है जो लोगों को उस गर्त की ओर धकेलते जा रही है जिसमें सहजता व सुविधा उपलब्ध कराने की दलील देकर उपभोक्ता का जीवन स्तर सुधारने की दुहाई दी जाती है किन्तु उससे बाहर नहीं उबारा जाता उसे धीरे-धीरे विलासिता से नाकारा बना दिया जाता है। बाजार की हाईटेक क्रांति की चकाचोंध में अंजाम को जाने बिना उपभोक्ता अपनी आय से ज्यादा खर्च कर डालता है और उसकी स्थिति 'पहले से खाए हुए खेत' जैसी हो जाती है जिसमें फसल तैयार होने पर उसके हाथ में कुछ नहीं आता बल्कि सभी कुछ साहूकार की किश्त के हवाले हो जाता है। भावी आय आने पर भी वह किश्त के तनाव में स्वाभाविक रूप से खुश भी नहीं हो पाता। बहरहाल आजीविका के परिमाण को लेकर यह मानना उचित होगा कि 'अति सर्वत्र वर्ज्यते'। सम्पोषित आजीविका का ध्येय कृत्रिम मांग खड़ी करना नहीं है और न ही कुल मांग के अनुरूप अपना विस्तार करना है अपितु नैतिक व्यवहारों पर चलकर अपनी जरूरतों के अनुरूप आजीविका का परिमाण तय करना है।

उपभोक्ता एवं सृष्टि केन्द्रित मानवीय व्यवहार→आशा सिद्धि प्रेरणा→संतुष्टि

आज का बाजार उपभोक्ताओं में कृत्रिम जरूरतों तो उकसाकर अपना उल्लू सीधा कर रहा है। किन्तु यह तो वही मिसाल होगी कि काठ की हांडी बार-बार नहीं चढ़ती। इसका उदाहरण हाल की दशक में शुरू हुए कई बड़े शॉपिंग मॉल का बंद हो जाना है। बड़े पैमाने पर कारोबारों से जन समुदाय का फायदा नहीं अपितु नियमित रोजी-रोटी छिन जाने का भय बना रहता है। हाल ही में इन छोटे दुकानदारों

का आक्रोश धरने के रूप में सामने आया है जिसमें उन्होंने इस तरह के बाजार व्यवहारों पर प्रतिबंध लगाने की गुहार सरकार से की है जो इस बात का स्पष्ट संकेत है कि जनमानस जाग्रत हो रहा है। तथाकथित वैश्वीकरण की आड़ में उनके दीर्घगामी हितों की अनदेखी नहीं की जा सकती। इसे रोकने में गांधीजी द्वारा किए गए विदेशी कपड़ों के बहिष्कार की बात अथवा स्वदेशी का आगाज जो स्वावलंबन एवं सम्पोषित आजीविका का आधार था, जैसी चेतना की नितांत आवश्यकता है। हम सभी को इस तथ्य से वाकिफ होना जरूरी है कि कृत्रिम बुद्धिमत्ता के साधनों को बाजार में खड़ा करके वास्तव में मानवीय विकास में योगदान नहीं किया अपितु बौद्धिक स्तर पर नई पीढ़ी को लकवाग्रस्त बना दिया। सोचने का काम हो या गणना का या फिर प्रस्तुतीकरण का सभी मशीनों से होने लगा, मनुष्य ने तार्किकता, रचनात्मकता और कल्पनाशीलता (जिसमें नवसृजन की अकूत संभावनाएं थीं) को खो दिया यहाँ तक कि शॉर्टकट अपनाते-अपनाते वह कटिंग-पेस्टिंग और रेडीमेड अनुवाद की सुविधाओं में नैतिकता तक को भूल गया। आज आजीविका की दौड़ इसी ओर हो रही है जो समाज के लिए आत्मघाती सिद्ध होगी। मशीनें मानव मस्तिष्क व हृदय तथा संवेदनाओं का स्थान नहीं ले सकतीं जो जीवंत सामाजिक व्यवस्था की निशानी कही जा सकती है। हाँ, यह विभिन्न मानवीय अवयवों को बेकार अथवा उपयोग रहित अवश्य बना सकती हैं। आजीविका की यह दिशा जीडीपी में वृद्धि की नोंध करा सकती है जिसमें उसके जीवनयापन हेतु आवश्यक वस्तुएं एक जरूरतमंद को मुहैया नहीं होतीं अपितु एक खरीददार को होती हैं भले ही उस प्रमाण में उसे आवश्यकता न हो। इस अनावश्यक संग्रहण के चलते वस्तुओं की कृत्रिम अनुपलब्धता तथा अनियंत्रित कीमत बाजार की स्थिति खड़ी होती है जिसका भोग समाज के मध्यम व निम्न वर्ग के लोग बनते हैं। इस तरह का अर्थशास्त्र कदापि कल्याणकारी नहीं हो सकता अपितु इसे तो अनर्थशास्त्र या फिर विपत्ति शास्त्र कहना अधिक उचित होगा। नीतिकार के समाधान की दिशा अलग ही है। गूजरात विद्यापीठ के पदवीदान समारोह में श्री राजमोहन गांधी ने आज की इसी व्यवस्था को लेकर एक मिसाल दी थी कि "गालिब एक भूल हम जिंदगीभर करते रहे। धूल चेहरे पर थी, आइना साफ करते रहे।" कहीं हमारे प्रयास अंधों के बाजार में आइना बेचने जैसे तो नहीं है हमें क्षणिक आर्थिक लालच के दायरों से ऊपर उठकर मानवीयता के प्रतिमानो पर अपने प्रयासों को कसकर देखना होगा ताकि शोषणमुक्त अर्थव्यवस्था के साये में सम्पोषित आजीविका को स्थान मिल सके जो समाज को वास्तविक सुख समृद्धि की ओर ले जा सके जिसमें सभी हाथों को काम, संसाधनों का संरक्षण और आय का न्यायोचित बंटवारा सुनिश्चित हो। सभी

को जीवनयापन हेतु समुचित प्रयोग करने के अवसर सुलभ हो सकें। इस तरह की आजीविका व्यवस्था पोषण का माध्यम बन सकती है।

सम्पोषित आजीविका का अर्थतंत्र व आजीविका के स्वरूप का निर्धारण-

आजीविका के वर्तमान स्वरूप निर्धारण में कर की अवधारणा बनाम अहिंसक दर्शन प्रेरित भारतीय परम्परागत दान व्यवस्था का विश्लेषण करने पर ज्ञात होता है कि संभवत: स्थानिक हुनरों की कब्र पर विशालकाय उद्योगों को इसलिए प्रश्रय दिया गया कि इससे राष्ट्र को कर के रूप में अधिक आय होगी और वह सामाजिक कल्याण के कामों को दिशा दे सकेंगे, लोगों को रोजगार एवं आय में वृद्धि कर सकेंगे लेकिन इसके साइड इफेक्टों (दुष्परिणामों) पर विचार नहीं किया जा रहा है। कर की जगह स्वैच्छिक दान की दानत पैदा करने की जरूरत है। संगठन को स्वयं की आय का एक भाग सामाजिक न्याय के लिए अलग करना चाहिए। वर्तमान सी.एस.आर. अभिगम सैद्धान्तिक रूप से इसी विचारधारा का समर्थन करता रहता है। कहा भी है-दान संविभाग: अर्थात् सम्यक विभाजन या वितरण। उस भाग का दान हो जो आपके लिए समान रूप से उपयोगी हो। दान में अहिंसा की शक्ति प्रकट होनी चाहिए ताकि मानव की मानवता महक उठे। व्यक्ति व समाज का साथ-साथ विकास हो तभी अहिंसक समाजवाद या सर्वोदय लाया जा सकेगा। कमोबेश हर धर्म में समाज के जरूरतमंद वर्ग के हित में अपनी आय का एक हिस्सा अलग रखने की हिमायत की गई है वो भी इस प्रकार से उन तक पहुँचे कि उनमें हीनता व दीनता का प्रकटीकरण न हो और न ही दान देने वाले के बाएं हाथ को खबर हो कि दाएं हाथ ने क्या दिया अर्थात् दान देने वाले का मान सिर न उठाए। औषधि, विद्या या शास्त्र, आहार और अभय (यह है भय मुक्त समाज) हेतु त्याग दान कार्य है।

सम्पोषित आजीविका को विकेन्द्रित अर्थव्यवस्था की कसौटी पर परखें तो हम पाते हैं कि सच्चे अर्थशास्त्र एवं नीति के मध्य कोई भेदरेखा नहीं होती। सच्ची नीति ही सच्चे अर्थशास्त्र का सृजन करती है। जीवन के हर क्षेत्र में विकेन्द्रीकरण जरूरी है। जीवन की बुनियादी जरूरतों को पूरा करने के लिए सत्ता का नीतिमत्तापूर्ण वितरण एवं उद्योग व्यवस्था का विकेन्द्रीकरण आवश्यक है। इससे समाज में श्रमसाध्यता बनी रहती है। विकेन्द्रित अर्थव्यवस्था अहिंसक समाज रचना का आधार है। गांधीजी एक आदर्श अर्थदृष्टा थे उसमें मानव जीवन के सर्वांगी पक्ष का दर्शन मिलता है इसमें वर्ग विग्रह की जगह वर्ग मेल दृष्टिगोचर होता है। अर्थशास्त्र का

मुख्य केन्द्र मानव ही हो यह जरूरी है। मानव जीवन में दो बातों का विशेष महत्व है – जीवन विकास का स्तर तथा रहन-सहन का स्तर। इसके लिए आध्यात्मिक मूल्यों की आवश्यकता है। मात्र भौतिक विकास से जीवन सुखी नहीं हो सकता अपितु नैतिक मूल्य अपनाने से जीवन का विकास किया जा सकता है। प्रो. गिलब्रेथ द न्यू इन्डस्ट्रियल स्टेट नामक पुस्तक में बताते हैं कि विश्व में चंद बड़े-बड़े उद्योगगृहों का साम्राज्य है जिससे समाज में आर्थिक सत्ता के केन्द्रीकरणजनित बुराइयों के पनपने का खतरा बना हुआ है। इस पर नियंत्रण आवश्यक है। जीवन की उत्कृष्टता हेतु उनका संयमित व सादगीपूर्ण जीवनशैली में विश्वास था।

विनोबाजी "लफंगा पैसे का अनर्थकारण" में स्पष्ट करते हैं कि अर्थव्यवस्था धन आधारित नहीं श्रम आधारित होनी चाहिए क्योंकि श्रम से ही श्री का निर्माण होता है जो लक्ष्मी का प्रतीक है। लक्ष्मी और पैसे में यथेष्ट अंतर करना जरूरी है। लक्ष्मी श्रम के बिना नहीं आ सकती। लक्ष्मी आती है तो वैभव आता है, ईश्वरीय कृपा आती है। जबकि पैसा बढ़ने से मतभेद-मनभेद, ईर्ष्या, द्वेष, बैर, अविश्वास, स्पर्धा, व्यसन आदि 15 अनर्थ बढ़ते हैं। ऐसा श्रीमद्‌भगवतगीता में कहा गया है। कागज के टुकड़े लक्ष्मी नहीं है अपितु अनाज, घी, दूध व मक्खन ही खरी लक्ष्मी है जो परिश्रम से उत्पन्न हो सकती है। इसी परिप्रेक्ष्य में आजीविका के स्वरूप और परिणामों का मूल्यांकन करना चाहिए। ये लक्ष्मी ही खरी सम्पत्ति है जो सभी को यथोचित मात्रा में न्यायोचित रूप से प्राप्त हो जानी चाहिए। आज देश में पैसा तो बहुत बढ़ा किन्तु दैनिक उपयोग की वस्तुएं, माल, सामान, अनाज, कपड़ा, आदि नहीं। आज जो महंगाई दिखती है वह वस्तु की बढ़ी हुई कीमत नहीं है अपितु रुपये की घटती हुई कीमत का परिणाम है। उत्पादन बढ़े किन्तु किसका? इसके विवेक का सवाल है। इसका निर्णय लफंगे पैसे पर नहीं छोड़ा जा सकता। यदि अनेक प्रकार की बिन-जरूरी वस्तुओं का उत्पादन बढ़ेगा तो समाज में जीवन की गुणवत्ता सुधरने की बजाय भारी नुकसान होगा। अर्थव्यवस्था से जिन कल्याणकारी परिणामों की अपेक्षा की जाती है, इस दिशा में इस प्रकार का निर्णय महत्वपूर्ण सिद्ध हो सकता है। आज उत्पादन का स्वरूप निश्चित करने में पैसा और नफाकारकता ही मुख्य आधार है जिसे उक्त पैमाने पर न्यायोचित नहीं माना जा सकता। धन आधारित समाज में कालाबाजारी आती है जहाँ उपभोक्ता की मजबूरियों का अनुचित लाभ उठाया जाता है, वहीं ऐसी स्थिति में सफेद बाजार में भी उतनी कालिख भर जाती है कि यदि कोई छोटा बच्चा या अनाड़ी मार्केट में फँस जाय तो यह बाजार उसे लूट लेने में कोई कोर-कसर बाकी नहीं रखना चाहता। यहाँ

तक कि संबंधों को दरकिनार करते हुए मित्र के साथ भी अनजान ग्राहक की भाँति निष्ठुर व्यवहार करने से नहीं कतराता। शहरवाला गांववाले को, पढ़ा-लिखा अनपढ़ों को, सबल कमजोर को इस सफेद बाजार में लूट लेना चाहता है। उपभोक्ताओं की बिनजरूरी आवश्यकताओं को उकसाना, आकर्षण के मोहजाल में फँसा लेना नफाकारक हो सकता है किन्तु व्यावसायिक नैतिकता की कसौटी पर न्यायसंगत नहीं माना जा सकता और इसके अंत के साथ तो उसका अंत भी एक दिन सुनिश्चित हो जाता है। इसलिए सयाने लोग भैंस का नहीं अपितु दूध का खोया अथवा मावा बनाने की सलाह देते हैं। आज के उद्योग गणित पर आधारित हैं जबकि परम्परागत हुनर मानवीय व सामाजिक समरसता के पहलू पर-गांव में बसाए गए फिर उन्हें किसी भी हालत में गांव छोड़कर नहीं जाने दिया जाता था उनकी हर संभव मदद की जाती थी। आज हुनर और स्थानीय परस्पर मानवीय मजबूत संबंध की टूटती कड़ी कमजोर पड़ती नजर आ रही है। निकास व स्थानीय स्तर पर पोषक उपभोग के गणित तथा उत्पादन-उपभोग के मध्य संतुलन को विवेकपूर्वक दृष्टि से समझना होगा, उसे सम्पोषित विकास की कसौटी पर कसकर देखना होगा। उदाहरण के लिए जहाँ काजू पैदा होता है लाभपूर्ण निकासी हो जाने के कारण वहाँ के बच्चे सिर्फ उन्हें आँख से ही देख पाते हैं।

उ-आदिवासी और आजीविका हुनर एवं सम्पोषित विकास, हुनरों की टूटती कड़ी (वर्तमान स्थिति एवं जिम्मेदार कारक तथा लुप्तप्राय हुनरः एक सिंहावलोकन)

हुनर और प्रबंधकीय पेशे की दृष्टि से आदिवासियों के आजीविका आधारित हुनर-

प्रबंध की भाषा में जिसे **पेशा** कहा जा सकता है वही परिदृश्य इन ग्रामीण कारीगरों की व्यवस्था में उजागर होता है। यथा-कामगीरी के निष्पादन हेतु विशिष्ट सैद्धान्तिक एवं व्यावहारिक ज्ञान है जो वारसागत रूप से कार्यजनित अनुभवों के बाद इन्होंने सीखा है। परिस्थितियों और पारस्थितिकीय तंत्र में परिवर्तन, सामाजिक-सांस्कृतिक व आर्थिक परिवर्तन आदि का इनको भान है। पेशे की एक और विशेषता है निष्ठा, ईमानदारी और प्रतिबद्धता जिससे अनुचित लाभ व अनुचित व्यापारिक व्यवहारों पर अंकुश लगता है, कीमत और गुणवत्ता को लेकर सजगता रहती है। आज इनके विवेक के स्तर में जरूर बदलाव आया है। समाज का अंग होने के नाते ये भी आर्थिक मूल्यों की आंधी व जीवनशैली में बदलावों के प्रभाव से बच नहीं पाये हैं। अनुसरण व समायोजन की जद्दोजहद में काफी कुछ फेरबदल हुए हैं तथा स्वाभाविक जीवनचर्या में व्यवधान आए हैं। इनके पास सेवाओं की गुणवत्ता व सततता को लेकर ईमानदारीपूर्ण निष्ठा की आचार संहिता भी रही है। हां, ग्रामीण स्थानीय परिवेश में हुनरों की सामान्य रूप से कोई औपचारिक रूप से मान्य संयोजित संस्था तो नहीं थी किन्तु समाज द्वारा इनको व इनके व्यवहार को मान्यता अवश्य प्रदान की जाती थी। पेशेगत संस्थानों में आज भले ही संरचनाएं खड़ी हो गई हों किन्तु सयानेपन में वे लोगों धोखा देने हेतु कोई न कोई तरीका अवश्य ढूंढ़ लेते हैं जो इन्हें वैधानिक दायरों में रखने अथवा प्रदर्शित करने में मुख्य भूमिका अदा करता है।

आज आजीविका के स्वरूप को फिर से परिभाषित करने एवं समझने की जरूरत है। हुनर की छोटी से छोटी कड़ी के अस्तित्व व पहचान कर उसके अस्तित्व को बनाए रखने का प्रयास (जुगत) जरूरी है। यह तभी हो सकेगा जब आजीविका में महज लाभ के स्थान पर समाज के विभिन्न वर्गों व सृष्टि के घटकों के प्रति आंतरिक, सार्थक सम्प्रेषण की समझ जागृत हो और निहित संवेदनशीलता विकसित हो जो स्थानीय हुनर को टिकाए रखने के लिए जरूरी है। अन्यथा बढ़ती मॉल

संस्कृति के दीर्घकालीन दुष्परिणामों से बचना मुश्किल हो जायेगा, धीमे-धीमे हुनर वृहद्स्तरीय उत्पादन प्रवाह की बलि चढ़ जायेंगे, अधिकाधिक लाभार्जनपूर्ण आजीविका के लालच में सृष्टि का क्रूर-निकंदन दिन-प्रतिदिन बढ़ता जायेगा, समाज परावलंबी बनते हुए आर्थिक दासता की ओर गति करने लगेगा तथा इस अंतहीन स्पर्धा के चलते सर्वत्र शांति की जगह भय व्याप्त होगा और एक प्रश्न खड़ा होगा कि क्या है आजीविका का ध्येय? और कैसे अपनी जड़ों को सुरक्षित रखा जाय? विनोबाजी कहते हैं कि प्रकृति से उतना ही लें जितनी जरूरत है तथा उसकी क्षतिपूर्ति हेतु योजनाबद्ध तत्परता जरूरी है।

स्थानीय जरूरत आधारित आजीविका हुनर → स्थानीय कुदरती सम्पदा के साथ सकारात्मक लगाव → हुनर सम्बंधी कुशलताओं का बिना कोई शुल्क चुकाए पीढ़ी-दर-पीढ़ी हस्तान्तरण → कार्य में रचनात्मकता व सृजनात्मकता के पुट की सततता → काम के प्रति लोगों की रुचि। इसमें कुटुंब अथवा समाज एक स्वतंत्र किन्तु एक पूरक इकाई की तरह काम करते हैं। काम के प्रति लोगों की रुचि एवं लगाव होता है।

आजीविका आधारित स्थानीय हुन्नरों का लुप्त होने के कगार पर आना-

गांव जैसी एक सम्पूर्ण इकाई में जीवन जरूरी हुनरों की विविधता का अस्तित्व एवं इसकी बिगड़ती दशा के संदर्भ में आगरा (उ.प्र.) पर हमलों की असर को लेकर नजीर कहते हैं-

मारे हैं हाथ-हाथ में सब यहाँ के दस्तकार

और जितने पेशेवर हैं रोते हैं जार-जार

फूटे हैं तन लुहार तो पीटे हैं सर सुनार

कुछ एक हो के काम का रोना नहीं है यारो

छत्तीस पेशे वालों के, हैं बंद कारोबार।

नजीर एक गांव जैसी सम्पूर्ण इकाई में उस समय के कम से कम 36 विभिन्न पेशेवर हुनरों का जिक्र करते हैं जो हमारे स्थायित्व और समृद्धता का प्रतीक मानी जा सकती है। उस समय ये राज्य हड़पने के हमले थे जब इन स्थानीय आजीविका

को नेस्तनाबूत करने का कुचक्र चलाया जाता था। आज की सियासी चालें भी किसी तरह से कम नहीं हैं जहाँ अपनो ने ही ग्रामीण हुनरधारकों की कमर तोड़कर रख दी है।

आवश्यकता → हुनर एवं → सम्पोषित विकास के मध्य संबंध

गुलामी की जड़ है आपकी आवश्यकताओं का बढ़ना। यदि आवश्यकता के परिमाण पर आपका अंकुश नहीं होगा तो आप सुख-शांति और आजादी का जीवन नहीं जी सकते। आपकी आवश्यकताओं को विलासिता का स्वरूप में प्रेरित करने वाले आपके वजूद को गुलामी के शिकंजे में खींच ही लेंगे। पहले आपको उनका अभ्यस्त बनायेंगे और फिर लगाम अपने हाथ में लेकर आपको, आपकी जीवनशैली को मदारी के बंदर की भाति नचाते फिरेंगे। काम का प्रतिफल काम के प्रमाण की जगह आजीविका निर्वाह के पैमाने पर प्रसंग एवं सामान्य जरूरतों के अनुरूप हो यह सही नहीं है। काम का प्रमाण ज्यादा कम हो सकता है किन्तु मेहनताने का आकलन इस तरह नहीं किया जाता। यदि अवसरों का अनुचित लाभ न उठाकर काम के प्रमाण के आधार पर कीमत या प्रतिफल का निर्धारण होता है तो इससे संबंध मधुर बनते हैं लोग एक दूसरे की आजीविका के प्रति संवेदनशील बनते हैं। पेशेगतकरण में हुनर में जरूरतों की जगह नफा व्यवसाय क्रियाओं के संचालन का केन्द्र बिन्दु बना और इससे संसाधनों का बेतहाशा विदोहन शुरू हुआ। कुछ ही समय में ये स्त्रोत बंद होने के कगार की तरफ पहुँचने लगे। हालांकि समय की जरूरत के साथ लोगों ने अन्य विकल्प तलाशे जो आय की दृष्टि से पहले से भी बेहतर थे किन्तु उनमें भी सातत्यता का अभाव था, साधन शुद्धता की कमी थी और काम के उद्देश्य शुद्ध नहीं थे। सम्पोषित विचार में निहित व गर्भित मंशा रही है कि आजीविका के जरिये मनुष्य यथोचित मेहनत करके अपनी संयमित जरूरतों की संतुष्टि करे। ऐसी व्यवस्था में किसी का शोषण नहीं होगा। मांग और पूर्ति के आधार पर वस्तु अथवा सेवा का मूल्य तय नहीं होगा और न ही बाजारू सूचकांक के आधार पर अपितु वस्तु की वास्तविक उपयोगिता के आधार पर ही इसका मूल्य तय किया जा सकेगा। गलत तरीकों से अथवा लोगों की भावनाओं को उकसाकर अपने माल की खपत करने की ज़ुगत न तो किसी व्यापार की सफलता का पैमाना हो सकती है ओर न ही हुनर के स्थायित्व की गारंटी।

हुनर विनाश की दशा-दिशा

बड़ी इकाईयां → नियत क्षेत्र में संसाधनों का अनुचित शोषण → लोग अधिक आय के लालच के आकर्षण में अपने हुनर को राजीखुशी छोड़ने एवं अन्य औद्योगिक इकाइयों में मजदूर की तरह काम करने को तैयार और विवश → उद्योगसाहसिकता का पतन → अपने परंपरागत हुनर से आने वाली पीढ़ियों को दूर करते जाना → मशीनीकरण की उपस्थिति एवं मानवीय रचनात्मकता के अभाव में धीरे-धीरे काम में नीरसता का उदगम → काम के प्रति अपनेपन की भावना का अभाव → काम के प्रति विश्वसनीयता का खोते जाना → खरे उत्पादन के प्रमाण पर मात्रात्मक व गुणात्मक रूप से विपरीत असर → वैयक्तिक एवं राष्ट्रीय उत्पादकता, सृजनात्मकता में कमी → मालिकों द्वारा अन्य नफाकारक विकल्प की शोध → मानवीय श्रम को शनैः-शनैः परिसीमित करने वाली तकनीक का आगमन निष्कासन → शुरुआत में पैसे की आवक बढ़ने से जीवनशैली में बदलाव किन्तु दीर्घकाल में इसमें अवरोध उत्पन्न होने पर वापस मुड़ने में कठिनाई।

हुनर विनाश का पेढ़ीक्रम

हुनर की स्थानीय कड़ी टूटने से लोगों पर और संसाधनों पर क्या प्रभाव पड़ता है उसे इस छोटे से उदाहरण से जाना जा सकता है। गुजरात के सौराष्ट्र विस्तार में कोडीनार के पास मूल द्वारका दरिया किनारे की जगह है जहाँ मछुआरों की एक छोटी-सी बस्ती निवास करती है। लगभग 25 वर्ष पहले इस विस्तार में अंबुजा सीमेंट कम्पनी की स्थापना हुई। यहाँ के लोग जो मछली पकड़कर अपना जीवनयापन करते थे। उनके समुदाय में मछली पकड़ने की कुशलताएं, समुद्र के मिजाज को जानने का ज्ञान, विविध परिस्थितियों में संरक्षणात्मक उपायों का ज्ञान, लोक जरूरतों के प्रति संवेदना, समुदाय की भुगतान क्षमता के अनुरूप मार्केटिंग के प्रयास, नाव, जाल एवं विभिन्न आकार के स्टोरेज आदि साधन तैयार करने की कुशलता, साधनों की मरम्मत, बेकार हुए साधनों का निपटारा आदि का कौशल्य था। समाज में आजीविका निर्वाह हेतु एक कड़ी बनी हुई थी जिसमें लोग पारस्परिक जरूरतों की संतुष्टि करते हुए एक-दूसरे के सुख-दुख से सीधा सरोकार रखते थे। माल के निर्यात हेतु अम्बुजा कम्पनी द्वारा यहाँ पोर्ट बनाया गया (जिससे इनकी माछीमारी विपरीत रूप से प्रभावित होकर बंद हो गई), यहाँ के लोगों को वर्तमान से अधिक आय प्रदान करने वाली नियमित मजदूरी उपलब्ध करवायी गई जिससे लोग खुशी-खुशी अपना मूल धंधा छोड़कर इनके साथ जुड़ गये। आज लगभग दो

पीढ़ी इसमें निकल चुकी हैं जिनको अपने वंशानुगत धंधे की तरफ मुड़कर देखने की जरूरत महसूस नहीं हुई। लेकिन इस वृहत्स्तरीय उत्पादन इकाई की इस छोटे से समय में ही भावी पीढ़ी और संसाधनों पर क्या असर हुई इस गणित को समझना आवश्यक है। अपने उद्योग को संचालित करने हेतु इस कम्पनी ने आर्थिक सम्प्रभुता और राजनैतिक वातावरण पर अंकुश बनाकर स्थानीय संसाधनों का बेतहाशा (मान्य परमीशन से भी अधिक) उपयोग किया। संसाधनों के पेटे खाली से हो गये। अब ये कम्पनी कच्चे माल की अनुपलब्धता के चलते लम्बे समय तक इस विस्तार में काम नहीं कर सकती। कम्पनी के सी.एस.आर. में कार्यरत कार्यकर्ता से साक्षात्कार के मुताबिक कम्पनी नीतिगत रूप से उन गांवों में सी.एस.आर. के तहत कार्य का न्यूनाधिक परिमाण इस आधार पर तय करती है कि इसे कच्चे माल के रूप में कहाँ से अधिक मुनाफा हुआ है। जगह विशेष पर संसाधन खाली हो जाने से कम्पनी तो पैसे के बल पर अधिक मुनाफा वाले अन्य विकल्प ढूंढ़ ही लेगी किन्तु उनका क्या होगा जिनकी दो पीढ़ियां अपने मूल हुनर को बंद करके इस कम्पनी में खप चुकी हैं। आने वाली पीढ़ी को न तो सैद्धान्तिक ज्ञान होगा और न ही व्यावहारिक रूप से परिचय। बेरोजगारी के बढ़ते प्रवाह में तीसरी पीढ़ी अपने आप को सम्मानजनक रूप से जीने हेतु कैसे स्थापित करेगी? विकास के नीतिकार आसानी से यह समझ सकते हैं कि बड़े पैमाने पर उत्पादन जो छोटे-छोटे हुनरों की कब्र पर संचालित किया गया था आरम्भ में आय के अच्छे विकल्प देने के बावजूद किस तरह से आने वीली पीढ़ी को बेसहारा व कुशलतारहित बना देता है? जिस ज्ञान-विज्ञान को यह समुदाय बिना किसी अतिरिक्त खर्च के नई पीढ़ी को हस्तान्तरित करता आया था वह कड़ी टूट गई, परस्परावलंबन व स्थानीय स्वावलंबन समाप्त हो गया। अब उसी काम के लिए आश्रित हो जाना पड़ेगा मशीनीकृत अन्य विकल्पों पर जहाँ उनकी मर्जी के मुताबिक भुगतान करके ही वह पाया जा सकता है जिस पर उनका पहले सहजता से अधिकार था। कम्पनी आने पर हुनरों के लुप्त होने के पश्चात बढ़ी हुई आय और संसाधनों के विनाश के परिणामों की तुलना करें तो हम यह महसूस करेंगे कि हमने महज नाक बेचकर नथ पहन लेने जैसा कार्य किया है। इस संदर्भ में सम्पोषित आजीविका विकास एवं हुनर के स्थायित्व की व्यवस्था को समझना उपयुक्त होगा। आजीविका का मतलब है वे साधन या उपाय जिससे जीविका चले न कि धनोपार्जन की मात्रा बढ़े। इस विनाशक्रम को निम्नवत रूप से समझा जा सकता है।

वर्तमान पीढ़ी जो हुनर में संलग्न है → जानते हैं और करते भी हैं।

लुप्त होने के कगार पर ग्रामीण हुनर–आय के अन्य विकल्प शोध चुकी वर्तमान पीढ़ी जो हुनर छोड़ने की मानसिकता के साथ उससे दूर हो चुकी है। श्रमसाध्यता की जगह सफेदपोश जॉब पाने की उधेड़बुन में लगी है। उसे सिर्फ पैसा और भौतिक सुख समृद्धि की चकाचोंध ही दिखाई दे रही है उसी तरफ दौड़ते रहने की महत्वाकांक्षा है किन्तु बदलते टेक्नोलोजीकल परिवेश के अनुरूप कुशलताओं के अभाव में मात्र मजदूर या सुपरवाइजर बनकर रह जाते हैं एवं अपनी अनुत्पादकीय भूमिका में ही गर्व करने लगते हैं।

जानते हैं → किन्तु करने की जरूरत अब महसूस नहीं करते।

आने वाली दूसरी पीढ़ी → सुना है किन्तु अनुभव नहीं किया।

लुप्त होते हुनर–इस स्थिति में स्थापित उद्योग स्थानीय संसाधनों का बेतहाशा विदोहन कर उन्हें पूरी तरह से खंगाल चुके होते हैं। और वे अन्यत्र संसाधनों की तलाश करते हुए पूँजी के जोर पर आगे निकल जाते हैं। किन्तु यह भावी पीढ़ी जिनके पूर्वज अपने हुनर छोड़कर इस तीव्र गतिवाली उत्पादन व तथाकथित विकास व्यवस्था से जुड़े थे, उस तरफ वापस नहीं लौट सकती क्योंकि न तो अब इन ग्रामीणों के हाथ में अपने कुदरती संसाधन हैं ओर न ही हुनर रूपी चाबी और न ही सम्पोषित जीवनशैली के अनुरूप सादगीपूर्ण उपभोग प्रतिमान। ऐसा स्थिति में न तो वे घर के रहेंगे और न ही घाट के।

तीसरी पीढ़ी → न तो इनके बारे में सुनेगी और न ही जान पायेगी

आर्थिक गुलामी की जंजीर में बंधने को मजबूर होगी। स्थानीयता से उसकी कोई सरोकार नहीं होगा। आर्थिक केन्द्रीकरण व्यवस्था के दूषण सिर चढ़कर बोलेंगे, आर्थिक गुलामी तरफ खुदकशी जैसा परिवेश तैयार होगा जिसमें यह पीढ़ी उनके इशारों पर नाचने को मजबूर होंगे, पैसे वालों का अनुचित दबाब बढ़ेगा, कमजोर और बेसहारा लोग अपनी हुनर आधारित आजीविका की विरासत के लुप्त होने का अफसोस करेंगे।

ऊ-सम्पोषित आजीविका अभिगम की सुदृढ़ता में गांधी विचारों की प्रासंगिकता

समाधानपरक आशा की किरण के रूप में सम्पोषित आजीविका में गांधी विचार-

गांधीजी को आजीविका के क्षेत्र में साहसी, उद्यमी, प्रयोगधर्मी, रचनात्मकता एवं अहिंसक अभिगम के उन्नायक के रूप में जाना जाता है। अन्तोदय से सर्वोदय के विचार के साथ उन्होंने एकादश व्रतों के माध्यम से शरीरश्रम, स्वदेशी, भयमुक्त समाज जैसे आयाम साधन शुद्धि के परिप्रेक्ष्य में रखे। तकनीकी प्रबंधकीय सूझ-बूझ के दृष्टिकोण के आधार पर वे ऐसे असरकारक नेतृत्व के रूप में जाने जाते हैं जिन्होंने लोगों के साथ मिलकर काम करने की संकल्पना को साकार किया, उनका समय प्रबंधन, हर कार्य को समान दृष्टि व सम्मान से देखना, अपने अनुयायियों से वही काम कराना जिसको करने में स्वयं को कभी हीन महसूस नहीं किया, यह असरकारक अभिप्रेरण का आधार था। संयमित जीवनशैली हुनर व्यवस्था का केन्द्र बिन्दु बने और उपलब्ध संसाधनों का पूर्ण कुशलता व चीवटता से उपयोग हो ताकि संसाधनों का संरक्षण एवं आय अथवा उत्पादकीय प्रतिफल का समान रूप से बँटवारा सुनिश्चित हो सके, समाज में विषमता कम हो सके, यह उनके उद्यमिता पक्ष का प्रतिबिंब था। चरखा और ग्रामोद्योग स्थानीय जरूरतों को पूरा करने, हर हाथ को काम सुनिश्चित करने के जादुई मंत्र थे उनकी सोच में जिस पर चलकर हम में से किसी को बाहर वालों के सामने हाथ नहीं पसारना पड़ेगा, हमें अपनी जरूरतों को पूरा करने के लिए आर्थिक दासता की जंजीरों में नहीं बंधना पड़ेगा, समाज के अधिकतम व्यक्ति रचनात्मक उत्पादकीय प्रक्रिया का हिस्सा बन सकेंगे, आय और उत्पादकीय प्रतिफल का चक्र स्थानीय स्तर पर सर्वोदय के आधार पर अंतोदय तक चक्रित होगा और लोग सही मायनों में समृद्धि का अनुभव कर सकेंगे। गांधीजी के विचारों में सातत्यपूर्ण विकास हेतु जिन घटकों की उपस्थिति मिलती है, उनके आधार पर सम्पोषित आजीविका के स्वरूप का विश्लेषण प्रासंगिक प्रतीत होता है।

1. **स्वावलंबन और स्वदेशी का विचार**-आजीविका का मुख्य ध्येय अपनी जरूरतों तथा स्थानीय समुदाय की आवश्यकताओं के क्रम में आत्मनिर्भरता के लक्ष्य को हासिल करना है। कहने का आशय यह है कि आजीविका का स्वरूप लोगों की आवश्यकताओं से मेल खाता हो, प्रकृति के

सह-अस्तित्व का पूरक हो। स्वदेशी के विचार को विस्तृत करते हुए कहा जा सकता है कि हमें अपने दैनिक उपभोग की वस्तुएं स्वयं बनानी चाहिए, उस दिशा में स्वावलंबी बनना चाहिए और उन वस्तुओं का उपयोग कदापि नहीं करना चाहिए जिनका हम उत्पादन नहीं कर सकते। बाहरी वस्तुओं के उपभोग के मोह से बचना ही स्वदेशी का विचार है।

2. **सातत्यपूर्ण विकास का विचार**-आजीविका संपोषित विकास की पूरक होनी चाहिए। किसी एक की आजीविका का दूसरे के हितों पर विपरीत असर नहीं होना चाहिए। आजीविका ऐसी हो जो व्यक्ति, कुटुंब, समाज व राष्ट्र के लिए कल्याणकारी हो तथा जिसमें समुदाय का सर्वांगीण विकास निहित हो। जिओ और जीने दो के सिद्धान्त पर यदि व्यावसायिक व्यवस्थाएं संचालित होंगी तो अहिंसक समाज की रचना हो सकेगी और उससे सातत्यपूर्ण विकास को एक दिशा मिल सकेगी।

3. **ट्रस्टीशिप का विचार**-सम्पोषित आजीविका के संदर्भ में यह समझ लेना जरूरी है कि यदि किसी व्यक्ति के पास आजीविकोपार्जन हेतु अपनी बुनियादी जरूरतों से अधिक साधन-संसाधन हैं अथवा वह उसके परिणामस्वरूप अपनी जरूरत से अधिक एकत्र कर लेता है तो आय या संसाधन के उस अतिरेक भाग पर उसका मालिकी हक नहीं होना चाहिए बल्कि उसे ट्रस्टी की भांति उसका यथोचित संरक्षण तथा जरूरतमंदों के हित में उसका उपयोग सुनिश्चित करना चाहिए। इससे समाज का संतुलन बना रहेगा, समाज सुख व निर्भयता का अनुभव करेगा, अराजकता कम होगी और ऐसे वातावरण में सभी के लिए आजीविका के अवसर खड़े होंगे। इसके परिणामस्वरूप सामाजिक-आर्थिक विषमता कम होगी तथा व्यक्ति के अंदर अहम, मान, लोभ आदि नकारात्मक विकारी भाव नहीं पनपेंगे जो उसकी जीवनशैली को नियमित एवं आरोग्यप्रद बनाए रखने में मददगार साबित होंगे।

4. **साधन शुद्धि का विचार**-बोया पेड़ बबूल का आम कहाँ से होय की कहावत से सभी वाकिफ ही हैं। यह संपोषित आजीविका का प्राथमिक घटक है। यदि हमारा ध्येय शुद्ध है तथा उसे हासिल करने के साधन शुद्ध हैं तभी शुद्ध व सुखद परिणामों की अपेक्षा की जा सकती है। तय हमें करना है कि हम किस तरह का व्यावसायिक वातावरण, समाज चाहते हैं।

क्या ऐसा जिसमें हर कोई किसी भी तरह से एक-दूसरे को गिराकर आगे निकल जाने की जुगत में लगा हुआ है अथवा क्या ऐसा मापक जिसमें किसी भी तरीके को अपनाकर (गलत या सही रास्ता) आर्थिक समृद्धि की कसौटी की जाती है या सफलता का आकलन किया जाता है? स्वदेशी की व्यवस्था में साधन शुद्धि का विचार समाहित होता है। यदि हमारे कमाने के साधन शुद्ध हैं तो वे दूसरों की आजीविका के रास्ते की रुकावट नहीं बन सकते।

5. **श्रमसाध्यता एवं पुरुषार्थ का विचार**-सफलता हासिल करने का कोई छोटा रास्ता नहीं होता। श्रमसाध्यता और अपने पुरुषार्थ से निर्मित पथ पर चलकर ही स्थायी सफलता के सोपान निर्मित किए जा सकते हैं। मेहनत की कमाई ही खरी कमाई है। सम्पोषित आजीविका आधार उत्पादकीय श्रम ही एकमात्र विकल्प है जो अहिंसक समाज रचना में सहायक है।

6. **तकनीकी-प्रबंधकीय कुशलताओं के विकास का विचार**-हुनरबाज के करियर में कभी ठहराव नहीं होना चाहिए। उन्हें अपने कार्य को समयसर व्यवस्थित करने के लिए सतत नवाचारों के द्वारा बेहतरी लाने का प्रयास करने चाहिए ताकि अच्छे से अच्छी सेवाएं लोगों को प्रदान की जा सकें, लागतें घटाई जा सकें तथा अपव्यय अथवा बिगाड़ को अटकाकर उपलब्ध संसाधनों का बेहतर उपयोग सुनिश्चित कर सकें।

7. **साथियों को अभिप्रेरित करने एवं उनका विकास करने के प्रति कटिबद्धता**-यदि आपका हुनर किसी के सहयोग के पश्चात पूर्णता को प्राप्त होता है तो हममें अपने साथियों से उस प्रकार काम लेने की योग्यता होनी चाहिए जिस तरह से आप काम करते हैं अथवा काम कराना चाहते हैं। इसके लिए उन्हें समयसर योग्य दिशा-निर्देश देना तथा उन्हें ऊर्जावान बनाए रखने के लिए सही रूप से अभिप्रेरित करना तथा उनका सही मायनों में विकास के प्रयास करने चाहिए।

8. **आय का न्यायोचित भाग जरूरतमंद लोगों तक पहुँचने का विचार**-आजीविका के द्वारा कोई भी उद्यमी जो कुछ उपार्जित करता है उसमें समाज के विभिन्न वर्गों का प्रत्यक्ष व परोक्ष योगदान अथवा त्याग होता है। इसकी क्षतिपूर्ति हेतु उसे इस आजीविकाजनित आय का एक भाग उन लोगों तक पहुँचाना आवश्यक है। भारतीय संस्कृति में धर्म के माध्यम से

हर उद्यमी को ऐसा करने का निर्देश दिया गया है ताकि आर्थिक विषमता पर अंकुश लगाया जा सके।

9. **संसाधनों के विवेकपूर्ण उपयोग एवं संरक्षण का विचार**-संसाधनों का अपनी मर्यादित जरूरतों के अनुरूप उपयोग करना तथा जिस प्रमाण में इनका उपयोग किया जा रहा है उसी के अनुरूप इसे वापस कर संसाधनों के संरक्षण में योगदान सुनिश्चित करना जरूरी है ताकि आजीविका का सातत्य टिका रहे। यहाँ संसाधनों के विवेकपूर्ण विदोहन और शोषण में फर्क करना आवश्यक है, दोहन में अपनी जरूरतों की आपूर्ति के बावजूद करुणा व ममता समाहित है जबकि शोषण की बुनियाद क्रूरता पर रखी जाती है। इसलिए संसाधनों का उपयोग पूर्ण विवेक एवं मानवीय अभिगम के साथ होना चाहिए। गांधीजी ने एक बार आश्रम में अपने किसी साथी को नीम की दो पत्तियां लाने को कहा। वह व्यक्ति पेड़ से एक छोटी टहनी तोड़कर ले आया। गांधीजी यह देखकर उदास हो गये और कहा कि मैं अब इनका उपयोग नहीं कर सकता। उस व्यक्ति ने कारण जानना चाहा तो उन्होंने कहा कि अच्छा होता कि मैं खुद ही जाकर ले आता तो इतने सारे नीम के पत्ते व्यर्थ न जाते। ये थी जरूरत के अनुसार संसाधनों के उपयोग की संवेदना और दृढ़ प्रतिबद्धता।

10. **दया और करुणा का विचार (मानव धर्म का विचार)**-हुनर आजीविका के साथ-साथ मानव समाज की सेवा के साथ सरोकार रखता है। उसकी नजर में अपने लाभ के स्थान पर ग्राहक का हित सर्वोपरि होना चाहिए। उस समुदाय व सृष्टि के अवयवों के प्रति करुणा व दया के भाव होने चाहिए जिन पर उसके हुनर का अस्तित्व टिका है। समय, स्थान व परिस्थिति को देखते हुए अनुचित लाभ के विचार का त्याग करना चाहिए। उनको वह सब प्रदान करने से अथवा आकर्षित करने से बचना चाहिए जिनसे उनकी जीवनशैली पर विपरीत प्रभाव पड़ता है अथवा उनकी जिंदगी जोखम में पड़ती है। हुनर का अस्तित्व किसी भी कीमत पर मानव धर्म के उल्लंघन पर नहीं टिका होना चाहिए।

11. **सह-अस्तित्व का विचार**-आय के साधनों को खड़ा करने और उसे टिकाए रखने की जुगत में प्रकृति व पारिस्थितिकीय तंत्र के सह-अस्तित्व को नहीं भूलना चाहिए। भौतिकतावादी चकाचोंध के बावजूद पूरा होश

रखना चाहिए कि कहीं आपके हुनर के चलते आपका तथा आपकी आने वाली पीढ़ी का अस्तित्व तो जोखिम में नहीं पड़ता। प्रकृति के साथ चलने में ही आपकी जीत है न कि उसके स्वाभाविक प्रवाह को अवरुद्ध करके भ्रामक विजय का आभास करने में। लोभ-लालच से बचकर सह-अस्तित्व का विचार हुनर-आय, बुनियादी जरूरतों की संतुष्टि के द्वारा जीवन की डोर को बांधे रख सकेगा।

12. **रचनात्मक उत्पादकता का विचार**-हुनर का सही उपयोग सुनिश्चित करने के लिए यह तय करना आवश्यक है कि उसकी दिशा रचनात्मक उत्पादकता की ओर हो, इसके चलते समाज के उत्थान में रचनात्मक बदलाव हों, सभी घटकों में योग्य संतुलन हो और मानवीय विकास के आयाम को मजबूती मिलती हो तो हुनर के चलते व्यक्ति, समाज व सृष्टि सभी सकारात्मकता की ओर रुख कर पायेंगे।

13. **उपभोक्ता समाज की जीवनशैली व्यवस्थित करने का विचार**-हुनर सम्पोषित आजीविका का आधार तभी बन सकते हैं जब उनका ताल्लुक उपभोक्ताओं की जीवनशैली में गुणात्मक एवं मात्रात्मक सुधार लाने व उसे टिकाए रखने से होता है। उनकी यही कटिबद्धता पारस्परिक विश्वास के संबंध को मजबूती प्रदान करती है जिससे व्यवस्था में स्थायित्व दृष्टिगोचर होता है।

आदिवासी विस्तार में हुनरधारकों की स्थिति के संदर्भ में वर्तमान शोध की पृष्ठभूमि

समय के साथ-साथ सामाजिक, आर्थिक व राजनैतिक व्यवस्थाओं में काफी परिवर्तन हुए हैं। जीवनयापन के तौर-तरीके बदले हैं, संसाधनों की प्रबंधन व्यवस्था में बाहरी दखलंदाजी हुई है, भौतिकतावादी विकास की आँधी में कुदरती चक्र में भी बदलाव आए हैं और कुछ हद तक आदिवासी जनजीवन भी इन सबकी लपेट में चाहे-अनचाहे आ चुका है। इसका असर उनकी जीवन-शैली एवं आजीविका व्यवहारों पर हुआ है। फिर भी शाश्वत विकास की खोज करने वाले जिज्ञासुओं के मन में आदिवासियों की आजीविका प्रणाली को लेकर कुछ प्रश्न खड़े होना स्वाभाविक है जिसे गांधी विचार की कसौटी पर मूल्यांकित किया जा सकता है जो स्थायी विकास की अहम शर्त है। आजीविका का आशय लोगों के रहन-सहन

के स्तर को सुधारना है। अब प्रश्न यह उठता है कि रहन-सहन का स्तर क्या हो और क्या वह सम्पोषित है इस पर भी विचार करना होगा। तब शोषणमुक्त शांतिपूर्ण समाज की रचना की जा सकेगी? इसी क्रम में कुछ बुनियादी प्रश्न वर्तमान व्यवस्था के समक्ष हैं जो उत्तर की तलाश में हैं-

यथा-क्या आदिवासियों की हुनर व्यवस्था में-

1. साधन शुद्धि का विचार है?
2. श्रम साध्यता है?
3. उपलब्ध सार्वजनिक व कुदरती संसाधनों का मर्यादित (जरूरत के अनुसार) उपयोग है?
4. सह-अस्तित्व (अन्य हुनरों तथा प्रकृति के समन्वित घटकों के प्रति) की भावना का पोषण होता है?
5. प्रयुक्त टेक्नोलोजी इस आदिवासी समुदाय के नियंत्रण में है? तथा इसके संचालन व मैन्टीनेन्स के दौरान व्यवस्था के अन्य घटकों को क्षति तो नहीं पहुँचाती?
6. जाने-अनजाने आयोजन से अंकुश तक की प्रबंधकीय प्रक्रिया अथवा व्यवस्थापकीय लोकसूझ का उपयोग होता है?
7. उनका एवं उनकी नयी पीढ़ी में अपने स्थापित परम्परागत हुनर अथवा कार्य के प्रति लगाव व श्रद्धा है?
8. उन हुनरधारकों का हुनर संचालन व्यवस्था में भागीदार परिवारीजनों एवं सह-कारीगरों तथा पूरक इकाईयों को प्रति परस्पर मधुर संबंध हैं?
9. उनकी एवं उनके परिवार की बुनियादी आवश्यकताएं पूरी करने की क्षमता बची हुई है?
10. उनकी स्थापित सादा जीवन, उच्च विचार, आधारित जीवनशैली को टिकाए रखने की ताकत शेष है अथवा वे किस तरह के बदलाव की ओर मुड़ चुके हैं और उसका आजीविका व जीवनयापन व्यवस्था पर क्या प्रभाव पड़ रहा है।

11. भयमुक्त समाज, सुखी व संतोषी समाज की अहिंसक समाज रचना को पोषण मिल रहा है?

12. स्पर्धा पनपी है? यदि हाँ तो किस तरह की? क्या अपने सहकर्मी को नुकसान पहुँचाने की है अथवा फिर संगठित होकर लोगों या उपभोक्ताओं को नुकसान पहुँचाने की है?

13. बाजार व्यवस्था को लेकर नीतिमत्ता का स्तर क्या है? इनके इनपुट्स और आउटपुट्स प्रवाह को नियमित करने में कौन से घटक मददरूप हैं?

14. आदिवासी विस्तार में स्थानान्तरण किन कारणों के चलते होता है और उसका स्थानीय आजीविका पर क्या प्रभाव पडता है?

अध्याय-2

संशोधन विस्तार के आदिवासीः एक परिचय

(संशोधन विस्तार के आदिवासी समुदाय का सामाजिक-सांस्कृतिक परिचय)

भारत सांस्कृतिक विविधताओं का देश है। देश के विभिन्न भागों में अलग-अलग प्रकार के लोग व संस्कृतियां देखने को मिलती हैं। इन सभी की अपनी-अपनी जीवनशैली है। आदिवासी समुदाय के बारे में यह मान्यता रही है कि ये सामान्य जन-जीवन से दूर तथा प्रकृति के अधिक नजदीक हैं। प्रकृति से इनका रिश्ता बहुत पुराना और गहरा है। उन्होंने जीवनयापन के अपने अलग तरीके विकसित कर रखे हैं। स्थानीय साधन-सामग्री व संसाधनों से जुड़े आयामों को बड़े ही करीने से संभालने का हुनर इन आदिवासियों के जीवन के हर पहलू में रचा बसा है। पारम्परिक नृत्य हों या विशिष्ट पहनावा अथवा फिट रहने का तरीका सभी कुछ अपनी अलग पहचान को समेटे हुए है। बांस कला, पेंटिंग व चित्र कला, घर में काम आने वाले उपकरण व साधन इनके सम्मानपूर्ण स्वावलंबन की कहानी बयां करते हैं। भारत का उत्तरपूर्वी भाग आदिवासी बाहुल्य माना जाता है जिसमें सिक्कम, अरुणाचल प्रदेश, आसाम, नागालेण्ड प्रमुख हैं। इसके अलावा भारत के अन्य राज्यों बिहार, उड़ीसा, म.प्र., छत्तीसगढ़, राजस्थान, गुजरात, आदि राज्यों को भी सम्मिलित किया जाता है। गुजरात में आदिवासी जहाँ बहुलता से निवास करते हैं उसे स्थानीय भाषा में पूरब पट्टी के रूप में जाना जाता है जो महाराष्ट्र, मध्यप्रदेश और राजस्थान राज्य की सीमाओं को छूती हैं।

आदिवासी समुदाय की समृद्ध सांस्कृतिक परम्परा एवं जनजाति विकास की नीति

आदिवासियों का निवासस्थान सामान्यतया जंगल विस्तार है। उनकी अपनी समृद्ध सांस्कृतिक, धार्मिक व सम्पोषित आजीविका आधारित परम्पराएं रही हैं। उनके पास जीवन जीने की सही मायनों में विशिष्ट सूझबूझ है। हस्तकला व चित्रकलाओं में उनका हुनर निखर कर सामने आता है। यह एक विडम्बना ही कही जा सकती

है कि समृद्ध धरा के निवासी निर्धनता की स्थिति में जीवन-यापन कर रहे हैं, कहीं गरीबी के कारण तो कहीं अपनी मूल पहचान खोकर। अंग्रजों के शासनकाल में आदिवासी विकास में निष्क्रियता देखने को मिली है। आजादी के पश्चात 1 अप्रेल, 1951 में व्यवस्थित रूप से हाशिये पर जा चुके इस वर्ग के विकास हेतु विचार किया गया। उनके शोषण को रोकने तथा उनके अस्तित्व को बनाये रखने हेतु स्वतंत्र भारत के प्रथम प्रधानमंत्री पं. जवाहर लाल नेहरूजी ने आदिवासी विकास हेतु आदिवासी पंचशील सामने रखे।

1. आदिवासियों का विकास उनकी इच्छा के अनुरूप हो ताकि उनकी स्थापित परम्पराएं व संस्कृति सुरक्षित रह सकें। इन पर तथाकथित विकास को आरोपित नहीं किया जाय।
2. जंगल व जमीन के अधिकार आदिवासी प्रजा द्वारा स्वीकृत होने चाहिए।
3. उनके अपनी प्रशासनिक व्यवस्था हेतु उनके ही समुदायों को राजनैतिक व प्रशासनिक प्रशिक्षण प्रदान किया जाय तथा शासन की डोर उन्हीं के हाथों में सौंपी जाय। इस हेतु आरम्भिक दौर में बाहरी विशेषज्ञों की मदद ली जा सकती है।
4. आदिवासी विस्तार के लिए बहुत बड़े नेटवर्क की स्थापना की जरूरत नहीं है। केवल उन्हीं कार्यक्रमों को चलाने की आवश्यकता है जो उनके सामाजिक-सांस्कृतिक परिवेश में विकास की जिम्मेदारी उठाने को तैयार हों।
5. लक्ष्यांक व खर्च की मात्रा के आधार पर फॉर्म भरकर आदिवासी विकास का मूल्यांकन नहीं किया जाना चाहिए अपितु आदिवासियों के वास्तविक अनुभवों के आधार पर इसकी व्यवस्था की जानी चाहिए।

गुजरात के अनुसूचित जनजाति

बरडा, बावचा, बामचा, भरवाड, भील, भील गरासिया, धोली भील. डूंगरी भील, डूंगरी गरासिया, मेवासी भील, राठवा भील, तडवी भील, भागलिया, वसावा, वसावे, चारण, चौधरी, चौधरा, हणपति, दूबिया, गामित, गांवित, पडवी, कथोडी, कोली, कोल्चा, कूंकणा, कूंकणी, नायका, नायकडा, पारधी, कुनबी, सिद्धी, वाघरी, राठवा, धानका, पटेलिया, वारली तथा कोटवालिया आदि आदिवासी उपसमुदाय गुजरात में

पाये जाते हैं। संशोधन विस्तार में रहने वाले आदिवासी समुदायों का परिचय निम्नवत है-

गुजरात में भील

भील आदिवासी

भील भारत का दूसरा बड़ा जनजाति समुदाय है। यह समुदाय मुख्यत: राजस्थान, मध्यप्रदेश, गुजरात और उत्तरी महाराष्ट्र में पाया जाता है। कुछ परिवार चाय के बागनों में काम करने हेतु पूर्वोत्तर राज्यों में स्थानान्तरित हो चुके हैं। भील शब्द द्रविण भाषा के भीलू से लिया गया है जिसका अर्थ है-तीर-कमान। इन्हें अपने तीर-कमान से बहुत प्यार है। रामायण काल में शबरी भील तथा महाभारत काल में एकलव्य भील इनकी ऐतिहासिक प्राचीनता के प्रमाण हैं। राजस्थान के इतिहास की ओर देखें तो हम पाते हैं कि उदयपुर के भीलों के पास राजनैतिक सत्ता भी थी किन्तु राजपूत राजाओं ने उन्हें हरा दिया। कमोबेश महाराष्ट्र में इसी प्रकार की स्थितियां बनीं। किन्तु इन विस्तारों में शासन करने के लिए राजाओं को भीलों के समर्थन व सहयोग की आवश्यकता पड़ी इसलिए इस समुदाय में नेतृत्व भी विकसित हुआ। वे छोटी-मोटी लूटपाट भी करते थे। गुजरात राज्य में इनका निवास वडोदरा, पंचमहल, बनासकांठा, साबरकांठा, सूरत तथा डांग जिलों में मिलता है। भील समुदाय राठवा आदिवासियों के नजदीक माना जाता है। मध्य गुजरात के भील मध्यप्रदेश तथा दक्षिण गुजरात के भील महाराष्ट्रवासियों के अधिक करीब हैं। इसलिए इनकी बोली में गुजराती के साथ-साथ मराठी व राजस्थानी तथा हिन्दी का पुट पाया जाता है। इनके द्वारा बोली जाने वाली भाषा भीली कही जाती है किन्तु कहीं-कहीं गुजराती व राजस्थानी की मिश्र भाषा वाघरी भी प्रचलन में हैं। भील सामान्यता काले अथवा गहरे रंग के तथा शारीरिक रूप से मजबूत कदकाठी के होते हैं। जिन पहाड़ी विस्तारों पर भील निवास करते हैं वे पहाड़ियां खनिजों से भरपूर हैं। इनके विस्तार में आम, बड़, बबूल, जामुन, ढाक, गूलर, पीपल, महुआ, खेजरा, सागवान, तेन्दुपत्ता तथा बांस आदि के पेड़ प्रमुखता से पाये जाते हैं। भील अपने समुदाय के सामाजिक-जातिगत बंधनों का दृढ़ता से पालन करते हैं। इनमें भी उच्च व निम्न वर्ग जैसी व्यवस्थाएं पायी जाती हैं। इनके फलिए (मुहल्ले) वहाँ होते हैं जिसके नजदीक पानी, जलाऊ लकड़ी, पशुओं के चरने हेतु घास की व्यवस्था होती है। यह समुदाय सामन्यतया मांसाहारी है। अण्डे, मुर्गी व पक्षीयों का मांस इनका प्रिय भोजन है। डांगी भील प्रसंगोवसात भैंसे का मांस खाते हैं। भीलों के कमर से नीचे के वस्त्र छोटे होते हैं जिसे ये लंगोटा कहते हैं। वैसे ये लोग धोती-कुर्ता पहनते हैं। महिलाएं कंचोली और ओढ़नी से अपने को ढंककर रखती हैं। हाट बाजार तथा नजदीक के शहरी बजारों से नई पीढ़ी आधुनिक परिधान भी खरीदकर पहनती है। आभूषणों में प्लास्टिक की वस्तुओं का भी चलन है। शादी-विवाह परिवार की मर्जी

से होते हैं इसके अलावा कोर्ट मेरेज भी स्वीकार्य है। महिलाओं का समाज में सम्माननीय स्थान है। इस समुदाय में लगभग 50 प्रतिशत महिला सरपंच हैं। इस समुदाय के लोगों का मुख्य व्यवसाय कृषिगत तथा अन्य कार्यों में मजदूरी करना है। वे राजगीरी, बेलदारी, सड़क निर्माण, पत्थर कटाई, ढुलाई तथा छोटी दुकानें चलाकर अपना गुजारा करते हैं। इनके पास थोड़ी-थोड़ी मात्रा में खेती भी है जिसमें वे अपनी जरूरत का अनाज पका लेते हैं अथवा फिर दूसरों के खेत में भागीदारी पर काम करके अपनी जरूरत के मुताबिक अनाज की व्यवस्था कर लेते हैं। खेती के साधनों में वे लकड़ी व लोहे के हलों का उपयोग करते हैं तथा किराए पर ट्रेक्टर का भी उपयोग करते हैं। मक्का, उड़द, चना व गेहूँ, भिण्डी, प्याज, अदरक, आलू, शकरकन्दी, गाजर आदि का उत्पादन करते हैं। गाय, भैंस, बैल, भैंसा, बकरी, मुर्गी आदि पशुओं को दूध, घी, कृषिकार्य व मांस संबंधी जरूरतों को पूरा करने के लिए पालते हैं। व्यसन का प्रमाण भी इस समुदाय में देखने को मिलता है। विभिन्न प्रसंगों पर मेहमानों को पीने-पिलाने का चलन है। वे अपने घर के निर्माण कार्य का अधिकांश भाग स्वयं के द्वारा ही पूरा करते हैं। इसमें लकड़ी मिट्टी और बांस का अधिक उपयोग होता है। लकड़ी के मिलने की कठिनाई के चलते वैकल्पिक व्यवस्थाओं को अपनाने का चलन भी देखने को मिला है। टी.वी., मोबाइल, रेडियो तथा बाइक आदि का उपयोग भी इस समुदाय में बढ़ा है।

गामित आदिवासी

गामित आदिवासी समुदाय सूरत, भरूच, वलसाड और डांग जिलों में अधिकांशतः पाया जाता है। पडवी, वलवी, वसावा आदि उप समुदाय हैं। वे भील जो गांव में बसे गामित कहलाए। गामित शब्द गाम से बना है। ये अपने आपको राजपूत मानते हैं। होली इनका प्रिय पर्व है। ये सूर्य के उपासक हैं। उनके घर एक कतार में न होकर फलियों में बिखरे हुए होते हैं लेकिन घर काफी खुले-खुले होते हैं। घर बनाने में स्थानीय सामग्री बांस, मिट्टी, घास के अलावा सीमेंट का भी उपयोग पक्का मकान बनाने में कुछ लोग करते हैं। ये अपने घर पहाड़ियों पर एवं नदी के किनारों पर भी बनाते हैं। भील समुदाय की अपेक्षा आधुनिक मनोरंजन के साधनों यथा टी.वी. मोबाइल, वाहन का प्रमाण अधिक है। धान, नागली और बाजरी मुख्य फसलें हैं। शाकाहार और मांसाहार दोनों को समान रूप से अपनाते हैं।

परम्परागत पहनावा पुरानी पीढ़ी में प्रचलन में है। नई पीढ़ी शिक्षण से जुड़ जाने के कारण फैशनेबल परिधान पसंद करती है। गुजराती परम्परागत वस्त्र–चनिया चोली, साड़ी आदि से इनका लगाव प्रसंगोवसात अवश्य देखने को मिलता है। आभषूणों में वे झांझर, जंजीर, अँगूठी व ढोलो आदि धारण करते हैं। इनकी बोलचाल की

भाषा गामित है। गामित आदिवासी समुदाय में अपेक्षाकृत शिक्षण का प्रमाण अधिक देखने को मिलता है। हिन्दू धर्म में इनकी आस्था है। देवली, माडी, डूंगर देव, गोवाल देव व अनाज देव आदि की ये पूजा करते हैं। खेती और खेत मजदूरी मुख्य आजीविका के साधन हैं। गामित आदिवासी समुदाय में जाति पंचायतें लिखित विधान एवं पंचों की राय के आधार पर सामाजिक व्यवस्था-शादी, तलाक, पुनर्विवाह आदि का नियमन करती हैं। शादी के लिए मंगलवार व गुरुवार को शुभ दिन मानते हैं। खंडाल विवाह, प्रेम विवाह, सालीवतु (पत्नी की मृत्यु होने पर उसकी बहन से विवाह), दियरवतु (पति की मृत्यु हो जाने पर उसके भाई से विवाह) आदि प्रचलित है। एक से अधिक पत्नी रखने की भी प्रथा है। बच्चे के जन्म के साथ कुछ प्रथाएं-पंचारो, छाथी आदि निभाई जाती हैं। बच्चे के शव को दफनाने तथा बड़ों के शव को जलाने की प्रथा इस समाज में है। मृत्यु के मौके पर तूर बजाया जाता है।

कूंकणा आदिवासी

यह समुदाय गुजरात, महाराष्ट्र, कर्नाटक तथा दादर नगर हवेली में पाया जाता है। गुजरात में इनका निवास वलसाड, डांग, सूरत, भरूच, वडोदरा, साबरकांठा, अहमदाबाद, खेड़ा और मेहसाणा में है। गुजरात के आदिवासियों में इनका प्रतिशत 4.40 है। ऐसा माना जाता है कि ये महाराष्ट्र के थाना जिले के कोंकणपट्टी से स्थानान्तरित होने के कारण कूकणा कहलाए। इस समुदाय में माडल और घेर नृत्य बहुत प्रसिद्ध हैं। गांव के एक फले में सामान्यतया 5-7 के समूह में इनके घर देखने को मिलते हैं। घर बनाने में ये लकड़ी का उपयोग करते हैं। मित्र, रिश्तेदार और पड़ोसी इस कार्य में मदद करते हैं। बांस व मिट्टी से बने कच्चे व आर. सी.सी. के बने पक्के मकान इस समुदाय में देखने को मिलते हैं किन्तु झोंपड़ी व कच्चे मकानों में रहने वालों की संख्या अधिक है। आधुनिकता से प्रभावित इस समाज में टी.वी., टेप, साइकल, मोटरसाइकल आदि का भी चलन है। इनके पास शिकार करने व मछली पकड़ने के भी साधन होते हैं। पुरुष परम्परागत रूप से छोटे वस्त्र पहनते हैं किन्तु शहरीकरण के बढ़ते अनुकरण में आधुनिक परिधान-शर्ट, पेन्ट, धोती, कमीज, पंजाबी सलवार सूट आदि भी पहने जा रहे हैं। महाराष्ट्रियन साड़ी काफी पसंद की जाती है। आभूषणों में कान के झुमके, सोने-चांदी की जंजीर, कंगन तथा करधनी आदि पहने जाते हैं। देवी देवताओं-राम, कृष्ण, हनुमान आदि के टेंटू शरीर पर गुदवाते हैं। कूंकणी मुख्य बोली है। इसके अलावा वारली, धोडिया दूसरी बोली भी प्रचलन में हैं। नागली, बांटी, वाराई, कोदरा (चावल की जगह खाया जाने

वाला धान), उड़द व तुवर की दाल, सागभाजी तथा खरगोश व तीतर का मांस खाते हैं। चाय, तम्बाकू और बीड़ी की लत प्रायः पायी जाती है। शादी तथा अन्य प्रसंगों पर महुआ, फल तथा काजू आदि से निकाली गई मदिरा का सेवन भी करते हैं। भगवान में विश्वास करते हैं। मावली देवी, वाघदेव, वालाकाकर, गोवलदेव, सिमिरियादेव, देवलीजाली, गिर देवता आदि की पूजा करते हैं। सामाजिक-सांस्कृतिक परम्पराएं हिन्दुओं जैसी हैं जिनसे इनके आर्थिक व्यवहार प्रभावित होते हैं। मुख्य व्यवसाय कृषि एवं कृषिगत मजदूरी है। इसके अलावा पशुपालन, वन-कार्य में मजदूरी, छुटकर मजदूरी करते हैं। ट्रेक्टर, बैल एवं भैंसा आदि से खेती करते हैं। जातिपंच की असरकारकता सामाजिक मुद्दों में अभी भी बरकरार है ये लोग इसके अस्तित्व को जरूरी मानते हैं। बच्चे के जन्म का उत्सव अन्य समुदायों की तरह पूर्ण परम्परागत तरीके से मनाते हैं। शादी के लिए लड़की और उसके माता-पिता की सहमति आवश्यक है। बाल-विवाह का प्रमाण सामान्यतया देखने को नहीं मिलता। तलाकशुदा अथवा विधवा अपने पति के छोटे भाई से शादी कर सकती है किन्तु बड़े से नहीं। मृत्यु का प्रसंग भी परम्पराओं से भरा हुआ है।

राठवा आदिवासी

इस समुदाय का उद्गम राठ विस्तार शब्द के साथ जुड़ा है जिसका अर्थ है वन एवं पहाड़ी क्षेत्र। इस क्षेत्र के निवासी राठवा कोली के नाम से भी जाने जाते हैं। माना जाता है कि वे पड़ोसी राज्य मध्यप्रदेश से आए हैं। छोटा उदयपुर, जांबुगाम तथा नसवाडी तालुका के अलावा हालोल और कालोल में भी इनका निवास है। राठवी इनकी अपने समुदाय की बोलचाल की भाषा है जबकि अन्य लोगों के साथ बोलने व लिखने में गुजराती में ही व्यवहार करते हैं। राज्य से बाहर के लोगों के साथ हिन्दी में भी बात करते हैं। लंगोटी, कच्छा, फेंटा आदि पारम्परिक लिबास के साथ युवा पीढ़ी आधुनिक परिधान-पेंट शर्ट पसंद करती है। महिलाएं कचूटा, घाघरा, चोलिया और चांदी के विभिन्न आभूषण पहनना पसंद करती हैं। यह समुदाय प्रसंगोवसात मांसाहारी है। सामान्य तौर पर चावल, दाल, कढ़ी, छाछ व मौसमी सब्जियों का इस्तेमाल भी ये लोग करते हैं। मदिरापान व तम्बाकू जैसे व्यसन इस समाज में पाये जाते हैं। पहले बाल विवाह का चलन था किन्तु अब नहीं है। विवाहित स्त्रियां मांग में सिंदूर भरती हैं। शादी परिवार की मर्जी से तय होती है किन्तु इसके साथ-साथ मेले में भी वधु के चयन की परम्पराएं हैं। इस समुदाय की आजीविका का मुख्य आधार कृषि है। छोटे किसान मजदूरी करके एवं वन उत्पाद संग्रह करके गुजारा करते हैं। राठवा समुदाय की स्त्रियां कृषि कार्य में अहम् भूमिका अदा करती हैं। इसके अलावा पशुपालन, लकड़ी इकठ्ठा करने व पानी

लाने का भी काम करती हैं। जाति पंच अन्य समुदायों की भांति क्रियाशील व असरकारक है। धार्मिक रूप से हिन्दू धर्म में आस्था रखते हैं। वे गौड़ बाबा देव तथा घोड़ा, हाथी, चीता, ऊँट आदि की मूर्तियां बनवाकर पूजा करते हैं। दिवाली, दशहरा, होली व पिथोरा आदि प्रमुख त्योहार हैं। कुछ लोग स्वामीनारायण सम्प्रदाय से भी प्रभावित हैं जो विशुद्ध शाकाहारी हैं। जिन लोगों को जगत के नाम से जाता है वे मांसाहारी हैं। राठवा समुदाय के लोग हरिजन और वणकर लोगों के साथ रोटी-बेटी का व्यवहार नहीं करते। सीमा सुरक्षा बल व फौज तथा अन्य सरकारी नौकरी में राठवा लोग जाना पसंद करते हैं। शिक्षण का प्रमाण लड़कों में अधिक है लड़कियां प्राथमिक स्तर के पश्चात शिक्षण छोड़ देती हैं। इसके पीछे मुख्य कारण सामाजिक आर्थिक परिस्थिति के साथ उनका घर कार्य में व्यस्त हो जाना है।

वारली आदिवासी

वारली आदिवासी समुदाय दक्षिण गुजरात के वांसदा व धरमपुर में देखने को मिलता है। ये लोग सतपुड़ा व विन्ध्य के पहाड़ी विस्तार या जंगल विस्तार में निवास करते हैं। इसके अलावा थोड़ी-थोड़ी संख्या में राज्य के अन्य भागों-पंचमहल, सूरत, वडोदरा, साबरकांठा, बनासकांठा, मेहसाणा आदि में भी पाये जाते हैं। इस समुदाय

का परिचय देते हुए पण्डया (1981) लिखते हैं कि वारली शब्द की उत्पत्ति वारुद शब्द से हुई है। इन्हें निशाद, व्यास व वारुद आदि नामों से भी जाना जाता है। वारुद शब्द समयान्तर में बिगड़ते हुए वारली बना। ये लोग जंगलों से पेड़ को जड़ से निकाल कर दूसरी जगह रोपने में सिद्धहस्त हैं। सावे (1945) लिखते हैं कि यह समुदाय थाना जिले के उत्तर-पूर्वी भाग के अलावा धरमपुर, वांसदा व सूरत में मुख्यतया पाए जाते हैं। वारली समुदाय तीन उप समूहों में विभक्त है-रूसी या डावर, कालीवाट और नेहरी। राज्य में डावर समुदाय प्रमुखता से पाया जाता है जो समुद्री सीमा के गांवों में पाया जाता है। मन्डल एवं मलहोत्रा (1983) के अनुसार ये कुलम्बी किसान हैं जो ब्रिटिशकाल के दरम्यान महाराष्ट्र के कोंकण विस्तार से दक्षिण गुजरात में आकर बसे। ये अपनी ही बोली बोलते हैं जो खानदेशी भीली और मराठी का मिश्रण है। वारली स्त्रियां चोली और लूगड़ा पहनती हैं तथा पुरुष आधी बांहों की शर्ट, जेकेट व नेकर पहनते हैं। यह मांसाहारी समुदाय है जो हिरण, बकरी, जंगली खरगोश, मोर, कबूतर आदि का मांस खाते हैं। इसके अलावा भोजन में नागली, तुअर की दाल, चावल, ज्वार. चटनी आदि खाते हैं। सर्दियों में वोरा की जंगली जड़े भी खाते हैं। ये बीड़ी पीते हैं। माली, बावर, तडवी, वलवी, सोनार, तमाडी व खिचाड़ी आदि अन्य उप गोत्र हैं। इस समुदाय में शादी की उम्र (लड़कियां) 15-17 वर्ष तथा लड़के 17-19 वर्ष है। सामान्यतया एकपत्नी प्रथा का रिवाज है, संतान न होने पर दूसरी शादी करते हैं। विधवा स्त्री पुनर्विवाह कर सकती है तथा ऐसी स्थिति में बच्चे उसकी मां के साथ रह सकते हैं। विभक्त परिवार प्रथा है शादी के पश्चात अपना अलग घर बसाते हैं। लोगों को अपनी पसंद का जीवनसाथी चुनने की स्वतंत्रता है। इस समुदाय की स्त्रियां जंगल से लकड़ी लाने, पानी भरने के अलावा मजदूरी कार्य भी करती हैं। इनके पास खेतीयोग्य जमीन प्रायः बहुत कम है ये लोग मकान बनाने का काम, मजदूरी तथा खेतीगत मजदूरी कार्य से आजीविका चलाते हैं। काम की तलाश में वे नाशिक, नवसारी, पारडी व चीखली आदि जगहों पर जाते हैं। पशु चराना व मछली पकड़ना इनके गुजारे के माध्यम हैं। इस समुदाय की संगठित जाति पंचायत नहीं है। ये लोग प्रकृति शक्ति में आस्था रखते हैं तथा उसके प्रतीकों की पूजा करते हैं। हीरवा और नारण देव आदि भी पूजे जाते हैं। इनकी वारली पेंटिग विख्यात है ये बांस काम करने के भी कुशल कारीगर हैं जो जीवन के लिए आवश्यक विभिन्न वस्तुएं बनाते हैं। संगीत हेतु वाद्ययंत्र बनाना व बजाना भी इस समुदाय की विशिष्टता है। होली का त्योहार व शादी आदि के प्रसंगों पर नृत्य कर आनन्द करते हैं।

(स्रोत-आदिवासी संसोधन विभाग, गूजरात विद्यापीठ, अहमदाबाद की वेबसाइट)

अध्याय-3

संशोधन रूपरेखा एवं शोध पद्धति

उपयुक्त संशोधन रूपरेखा संशोधन की ध्येय सिद्धि का आधार मानी जाती है। इस पर परिणामों की शुद्धता निर्भर है। इसलिए एक उपयुक्त रूपरेखा में विषय संबंधी स्पष्टता हो, शोध के उद्देश्य स्पष्ट हों एवं इन्हीं ध्येयों को ध्यान में रखकर उपकल्पनाओं की रचना की गई हो, तत्पश्चात उत्तरदाताओं के भौगोलिक क्षेत्र के विषय में मुख्य जानकारी एवं शोध अध्ययन के उद्देश्यों के अनुरूप प्रतिदर्श का चयन किया गया हो आदि घटकों के साथ चयनित प्रतिदर्श तर्क की कसौटी पर खरा एवं समष्टि का प्रतिनिधित्व करता हो, जरूरी हैं। शोध अध्ययन की रूपरेखा को क्रियान्वित करने के लिए प्राथमिक समंक व द्वितीयक समंक संकलन हेतु स्रोतों व पद्धतियों का निर्धारण किया जाता है। पद्धतियों की उपयुक्तता का परीक्षण SMART (S = simple सरल, M = measurable मापन योग्य, A = Accurate सटीक, R = reliable towards desired result वांछित परिणाम प्राप्त करने हेतु विश्वसनीय तथा T = time bound regarding to completion समय पर पूर्णता) की कसौटी पर करना चाहिए। संशोधन पद्धतियों की असरकारकता एक सीमा तक उसके उपयोग करने वाले की योग्यता व मनोवृत्ति व प्रामाणिक निष्ठा पर निर्भर है। इसलिए शोधकर्ता को इन पद्धतियों के प्रयोग में सावधानी बरतनी चाहिए और यदि इस कार्य में सहायकों की मदद ली जानी है तो उन्हें इससे सम्बन्धित समुचित प्रशिक्षण दिया जाना अनिवार्य है। अन्यथा नाच न जाने आँगन टेढ़ा वाली कहावत चरितार्थ हो सकती है। उदाहरण के तौर पर प्राथमिक सूचनाएं एकत्र करने हेतु एक सुगठित अनुसूची का होना जरूरी है किन्तु उस अनुसूची को भरने एवं उत्तरदाताओं से योग्य प्रतिउत्तर प्राप्त करने हेतु सूचना प्राप्तकर्ता की व्यावहारिक समझ का परिपक्व होना आवश्यक है ताकि सही व पूर्ण सूचनाएं मिल सकें। इस हेतु संशोधक प्राथमिक लोक-सम्पर्क तथा PRA/RRA का उपयोग करके सूचना संग्रहण की पूर्व भूमिका तैयार कर सकता है और अंत में निष्कर्ष व सामान्यीकरण तक पहुँचने हेतु संग्रहित सूचनाओं का योग्य स्वरूप में सम्पादित होना आवश्यक है। अध्ययन की जरूरत और सूचनाओं की प्रकृति के अनुरूप एकत्रित सूचना के विश्लेषण हेतु योग्य पद्धतियों का चयन अनिवार्य है। संशोधक को ज्ञान होना चाहिए कि विश्लेषण प्रक्रिया के दरम्यान जो आंकड़ाकीय परिणाम प्राप्त हुए

हैं उनका वास्तविक सैद्धान्तिक अर्थ क्या है तथा उससे क्या-क्या समान्यीकरण किया जा सकता है। किसी भी चरण की लापरवाही अध्ययन की दिशा में रुकावट साबित हो सकती है। शुद्ध ध्येय की सिद्धि हेतु शुद्ध साधन व ईमानदारीपूर्ण मंशा का होना जरूरी है तभी वांछित परिणामों की परिणति संभव है।

शोध समस्या का परिचय

(अ) संशोधन विषय का शीर्षक

''सम्पोषित विकास और आजीविका स्तर के संदर्भ में आदिवासी कारीगरों/ हुनरमंदों के पारम्परिक प्रबन्धकीय-तकनीकी ज्ञान व कुशलताओं का अध्ययन''

उपरोक्त शोध समस्या के संदर्भ में संशोधक द्वारा आदिवासी समुदाय की आजीविका की स्थिति को समझने का प्रयास किया गया है कि आधुनिक सभ्यता से दूर प्रकृति के सहोदरों के पास जीवनयापन के क्या-क्या साधन उपलब्ध हैं? क्या-क्या हुनर या कुशलताएं उनके पास हैं? क्या ये हुनर उन्हें स्वावलंबी बनाते हैं? क्या ये सम्पोषित विकास के पैमाने पर खरे हैं? क्या इन हुनरों की संचालन व्यवस्था में उनकी संचालकीय सूझबूझ प्रदर्शित होती है? वर्तमान में क्या ये आदिवासी अपनी हुनर संबंधी स्थापित कुशलताओं का उपयोग कर पा रहे हैं? इस स्थित के कौन से कारण जिम्मेदार हैं? इनका वर्तमान अर्थव्यवस्था व इनके जीवनयापन की दशा पर क्या प्रभाव पड़ा है? तथा इस स्थिति में किस प्रकार सुधार लाया जा सकता है? आदि प्रश्नों के उत्तर खोजने एवं इन आदिवासियों के हुनरों में निहित तकनीकी-प्रबंधकीय कुशलताओं को समझने व सभी के समक्ष उजागर करने की मंशा से यह अध्ययन किया जा रहा है। खनिज सम्पदा से परिपूर्ण समृद्ध धरा के निवासी ये आदिवासी निर्धन क्यों हैं?

रोजगार की तलाश में स्थानान्तरण, जीवनयापन की बदतर होती स्थितियां, प्राकृतिक संसाधनों के कुप्रबंधन के चलते विनाश आदिवासी समुदाय की हुनर संबंधी व्यवस्थाओं को चलाए रखने में कठिनाई महसूस कर रहे हैं जबकि इनकी आजीविका का स्वरूप स्थानीय लोगों की जरूरत, संसाधनों की वहनीय क्षमता आदि को देखते हुए सम्पोषित है। यद्यपि उनके पास कार्य विशेष को करने की औपचारिक डिग्री नहीं है तथापि उनकी कुशलताएं मुख्यतया श्रमसाध्यता व रचनात्मकता का प्रतिनिधित्व करती हैं। जिसमें आने वाली पीढ़ी गुर-शिष्य की परम्परा अथवा परिवार

में कार्य पर रहकर अपनों बड़ों के साथ उत्पादकीय समझ व क्षमता का विकास करती है। यह एक ऐसी कड़ी है जो बिना किसी खर्चे के सतत चलती रहती है। इनके आजीविका व्यवहार का दायरा इनकी आवश्यकताओं तक सिमटा होता है। इसलिए संसाधनों के उपयोग की मर्यादा बनी रहती है तथा उनके प्रति निहित संवेदनशीलता भी क्योंकि इनके अस्तित्व पर ही जीवन टिका होता है। इन स्थानीय लोगों ने ऐसी तकनीकें विकसित की हैं जो स्थानीय पर्यावरण संतुलन के साथ तारतम्य बैठा पाने में सक्षम हैं। इनके संचालनीय तर्क सम्पोषित व्यवस्था का समर्थन करते हैं। दुर्भाग्यवश वर्तमान समय में पारम्परिक ज्ञान-विज्ञान आधारित सम्पोषित आजीविका की कड़ी कई कारणों से टूटती जा रही है, कई हुनर जो मानव समाज व पर्यावरणीय आरोग्य की दृष्टि से अच्छे हैं वो लुप्त होने के कगार पर पहुँचते जा रहे हैं जिसके दीर्घगामी परिणाम हमारी स्थानीय अर्थव्यवस्था व समाज के अंतिम छोर पर रहने वाले व्यक्ति पर होंगे। इसलिए इस अध्ययन का मुख्य ध्येय अनपढ़ व पिछड़े समझे जाने वाले आदिवासी समुदाय की हुनर संबंधी कुशलताओं, सम्पोषित विकास से इनका रिश्ता तथा इनके संचालन में तकनीकी-प्रबंधकीय सूझबूझ आदि पहलुओं को उजागर करना है। वहीं दूसरी ओर इनकी वर्तमान स्थिति से जुड़े मुद्दों को समझना है कि किन कारणों से जड़ों को नुकसान हो रहा है तथा इसके क्या संभावित परिणाम होंगे। अन्य शब्दों मे यह अभ्यास विकास की सह-अस्तित्व व स्वावलंबन की अवधारणा का परीक्षण है जिसकी दिशा स्वराज से सच्चे सुराज की ओर ले जाती है। इसके माध्यम से नई तालीम आधारित आजीविका के प्रतिमानों को आदिवासी समुदाय के माध्यम से समझना है कि उन्होंने किस तरह से हुनर संबंधी ज्ञान-कौशल व सम्पोषित विकास की सूझ को आत्मसात् किया है। वर्तमान में संसाधनों की बिगड़ती दशा ने इनकी आजीविका को किस तरह नुकसान पहुँचाया है तथा इसे सुधारने की दिशा में क्या प्रयास करने होंगे, आदि को शोध अध्ययन के माध्यम से जनता के सामने लाने की एक छोटी सी अर्थपूर्ण कोशिश संशोधक द्वारा की गई है।

शोध परियोजना के उद्देश्य

1. उद्यमिता के पैमाने पर आदिवासी कारीगरों (हुनरधारकों) एवं उनकी तकनीकी-प्रबंधकीय कुशलताओं की खोज। वे अपनी हुनर व्यवस्था के संचालन में किस तरह जोखिम का निर्धारण करते हैं जो सम्पोषित विकास का प्रतिनिधित्व करती है।

2. सम्पोषित आजीविका की दिशा में उनके मूल्य आधारित प्रबंधकीय व्यवहारों का विश्लेषण करना तथा वर्तमान परिस्थिति के उत्तरदायी कारकों को स्पष्ट करना।

3. साधन-संसाधन व कार्य-वातावरणीय वर्तमान स्थिति का स्थापित आजीविका पर क्या प्रभाव पड़ा है तथा आने वाली पीढ़ी पर इसका क्या असर रहेगा? सम्पोषित विकास के परिप्रेक्ष्य में आदिवासी समुदाय के सामाजिक-आर्थिक प्रतिमानों को समझना।

4. यह सिद्ध करना कि वर्तमान समय में आदिवासी समुदाय की आजीविका के सम्पोषित विकास हेतु गांधी विचार एक अनुकूलतम विकल्प है जो सच्चे स्वराज की ओर ले जा सकता है।

5. निष्कर्ष आधारित परिणामों के रूप में आदिवासी हुनरधारकों द्वारा अपनाए जा रहे सम्पोषित व्यवस्थापकीय सिद्धान्तो को सामने लाना ताकि प्रबंध को एक अलग दृष्टि से समझा जा सके।

उपकल्पनाएं-

1. आदिवासी कारीगर आजीविका हेतु सम्पोषित पारम्परिक व्यवहार अपनाते हैं जिसमें प्रबंधकीय सूझ निहित है। इनकी वकालत मूल्य आधारित प्रबंधकीय प्रतिमानों के आधार पर की जा सकती है जिनसे समाज व सृष्टि के हितों का रक्षण होता है। वे उपलब्ध संसाधनों का उपयोग जरूरी संवेदनशीलता के साथ करते हैं जिससे सभी घटकों में संतुलन कायम रहता है।

2. आदिवासी कारीगर पतन अथवा गिरावट की समस्या का सामना कर रहे हैं। नई पीढ़ी की रूचि इसमें कम होती जा रही है तथा उसमें उद्यमिता का स्तर भी गिर रहा है।

3. इन कुशलताओं को उनके स्वयं के बीच तथा विकासलक्षी संस्थाओं द्वारा सही पहचान न मिलने से नई पीढ़ी में ये स्थापित हुनर लुप्त होते जा रहे हैं।

4. सच्चे समाधान की दिशा में गांधीजी के विचार अत्यन्त प्रासंगिक सिद्ध हो सकते हैं। इससे ही सच्चा स्वराज लाया जाना संभव है।

गुजरात का आदिवासी विस्तार

गुजरात के आदिवासी विस्तार को तीन भागों में निम्नवत रूप से वर्गीकृत किया जा सकता है-

1. दक्षिणी आदिवासी विस्तार

दक्षिणी विस्तार में भरूच, नर्मदा, सूरत, तापी, वलसाड, नवसारी और डांग जिलों का समावेश होता है। इन विस्तारों में नयूनतम 28 प्रतिशत तथा अधिकतम 94 प्रतिशत आदिवासी समुदाय पाया जाता है। डांग को सम्पूर्ण आदिवासी बाहुल्य जिला कहा जाता है। भील, कूंकणा, वारली और गामित यहाँ के प्रमुख आदिवासी समुदाय हैं। भरूच की दो तहसीलों-झगढ़िया और वलिया में क्रमशः 67 एवं 74 प्रतिशत आदिवासी समुदाय निवास करता है। नर्मदा जिले की तिलकवाड़ा तहसील में 53 प्रतिशत एवं डोडियापाड़ा में 96 प्रतिशत आदिवासी जनसंख्या रहती है। नवसारी की चीखली और वांसदा तहसीलों में यह सीमा 70-90 प्रतिशत के मध्य है। सूरत जिले की 10 तहसीलों में आदिवासी समुदाय की उपस्थिति देखी जाती है (47 प्रतिशत बारडोली तथा 97 प्रतिशत उच्छल तहसील में)। वलसाड में दक्षिण गुजरात के आदिवासी विस्तार की कुल आदिवासी जनसंख्या का 55 प्रतिशत केन्द्रीयकरण देखने को मिलता है जिसमें 39 प्रतिशत पारडी में तथा 97 प्रतिशत कपराडा तहसील में आदिवासी समुदाय की उपस्थिति है। इस विस्तार में तडवी, गामित, धोडिया, वारली, कूंकणा, भील, नायका और चौधरी आदि आदिवासी उप समुदाय प्रमुखता से पाये जाते हैं।

2. मध्य आदिवासी विस्तार

मध्य गुजरात के आदिवासी विस्तार में पंचमहल, दाहोद और वडोदरा को सम्मिलित किया जाता है। अभी वडोदरा में से छोटा उदेपुर नया जिला बना है जो आदिवासी बाहुल्य है। दाहोद जिले की देवगढ़ बारैया तहसील में 23 प्रतिशत, गरबाडा में 94 प्रतिशत, इसी प्रकार पंचमहल जिले के घोघम्बा और कडाना में 40-73 प्रतिशत तक आदिवासी समुदाय है तथा वडोदरा की पावी जेतपुर तहसील में 78 प्रतिशत और कंवाट में 93 प्रतिशत आदिवासी प्रजा है। इनमें भील, पटेलिया, ढांका, नायकडा और राठवा उप आदिवासी समुदाय प्रमुख हैं।

3. उत्तरी आदिवासी विस्तार

इस क्षेत्र में गुजरात के बनासकांठा और साबरकांठा जिले के वन विस्तार को सम्मिलित किया जाता है। यहाँ कुल वन विस्तार का 16 प्रतिशत भाग है। बनासकांठा में आदिवासी समुदाय अमीरगढ़ और दांता में हैं जिनकी संख्या कुल जनसंख्या के 50 प्रतिशत से अधिक है। साबरकांठा जिले में विजयनगर, भिलोड़ा, खेडब्रह्मा और मेघरज तहसीलों में आदिवासी समुदाय की बहुलता है। जिसमें सबसे कम मेघरज (36 प्रतिशत) तथा अधिकतम विजयनगर (76 प्रतिशत) में आदिवासी समुदाय का कुल जनसंख्या में अनुपात देखने को मिलता है। भील मुख्य प्रजाति है किन्तु उप समुदायों में राजपूत गरासिया, डूंगरी गरासिया, भील गरासिया को शामिल किया जाता है। समग्र उत्तरी-पूर्वी विस्तार लूनावाडा, संतरामपुर, झालोद, लीमखेडा, देवगढ़ बैरैया, जाम्बूघोडा तहसीलों तक को पर्वत व वन सीमा से जोड़ता है।

विभिन्न आदिवासी समूहों के अनुसार गुजारत के आदिवासी समुदाय की जनसंख्या-2001

क्रम संख्या	विभिन्न आदिवासी समूह	जनसंख्या		
		पुरुष	स्त्री	कुल
1.	बरडा	432	343	775
2.	बावचा	2148	1977	4125
3.	भरवाड	856	763	1619
4.	भील	1746813	1695132	3441945
5.	चारण	1299	1182	2481
6.	चौधरी	141512	140880	282392
7.	चौधरा	3425	3361	6786
8.	ढांका	130403	122234	252637
9.	धोडिया	296115	292993	589108
10.	दूबला	301051	295814	596865
11.	गामित	176780	177582	354362

क्रम संख्या	विभिन्न आदिवासी समूह	जनसंख्या		
		पुरुष	स्त्री	कुल
12.	गोंड	1170	982	2152
13.	कथोडी	2951	2869	5820
14.	कूकणा	165537	163959	329496
15.	कोली	49790	45865	95655
16.	कोलीधोर	24544	23875	48419
17.	कुनबी	21806	21486	43292
18.	नाइका	199652	193372	393024
19.	पढार	11550	10871	22421
20	पराधी	3715	3474	7189
21.	पारधी	1521	1351	2872
22.	पटेलिया	55965	53425	109390
23.	पामोला	409	410	819
24.	रबारी	8027	7390	15417
25.	राठवा	273296	261988	535284
26.	सिद्धी	4417	4245	8662
27.	वाघरी	8764	8210	16974
28.	वारली	126819	128452	255271
29.	विटोला	10794	10659	21453
30.	जेनरिक आदिवासी (अन्य)	18556	15899	34455
	कुल	**3790117**	**3691043**	**7481160**

व्यावसायिक स्थिति

क्रम संख्या	व्यवसाय का प्रकार	घरों का प्रतिशत	घरों की संख्या
1.	कृषि	97.28	35505
2.	पशुपालन	85.28	31125
3.	धंधा	2.08	759
4.	भूमिहीन मजदूर	27.52	10044
5.	सेवा कार्य	3.68	1343
6.	ग्रामीण कारीगर	3.2	1168
	कुल		**36498**

गुजरात के आदिवासी समुदाय की आजीविका का स्तर

आदिवासी समुदाय गरीबी से ग्रसित हैं। ऐतिहासिक रूप से सामाजिक-आर्थिक व राजनैतिक पटल पर यह समुदाय पिछड़ा और हाशिए पर रहा है। सामान्य रूप में ये लोग वन विस्तार में आने वाले गांवों में निवास करते रहे हैं। इसलिए उनकी आजीविका वनों के ऊपर आश्रित रही है किन्तु पर्यावरण संरक्षण नीति एवं विकासलक्षी कार्यक्रमों, खनन तथा आधारभूत सुविधाओं के विस्तार की परियोजनाओं के क्रियान्वयन के तहत कई जगहों पर इन्हें अपने मूल निवास से स्थानान्तिरत भी होना पड़ा। इससे इनके आजीविकालक्षी व्यवहार भी प्रभावित हुए बिना नहीं रह सके। आदिवासी भूमि अधिकार अधिनियम और इसी तरह के दूसरे अधिनियम के आने से उनकी आजीविका व विकास में बदलाव की छवि भी देखने को मिलती है। गुजरात में 18612 वर्ग कि.मी. वन विस्तार है जो राज्य के कुल भौगोलिक विस्तार का 9.6 प्रतिशत है। इसमें वनाच्छादित क्षेत्र मात्र 8,673 वर्ग कि.मी. है। इसके अनुपात में आदिवासी जनसंख्या 1.5 है जो विपरीत स्थिति का प्रतीक है। बनासकांठा, साबरकांठा जिले का काफी भाग सूखाग्रस्त है जिसमें वडोदरा व भरूच के कुछ भागों को शामिल किया जाता है जहाँ वनों का विनाश हुआ है और इसका असर गैर-कृषिगत आजीविका की स्थिति पर हुआ है। दक्षिण गुजरात में अधिक तथा मध्य व उत्तर गुजरात के आदिवासी विस्तार में कम वर्षा के चलते कृषिगत विविधताएं देखने को मिलती हैं। सिंचाई तथा भूमिगत जल की स्थिति में भी

परिवर्तन हो रहे हैं। दक्षिण गुजरात के आदिवासी सघन कृषि करते हैं क्योंकि वहाँ सिंचाई सुविधा अपेक्षाकृत बेहतर हैं।

गरीबी रेखा के नीचे जीवन यापन करने वाले आदिवासी परिवार

जिला का नाम	**परिवारों की संख्या का प्रतिशत**	**जिला का नाम**	**परिवारों की संख्या का प्रतिशत**
डांग	86.89	वडोदरा	38.06
पंचमहल	69.92	वलसाड	53.66
दाहोद	80.80	नवसारी	50.65
भरूच	51.18	सूरत	48.21
राजपीपला	82.66	वडोदरा	38.06
डांग	86.89		

लघु शोध परियोजना का भौगोलिक विस्तार

भौगोलिक रूप से यह परियोजना मध्य व दक्षिण गुजरात के आदिवासी विस्तार को समाहित करती है। दक्षिण गुजरात से डांग जहाँ 98 प्रतिशत आदिवासी प्रजा निवास करती है। इससे जुड़े ब्यारा के कोटवालिया आदिवासी समुदाय के साथ भी साक्षात्कार किया है क्योंकि डांगी लोगों की बांसकाम की कला से इनका नजदीक का रिश्ता रहा है। तथा मध्य गुजरात से छोटा उदेपुर जिले को शामिल किया है जो पहले वडोदरा जिले का हिस्सा था। यहाँ से कंवाट, नसवाडी और छोटा उदेपुर खण्ड को सम्मिलित किया है। इन दोनों विस्तारों में गरीबी का प्रमाण अधिक है। डांगी लोग अत्यधिक गरीब हैं। ये विस्तार सीमावर्ती हैं जो महाराष्ट्र और मध्यप्रदेश की सीमा से लगे हुए हैं और इनकी आजीविका भी इनसे प्रभावित होती है। विषय की दृष्टि से संशोधन का क्षेत्र आदिवासी हुनरधारकों की तकनीकी-प्रबंधकीय कुशलताओं की पहचान से जुड़ा हुआ है।

मध्य गुजरात का आदिवासी बाहुल्य विस्तार

छोटा उदेपुर (वडोदरा जिला)-संशोधन प्रारूप की रचना के समय मध्य गुजरात के आदिवासी विस्तार से छोटा उदेपुर, कंवाट और नसवाडी क्षेत्र को संशोधन

हेतु लिया गया था जो वडोदरा जिले का हिस्सा था। किन्तु शोधकार्य की स्वीकृति मिलने के समय तक छोटा उदेपुर जिला अस्तित्व में आ चुका था। जब संशोधक ने अपना कार्य प्रारम्भ किया था तब यह जिला तीन भागों में विभाजित हो चुका था-वडोदरा, डभोई और छोटा उदेपुर। छोटा उदेपुर जिले में 6 तहसीलों-कंवाट, नसवाडी, पावीजेतपुर, संखेडा, बोडेली और छोटा उदेपुर को सम्मिलित किया गया है। इस प्रकार पूर्व निर्धारित संशोधन क्षेत्र इस नवनिर्मित छोटा उदेपुर जिले के अन्तर्गत आता है जो जनवरी 2013 को वडोदरा जिले से अलग हुआ। नर्मदा और तापी के पश्चात इस पट्टी का यह तीसरा आदिवासी बाहुल्य जिला है। इसकी जनसंख्या 2011 की जनगणना के मुताबिक 1,022,185 (पुरुष 51 प्रतिशत तथा महिलाएं 49 प्रतिशत) है तथा क्षेत्रफल 3,237 वर्ग कि.मी. है एवं जनसंख्या घनत्व 316। है। राष्ट्रीय औसत साक्षरता प्रतिशत 59.5 की तुलना में यहाँ पुरुष साक्षरता 76% तथा स्त्री साक्षरता 62% है। इसका मुख्यालय छोटा उदेपुर में है जो वडोदरा से 110 कि.मी. दूर है। इसका सीमावर्ती राज्य मध्य प्रदेश है। इस जिले का वन विस्तार 75,704 हेक्टेअर है जहाँ डोलोमाइट, फ्लोराइट, ग्रेनाइट आदि विविध खनिजों के भण्डार हैं। काली निकेतन महल छोटा उदेपुर का प्रसिद्ध दर्शनीय स्थान है। राठवा यहाँ मुख्य आदिवासी प्रजा है। यहाँ की पिथोरा पेंटिंग काफी विख्यात है। इसके अलावा कई आदिवासियों की हस्तकलाएं इनकी विविधतापूर्ण समृद्धि को दर्शाती हैं।

दक्षिणी गुजरात का आदिवासी विस्तार-डांग जिला

इस जिले का मुख्यालय आहवा में है। इसका कुल क्षेत्रफल 1764 कि.मी. है। 2001 की जनगणना के अनुसार इसकी जनसंख्या 186,729 है। 98 प्रतिशत आदिवासी प्रजा यहाँ निवास करती है। 311 गांव, 70 पंचायत और एक तहसील है। जगंल जमीन 101329 हेक्टेअर, कृषि भूमि 53949 हेक्टेअर तथा सिंचित जमीन 7500 हेक्टेअर है। इस विस्तार में औषधीय वनस्पतियां अच्छी मात्रा में पायी जाती हैं। बांस भी यहाँ है। पूमा वाइल्ड लाइफ सेन्चुरी तथा वांसदा नेशनल पार्क इस जिले में आते हैं। सापूतारा, शबरी आश्रम, गिरा फाल आदि अन्य दर्शनीय स्थलों में शामिल हैं। लोग जलाऊ लकड़ी, पशुओं के लिए घास, तेन्दु पत्ता आदि के लिए जंगल पर निर्भर हैं। यहाँ बरसात अच्छी होती है।

उत्तरदाता प्रतिचयन

संशोधन विस्तार के आदिवासी कारीगर हमारे लक्ष्य समूह के उत्तरदाता हैं जिनसे प्राथमिक समंकों का संग्रहण किया जाना है। इसके अलावा ग्रामीण समुदाय और इस क्षेत्र में कार्यरत स्वैच्छिक संगठन के कार्यकर्ताओं के साथ खुली चर्चा (एफ. जी.डी.) भी की है ताकि स्थितियों का ठीक-ठीक अंदाजा लगाया जा सके। उल्लेखनीय है कि ये स्वैच्छिक संगठनों का आदिवासियों की आजीविका के उत्थान और प्राकृतिक संसाधनों के संरक्षण हेतु कार्य कर रहे हैं। इसलिए दोनों क्षेत्र से 6-6 गाँव अर्थात् कुल 12 गांवों का चयन किया है तथा प्रत्येक गांव से उद्देश्यपूर्ण प्रतिदर्श पद्धति के आधार पर विचारपूर्वक 5 उत्तरदाताओं का चयन किया गया है। इस प्रकार कुल 60 उत्तरदाताओं के साथ साक्षात्कार किया गया है। चयनित उत्तरदाताओं को नीचे सारणी में दर्शाया गया है।

सारणी–लघुशोध परियोजना हेतु चयनित उत्तरदाताओं का क्षेत्र के अनुसार विवरण

क्रम संख्या	डांग जिला		छोटा उदेपुर जिला		कुल उत्तरदाता
	गांव के अनुसार विवरण		गांव के अनुसार विवरण		
	गांव का नाम	उत्तरदाताओं की संख्या	गांव का नाम	उत्तरदाताओं की संख्या	
1.	भैंसकातरी	5	**कंवाट :**		
2.	आमसरपाडा	5	**1. पानवड और**	5	
3.	गलकुण्ड	5	2. देवत	5	
4.	पीपलदहाडा	5	**नसवाडीः**		
5.	चींचपाडा (वडापाडा)	5	1. अम्वाडा	5	
6.	जुनेर	5	2. घेसवाडी	5	
			छोटा उदेपुरः		
			रंगपुर और	5	
			मालू	5	
	कुल	**30**	**कुल**	**30**	**60**

इसके अलावा 12 गांवों में एफ.जी.डी. का आयोजन किया गया। तथा क्षेत्र स्तरीय कार्यकर्ताओं से असंरचित साक्षात्कार करके इस विषय पर उनके विचार जानने का प्रयास किया गया है। इन संस्थाओं में डांग से ए.के.आर.एस.पी., बाइफ तथा छोटा उदेपुर से दीपक, श्रोफ, भाषा एवं प्रकृति संस्थान को सम्मिलित किया गया है जो आदिवासी विकास हेतु कार्यरत हैं।

समंक संग्रहण की पद्धतियां व उपकरण

प्राथमिक समंक

जब संशोधक ऐसी सूचनाओं व समंकों को सीधे उत्तरदाताओं से प्राप्त करता है जिन्हें पहले प्राप्त नहीं किया गया हो तो इस प्रकार संकलित सामग्री प्राथमिक समंक कहलाती है। अध्ययन की आवश्यकता के अनुरूप संशोधक ने विविध प्रकार के उत्तरदाता-वैयक्तिक उत्तरदाता, स्थानीय समाज के सामूहिक उत्तरदाता व संस्थागत उत्तरदाताओं व सामाजिक कार्यकर्ताओं को सम्मिलित किया गया है। इन सभी से सूचनाएं एकत्र करने हेतु निम्नलिखित शोध उपकरणों का उपयोग किया गया है-

1. **अनुसूची**-अनुसूची में अध्ययन के उद्देश्यों के अनुरूप उत्तर विविध प्रकार के प्रश्नों को क्रमबद्ध रूप में रखा जाता है। प्रश्नों की भाषा शैली को सरल व उत्तरदाताओं के स्तर के अनुरूप रखते हुए द्वि-अर्थी शब्दों के प्रयोग से बचने का प्रयास किया जाता है। प्रश्न ऐसे हों जिसे पढ़े-लिखे तथा निरक्षर उत्तरदाता भी आसानी से समझ सकें। उत्तरदाता के दिशा से भटकने की संभावनाएं हों वहाँ सामान्यतया बंद व वैकल्पिक प्रश्न तथा जहाँ उसकी स्पष्ट राय को जानना हो वहाँ खुले प्रश्नों का समावेश किया गया है ताकि पूर्वाग्रह के दोषों से बचा जा सके। उत्तरदाता गुजराती भाषा के अभ्यस्त हैं इसलिए अनुसूची को गुजराती भाषा में ही तैयार किया गया है ताकि स्थानीय शब्दों को बिना किसी अनुवादिक बदलाव के मूल स्वरूप में ही लाया जा सके। संशोधक गुजारती, हिन्दी और अंग्रेजी भाषा से परिचित है फिर भी स्थानीय बोली को समझने के लिए जानकार लोगों की मदद भी ली गई है ताकि संशोधन अभ्यास की पूर्णता में अनुसूची के प्रश्नों का उचित उत्तर मिल सके।

2. **ई-प्रश्नावली**-ई-प्रश्नावली की रचना उन उत्तरदाताओं के लिए की गई जिनसे समयानुकूलता के अभाव में व्यक्तिगत साक्षात्कार करना संभव नहीं

था और जो इन्टरनेट की सुविधा रखते थे। इसकी रचना में शोध के उद्देश्य और वांछित जानकारी के संबंध में स्पष्टता करके मेल भेजा गया तथा उसी पर उत्तर प्राप्त किए गए। स्वैच्छिक संगठनों एवं सामाजिक कार्यकर्ताओं से जानकारी लाने हेतु इस उपकरण का उपयोग किया गया है। इसमें विनम्र निवेदन के साथ आजीविका और कुदरती संसाधनों की स्थिति पर उनके अनुभव भेजने का अनुरोध किया गया था।

3. **अनौपचारिक प्रश्नों की मार्गदर्शिका**-इस उपकरण का उपयोग गांव के लोगों के साथ समूह चर्चा करने हेतु किया गया है ताकि एक नियत दिशा में चर्चा का प्रवाह सुनिश्चित रह सके।

संशोधक द्वारा प्राथमिक सूचनाओं के संकलन हेतु उपयोग की गई पद्धतियां

1. **व्यक्तिगत साक्षात्कार**–अनुसूची के उपयोग द्वारा उत्तरदाताओं से व्यक्तिगत साक्षात्कार किया गया। इस दरम्यान इस तरह का व्यवहार किया गया कि उत्तरदाता सहजता के साथ मैत्री भाव से वांछित जानकारी प्रदान कर सके। जहाँ कहीं उसे कठिनाई का अनुभव हुआ वहाँ उसे मदद करके उसकी बात को पूर्ण करने में सहायता की ताकि शोध कार्य अच्छी तरह से सम्पन्न हो सके।

2. **निरीक्षण**-शोध के उद्देश्यों के मद्देनजर वांछित जानकारी के संदर्भ में निरीक्षण पद्धति का उपयोग करके उस जानकारी को संग्रहित करने का प्रयास किया है जो आसपास के वातावरण में विद्यमान थी तथा जिसका उल्लेख उत्तरदाता द्वारा शब्दों में व्यक्त नहीं किया जा सका है। उत्तरदाता समुदाय से आंतरिक जानकारी भी सहजता से मिल सके इसलिए संशोधक अर्ध-सहभागी निरीक्षण पद्धति का उपयोग करके उसका हिस्सा बना वहीं दूसरी ओर उसके प्रभाव में सूचनाओं को समझने व देखने में चूक न हो जाए इसका भी पूरा-पूरा ध्यान रखा है। इस पद्धति से वैयक्तिक साक्षात्कार में प्राप्त जानकारी की विश्वसनीयता को जांचने का अवसर मिला है। इससे संशोधन विषय से संबंधित रहस्य उजागर करने में मदद मिली है।

3. **ई-साक्षात्कार**-फोन और इन्टरनेट पर संस्थागत उत्तरदाताओं से साक्षात्कार करके समयानुकूलता स्थापित करने का प्रयास इस विधि को अपनाकर

किया गया है। इससे उन साक्षर और निरक्षर दोनों प्रकार के उत्तरदाताओं से सम्पर्क संभव हो सका जिनसे सीधे मिलना नहीं हो सका।

4. **पी.आर.ए. पद्धति**–संशोधन विस्तार में गांवों में कुदरती संसाधनों तथा भौतिक सुविधाओं की वर्तमान व भूतकालीन स्थिति को जानने के लिए इस पद्धति का उपयोग किया गया है। संसाधनों की परिस्थिति के लिए कौन से कारक जिम्मेदार हैं इसको भी पी.आर.ए. नक्शे पर इंगित किया गया है। इसके अलावा इन संसाधनों के प्रबंधन (वितरण, उपयोग व संरक्षण) की स्थिति तथा उसकी असरकारकता का प्राथमिक आकलन भी इस पद्धति के माध्यम से किया गया।

5. **समूह चर्चा (एफ.जी.डी.)**–वैयक्तिक उत्तरदाताओं से प्राप्त स्थानिक जानकारी की सत्यता को जांचने में यह तरीका काफी उपयोगी सिद्ध हुआ है। इसमें लोगों के हाव-भाव तथा पारस्परिक प्रतिक्रिया को बड़ी ही सावधानी से नोट करना होता है। पी.आर.ए. का उपयोग भी इस दरम्यान किया गया जिसमें संसाधनों की वहनीय क्षमता की स्थिति व इसके लिए उत्तरदायी कारकों पर विचार-विमर्श किया गया कि इसके चलते स्थानीय हुनर व्यवहार और आजीविका के स्वरूप तथा परिमाण पर क्या प्रभाव पड़ा है।

द्वितीयक समंक

द्वितीयक समंक उन आंकड़ों व जानकारियों का समुच्चय है जो किसी अन्य संशोधक या किसी मान्य सरकारी-अर्ध-सरकारी या स्वैच्छिक संगठनों (अभिकरणों) द्वारा सामान्य अथवा अन्य उद्देश्य से पहले से एकत्र किए गए हैं। ये समंक प्रस्तावित शोध योजना को आगे बढ़ाने में मददरूप होते हैं। द्वितीयक समंक प्राथमिक स्त्रोतों से जानकारी प्राप्त करने हेतु उपकरणों को तैयार करने में मदद करते हैं। इस जानकारी को संशोधक द्वारा निम्नलिखित स्त्रोतों से प्राप्त किया गया है।

1. **पुस्तकालय**–संशोधक द्वारा विभिन्न पुस्तकालयों का उपयोग किया गया है। जिसमें गूजरात विद्यापीठ पुस्तकालय, आदिवासी संशोधन केन्द्र, गूजरात विद्यापीठ, गूजरात विश्वविद्यालय का पुस्तकालय, जी.आई.डी.आर. व भारतीय उद्यमिता विकास संस्थान का पुस्तकालय, एन.आई.सी.एम. का पुस्तकालय, विकास अध्ययन संस्थान, जयपुर का पुस्तकालय, स्वैच्छिक

संस्थाओं के पुस्तकालय यथा–सी.ई.ई., सृष्टि, भाषा तथा गांधी शांति प्रतिष्ठान, नई–दिल्ली आदि का उपयोग इस संशोधन अभ्यास दरम्यान किया है।

2. **ई–पुस्तकालय और वेबसाइट**–संशोधन अभ्यास से संबंधित सामग्री को संग्रहित करने के लिए उपरोक्त स्त्रोतों का उपयोग किया गया है। यह स्त्रोत समय तो बचाता है किन्तु छंटनी में अधिक सावधानी मांगता है। सरकारी आंकड़े, स्वैच्छिक संगठनों के ई–प्रतिवेदन, ई–पत्र–पत्रिकाएं इस स्त्रोत से प्राप्त की गई हैं।

3. **समीक्षात्मक पत्रिकाओं का उपयोग**–संशोधक ने ग्राम विकास, आदिवासी विकास, आजीविका और उद्यमिता के क्षेत्र से जुड़ी विविध पत्रिकाओं जैसे ग्रामीण विकास समीक्षा, सहकार संदर्श, लोक–सूझबूझ, हनी–बी, विकल्प, योजना, कुरुक्षेत्र, गांधीमार्ग, इकानोमिक एवं पोलिटीकल वीकली, सोशल एक्शन, ट्राइब तथा आदिलोक आदि का उपयोग किया गया है। इसके अलावा संबंधित कार्यशालाओं, संगोष्ठियों के प्रतिवेदनों आदि का भी उपयोग किया है।

सूचनाओं को विश्लेषण करने की पद्धतियां

संग्रहित जानकारी से सार्थक परिणाम प्राप्त करने हेतु विवध सांख्यकीय प्रक्रियाओं व पद्धतियों का उपयोग किया गया है तथा excel and SPSS की मदद से कम्पयूटर पर योग्य स्वरूप में विश्लेषित कर प्रदर्शित करने का प्रयास किया गया है।

मर्यादा–प्रस्तुत अभ्यास में क्षेत्र से प्राप्त समंक व सूचनाओं के आधार पर परिणामों का सामान्यीकरण किया गया है तथा यथा योग्य संशोधन पद्धितियों और प्रक्रियाओं का उपयोग किया गया है। फिर भी समय व अन्य संसाधनों की मर्यादा के चलते समग्र समष्टि के एक छोटे हिस्से तक पहुँचना संभव हो सका। विषय विस्तार की दृष्टि से भावी संभावनाएँ शेष रह जाती हैं इसलिए विस्तार में जाने पर परिणामों में अंतर आना संभव है।

परिशिष्ट-संशोधन विस्तार

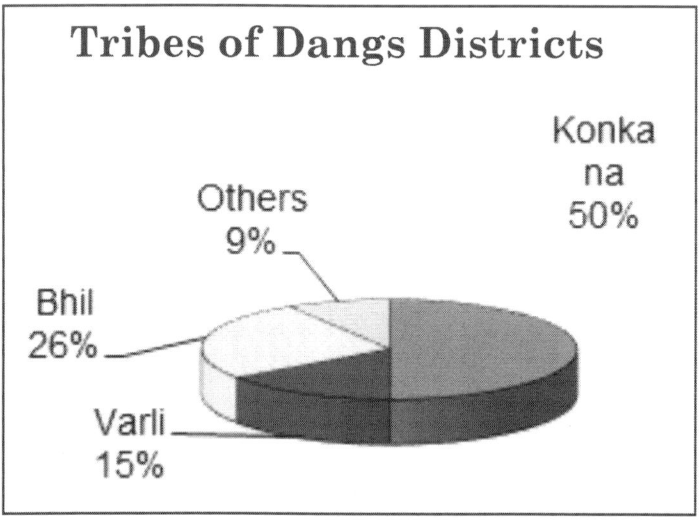

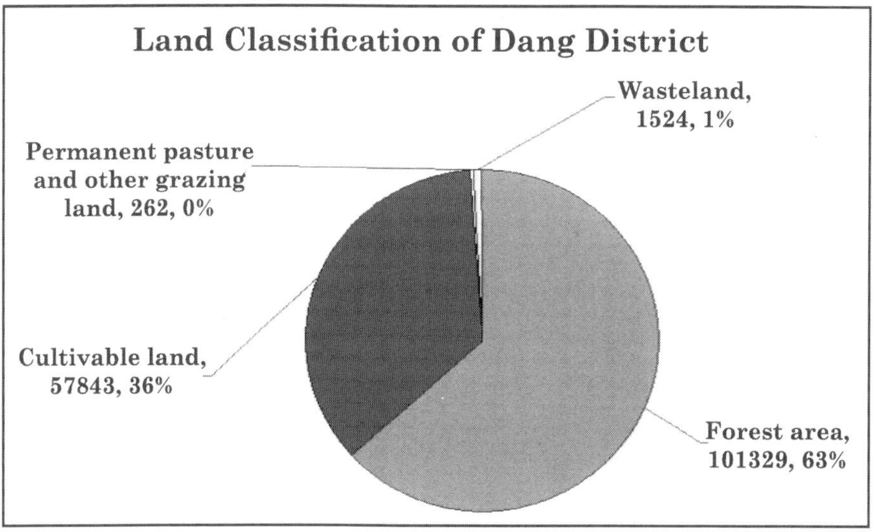

अध्याय-4

प्राथमिक समंक विश्लेषण

हुनर आदिवासी समाज की आजीविका का आधार हैं। कहीं ये आय का एक मात्र आधार हैं तो कहीं सहायक स्रोत, जिनके पास कृषियोग्य भूमि कम है। लोगों के ये हुनर कृषिगत एवं घरेलू आवश्यकताओं की संतुष्टि से संबंध रखते हैं। इसमें वे प्राकृतिक एवं भौतिक संसाधनों का विवेकपूर्ण उपयोग करते हैं। प्राथमिक समंक सग्रहण में संशोधक ने प्रयास किया है कि लोगों की सम्पोषित आजीविका की स्थिति, कुदरती संसाधनों की निर्वहन क्षमता, आदिवासी हुनरधारकों की तकनीकी प्रबंधकीय सूझबूझ, उपभोग व्यवहार के बदलते प्रतिमान एवं हुनर व्यवस्था पर इसका असर तथा नई पीढ़ी में इसके हस्तान्तरण की व्यवस्था को समझा जाय। इसलिए प्राथमिक जानकारी को 4 भागों में विभक्त किया गया है-व्यक्तिगत उत्तरदाताओं की सामान्य जानकारी, उनकी हुनर आधारित विशिष्ट जानकारी, समूह चर्चा (एफ.जी.डी.) तथा इस क्षेत्र में कार्यरत स्वैच्छिक संस्थाओं के कार्यकर्ताओं के साथ असंरचित साक्षात्कार।

सामान्य जानकारी-इस भाग में उत्तरदाताओं की प्राथमिक चरों यथा उम्र, शिक्षण, व्यवसायिक स्थिति, परिवार का आकार तथा जीवन निर्वाह के साधन आदि पर आधारित जानकारी का विश्लेषण किया गया है जो आजीविका के स्वरूप निर्धारण व संचालन में महत्वपूर्ण भूमिका निभाते हैं। इनका सारणीबद्ध विश्लेषण इस प्रकार है-

सारणी-1. उम्र के आधार पर उत्तरदाताओं का वर्गीकरण

क्रम संख्या	उम्र (वर्षों में)	आवृति	प्रतिशत
1.	15-25	5	8
2.	26-35	19	32
3.	36-45	17	28
4.	45-से अधिक	19	32
	कुल	**60**	**100**

उपरोक्त सारणी से स्पष्ट है कि युवा वर्ग में तुलनात्मक रूप से स्थानीय हुनर व्यवहारों का प्रतिशत बहुत कम है। इसका कारण यह है कि उनमें शिक्षण का स्तर बढ़ा है और वे आधुनिक जगत के अधिक आर्थिक उपार्जन वाले आजीविका के साधनों की ओर अधिक प्रयासरत रहते हैं। वहीं दूसरी ओर स्थानीय कुदरती संसाधनों के उपयोग को लेकर आदिवासी समुदाय की पहुँच धीमे-धीमे कम होती जा रही है। इसके पीछे सामाजिक-आर्थिक रूप से ताकतवर अनाधिकृत तत्वों का अतिक्रमण, कानून की बाध्यता है जिससे ये पीढ़ी समझौता करने को बाध्य है।

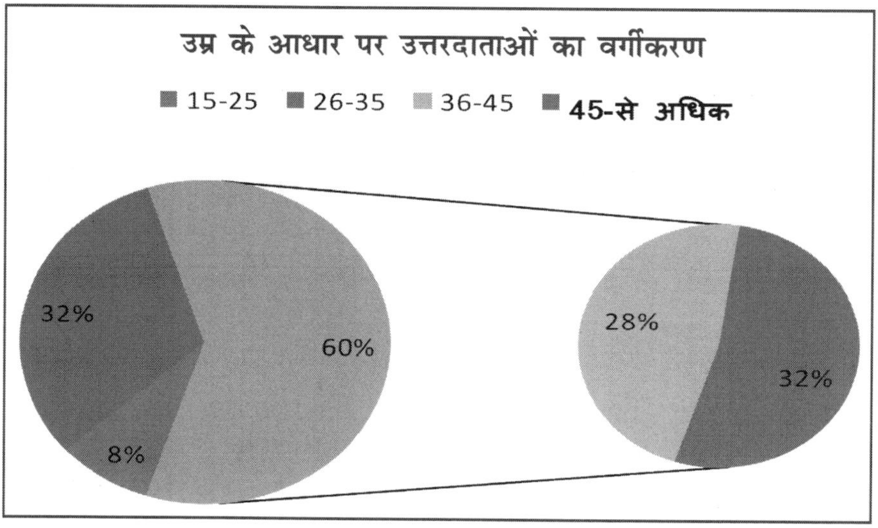

सारणी-2. लिंग के आधार पर उत्तरदाताओं का वर्गीकरण

क्रम संख्या	लिंग	आवृति	प्रतिशत
1.	पुरुष	48	80
2.	स्त्री	12	20
	कुल	**60**	**100**

उपरोक्त सारणी से स्पष्ट है कि 80% उत्तरदाता पुरुष तथा शेष स्त्री हैं। अधिकांश महिलाएं स्वतंत्र रूप से आजीविका संचालन नहीं करतीं अपितु उनके पति या पिता द्वारा संचालित परिवार की आजीविका में सक्रिय रूप से भागीदारी करती हैं। इसी मर्यादा को ध्यान में रखकर उत्तरदाताओं का चयन किया गया है।

सारणी-3. उप जातियों के आधार पर उत्तरदाताओं का वर्गीकरण

क्रम संख्या	उपजातियां	आवृति	प्रतिशत
1.	भील	18	30
2.	कूंकणा	12	20
3.	राठवा	12	20
4.	चौधरी	9	15
5.	वारली	3	5
6.	कोटवालिया	3	5
7.	गामित	3	5
	कुल	**60**	**100**

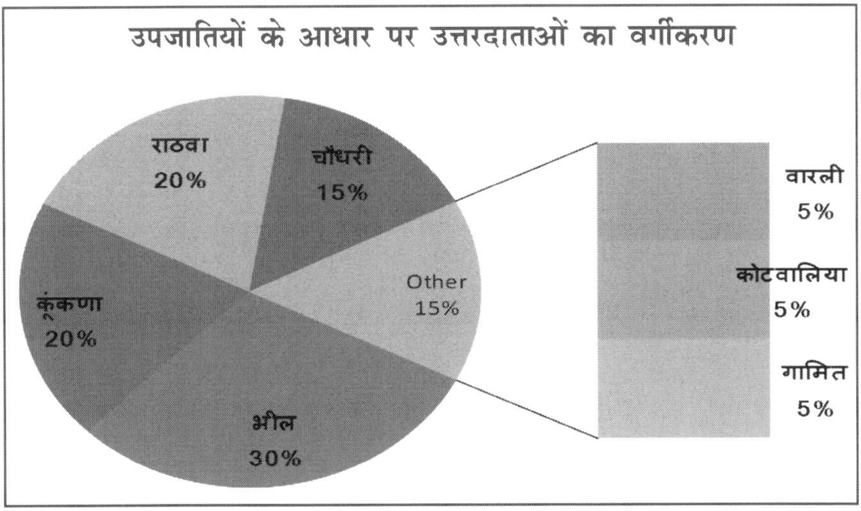

उपरोक्त सारणी से स्पष्ट है कि भील समुदाय अन्य समूहों की तुलना में अधिक है। राठवा व कूंकणा उसके पश्चात के बड़े उत्तरदाता समूह हैं जबकि वर्तमान अध्ययन की अपेक्षाओं के अनुरूप कुछ उपजातियों का प्रतिशत अल्प रखा गया है।

सारणी-4. सामाजिक-आर्थिक स्तर के आधार पर उत्तरदाताओं का वर्गीकरण

क्रम संख्या	सामाजिक-आर्थिक स्तर	आवृति	प्रतिशत
1.	अत्यधिक गरीब	18	30
2.	गरीब	24	40
3.	अच्छे	10	17
4.	बेहतर	8	13
	कुल	**60**	**100**

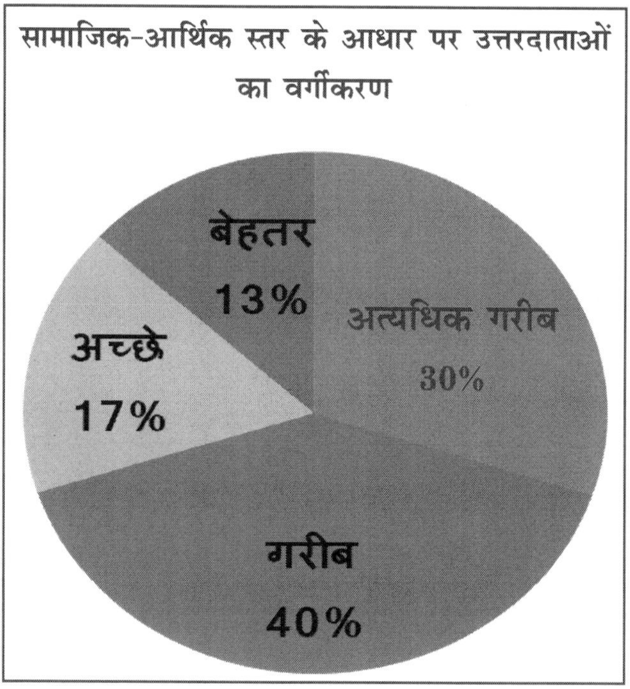

उपरोक्त सारणी में प्रदर्शित अत्यन्त गरीब उत्तरदाता 30 प्रतिशत हैं जिसमें कोटवालिया, एवं वारली समुदाय के लोगों की संख्या अधिक है। गरीब की श्रेणी में भील समुदाय के लोगों को शामिल किया जा सकता है जिनमें से कुछ अत्यन्त गरीब हैं। अन्य उप आदिवासी समुदाय तुलनात्मक रूप से बेहतर स्थिति में माने जा सकते हैं।

सारणी-5. वैवाहिक स्तर के आधार पर उत्तरदाताओं का वर्गीकरण

क्रम संख्या	वैवाहिक स्तर	आवृति	प्रतिशत
1.	अविवाहित	4	7
2.	विवाहित	53	88
3.	विधवा	3	5
	कुल	**60**	**100**

उपरोक्त सारणी से स्पष्ट है कि अधिकांश उत्तरदाता विवाहित हैं जिन पर परिवार के पालन हेतु आजीविका संचालन की जिम्मेदारी है। विधवा सदस्य भी आजीविका हेतु संघर्षरत रहते हैं इनकी संख्या तुलनात्मक रूप से कम है।

सारणी-6. शैक्षणिक स्तर के आधार पर उत्तरदाताओं का वर्गीकरण

क्रम संख्या	शैक्षणिक स्तर	आवृति	प्रतिशत
1.	अशिक्षित	18	30
2.	साक्षर	12	20
3.	प्राथमिक	15	25
4.	माध्यमिक	6	10
5.	उच्च माध्यमिक	5	8
6.	स्नातक	4	7
	कुल	**60**	**100**

यह सारणी उत्तरदाताओं के शैक्षणिक स्तर को दर्शाती है। स्पष्ट है कि लगभग एक-तिहाई उत्तरदाता औपचारिक शिक्षण से रूबरू नहीं हुए हैं। 20 प्रतिशत साक्षर हैं। शिक्षा के स्तर के अनुसार प्राथमिक शिक्षण तक के उत्तरदाता कई कुशल हुनरों की अनुप्रयुक्ति द्वारा आजीविका की जुगत में लगे हुए हैं। जो उत्तरदाता अधिक पढ़-लिख जाते हैं वे पारम्परिक हुनर व्यवस्था से तभी तक जुड़े रह पाते हैं जब तक उन्हें शहर फैक्टरी में रोजगार नहीं मिल जाता।

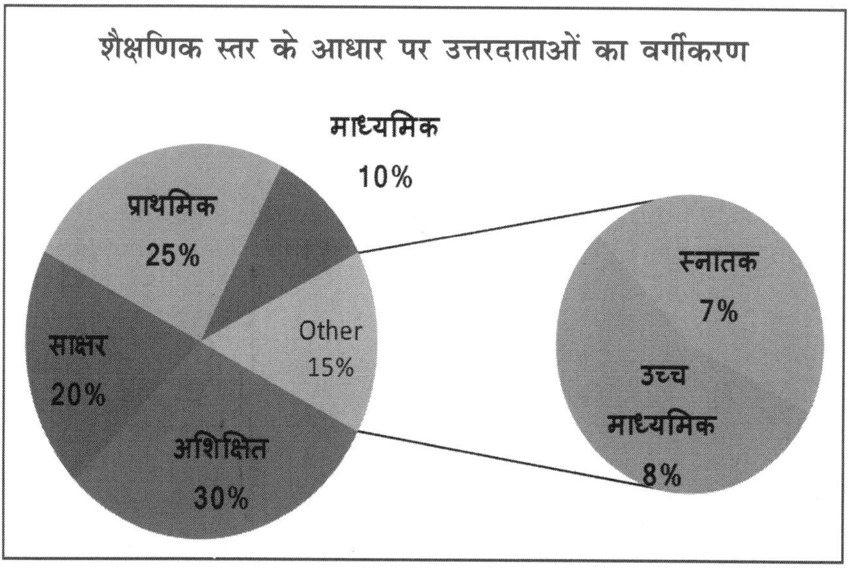

सारणी-7. परिवार के प्रकार के आधार पर उत्तरदाताओं का वर्गीकरण

क्रम संख्या	परिवार का प्रकार	आवृति	प्रतिशत
1.	विभक्त	36	60
2.	संयुक्त	24	40
	कुल	**60**	**100**

उपरोक्त सारणी दर्शाती है कि संशोधन विस्तार में दोनों प्रकार की परिवार व्यवस्थाएं अस्तित्व में हैं। उत्तरदाता बहुतायत में विभक्त परिवारों से है। शादी के पश्चात कुछ समुदायों में अलग होने का रिवाज है। फिर भी 40% संयुक्त परिवार व्यवस्था का प्रतिनिधित्व करते हैं।

सारणी-8. परिवार के आकार के आधार पर उत्तरदाताओं का वर्गीकरण

क्रम संख्या	परिवार का आकार	आवृति	प्रतिशत
1.	0–4	11	18
2.	5–6	24	40
3.	7–8	13	22
4.	9–10	12	20
	कुल	**60**	**100**

उपरोक्त सारणी परिवार का आकार बताती है। आजीविका की स्थिति के विश्लेषण की दृष्टि से यह एक महत्वपूर्ण घटक है जो आजीविका की मात्रा का स्तर निर्धारित करता है। 40 प्रतिशत उत्तरदाताओं के परिवार में 5–6 सदस्य हैं वहीं 7–8 और 9–10 सदस्य संख्या वाले उत्तरदाताओं का संयुक्त योग लगभग उपरोक्त के समकक्ष है। मात्र 18 प्रतिशत उत्तरदाताओं के परिवार की सदस्य संख्या 0–4 के मध्य है।

सारणी-9. परिवार के स्वास्थ्य स्तर के आधार पर उत्तरदाताओं का वर्गीकरण

क्रम संख्या	परिवार के स्वास्थ्य का स्तर	आवृति	प्रतिशत
1.	बीमार जो काम नहीं कर सकते।	11	18
2.	बीमार किन्तु काम कर सकते हैं।	24	40
3.	जिनमें शारीरिक अक्षमता है।	13	22
4.	जो स्वस्थ हैं।	12	20
	कुल	**60**	**100**

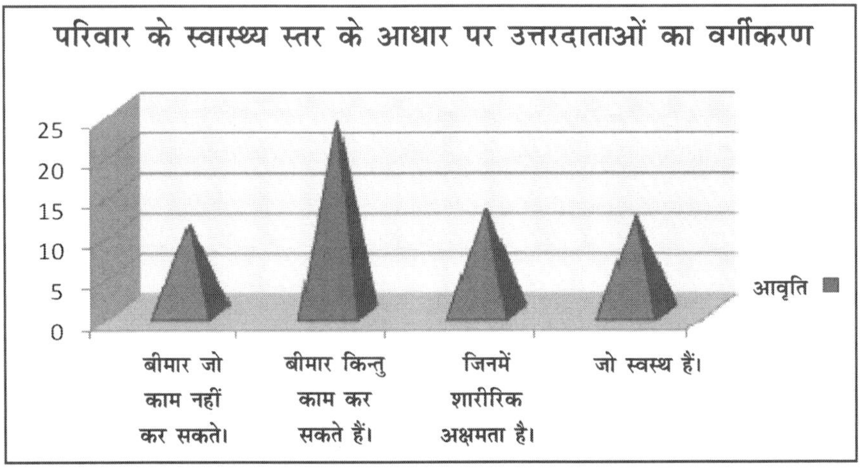

यह चर स्पष्ट करने में सक्षम है कि परिवार के सदस्यों की संख्या के साथ उनके स्वास्थ्य का स्तर आजीविका के विस्तार एवं उसमें सहयोग की स्थिति क्या है? एक परिवार की आजीविकाजनित आय और जीवन स्तर परिवार का आरोग्य दशा पर निर्भर है। उपरोक्त सारणी में 11 उत्तरदाताओं के परवारों में परिवार सदस्य बीमार रहने से आजीविका में सहयोग कर पाने में अक्षम हैं इससे उत्तरदाता आजीविकोपार्जन की दशा-दिशा दोनों ही प्रभावित होती है जबकि 62% के संदर्भ में यह कहा जा सकता है कि वे स्वस्थ किन्तु परिवार अस्वस्थ है। केवल 20% उत्तरदाता परिवार का आरोग्य अच्छा होने से योग्य सहकार प्राप्त कर पाते हैं।

सारणी-10. परिवार के सदस्यों के शैक्षणिक स्तर के आधार पर उत्तरदाताओं का वर्गीकरण

क्रम संख्या	परिवार के सदस्यों के शैक्षणिक स्तर	आवृति	प्रतिशत
1.	अशिक्षित	11	18
2.	साक्षर	10	17
3.	प्राथमिक	15	25
4	माध्यमिक	9	15
5.	उच्च माध्यमिक	8	13
6.	स्नातक	7	12
	कुल	**60**	**100**

उपरोक्त सारणी परिवार के सदस्यों का शैक्षणिक स्तर दर्शाती है। इन आदिवासी हुनरधारकों के परिवार में अशिक्षा का प्रमाण काफी कम है। ये लोग अपने बच्चों को पढ़ाने में विश्वास करते हैं ताकि उन्हें सरकारी अथवा शहर में बेहतर अधिक आय वाला रोजगार मिल सके। कुछ उत्तरदाताओं का मानना यह भी है कि उनके बच्चे उनके परम्परागत धंधे में शामिल न हों किन्तु आंशिक रूप में उसमें सहयोग करते रहें। प्राथमिक स्तर के ऊपर शिक्षा लेने वाले उत्तरदाताओं के प्रतिशत का समुच्चय 30 है जो लगभग एक तिहाई नमूने का प्रतिनिधित्व करता है। बच्चे भी छोटी उम्र में अर्थोपार्जन की मानसिकता रखते हैं इसलिए आगे पढ़ने की बजाय वे काम करना शुरू कर देते हैं।

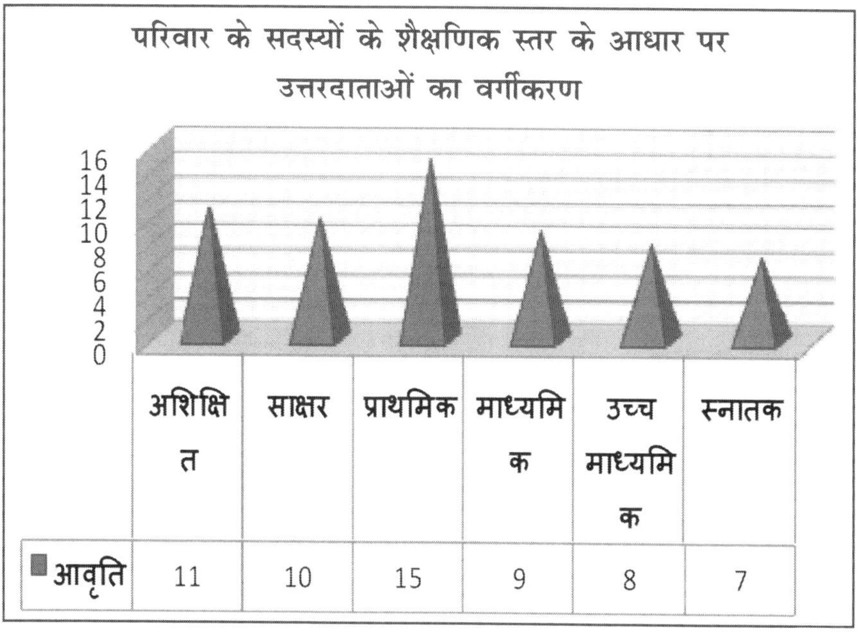

सारणी-11. परिवार के सदस्यों की योग्यता के स्तर के आधार पर उत्तरदाताओं का वर्गीकरण

क्रम संख्या	परिवार के सदस्यों की योग्यता का स्तर	आवृति	प्रतिशत
1.	कृषि कार्य	35	58
2.	मकान निर्माण कार्य में सहायक (बेलदारी)	16	27
3.	घर बनाना	40	67
4.	लकड़ी, मिट्टी और नड़िया से घर की छत बनाने की योग्यता	12	20
5.	घर में संग्रहण हेतु आवश्यक वस्तुएं यथा कोठार, चूल्हा आदि बनाना	19	32
6.	चारपाई बुनना	9	15
7.	रस्सी बनाना	13	22
8.	पशु पालन	32	53
9	भरथगूँथन	25	42

(नोट-प्रतिशत की गणना 60 उत्तरदाताओं के आधार पर की गई है।)

उपरोक्त सारणी का संबंध परिवार के सदस्यों की विभिन्न हुनर आधारित कुशलताओं से है जिसमें वे परिवार की कुल आय में योगदान करते हैं और कहीं पर वे अपनी कुशलताओं के उपयोग से घर के खर्च में बचत कराकर अपनी महती भूमिका सुनिश्चित करते हैं। इनके पास बहुआयामी कुशलताएं हैं। अधिक आय प्रदान करने वाले श्रमकार्य आधारित विकल्प एवं तैयार माल के उपभोग की बढ़ती प्रथा के अनुसरण के चलते कुछ लोग इन परम्परागत कुशलताओं से दूर भी हो रहे हैं जबकि ये हुनर आधारित व्यवहार अपेक्षाकृत प्रकृति के अधिक अनुकूल माने जा सकते हैं। सारणी स्पष्ट करती है कि इनके पास कृषि एवं कृषिगत कार्यों की योग्यताएं प्रचुर मात्रा में हैं। इसके अलावा पशुपालन का प्रमुख स्थान कहा जा सकता

है। कुछ लोगों के पास साधनों के निर्माण व संचालन की तकनीकी कुशलताएं भी हैं। कढ़ाई, बुनाई, पाक-कला, चारपाई बुनना, टोकरा-टोकरी बुनना आदि स्थानीय संसाधनों व आवश्यकताओं को पोषित करती योग्यताएं भी इनके पास हैं।

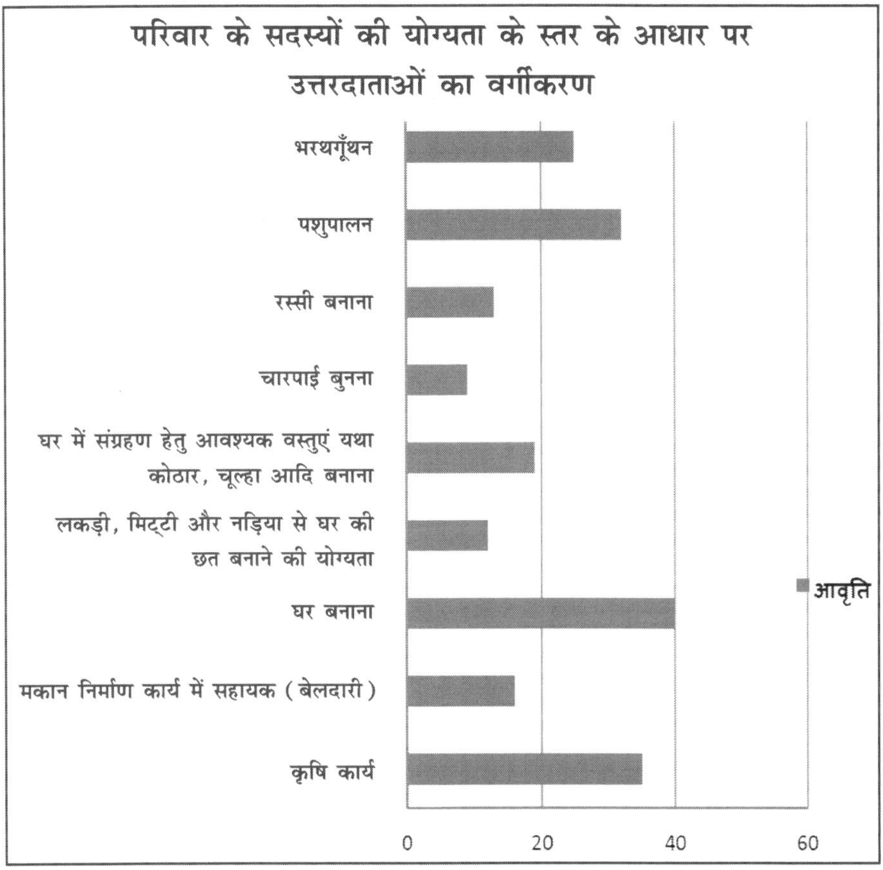

सारणी-12. वार्षिक आय के आधार पर उत्तरदाताओं का वर्गीकरण

क्रम संख्या	वार्षिक आय (रुपयों में)	आवृति	प्रतिशत
1.	0-10,000	24	40
2.	10,001-20,000	13	22
3.	20,001-30.000	12	20
4.	30,001-40,000	7	11
5.	40,001-50,000	4	7
	कुल	**60**	**100**

उपरोक्त सारणी से स्पष्ट है कि 40% उत्तरदाताओं की आय अत्यन्त कम है जबकि 18% की आय को इनकी जरूरतों की तुलना में संतोषजनक माना जा सकता है। समग्रता के दृष्टिकोण से कहें तो बहुतायत में लोग गरीब ही हैं। वे अपनी आवश्यकता संतुष्टि हेतु ना के बराबर कीमत पर अपने उपभोग की वस्तुओं व सेवाओं की व्यवस्था स्थानीय स्तर पर कर लेते हैं इसलिए अपनी जीविका येन केन प्रकारेण चला ही लेते हैं।

सारणी-13. खेतीयोग्य जमीन के आधार पर उत्तरदाताओं का वर्गीकरण

क्रम संख्या	खेतीयोग्य जमीन (बीघा में)	आवृति	प्रतिशत
1.	कोई जमीन नहीं	17	28
2.	0- 2	21	35
3.	3- 4	10	17
4.	5-6	8	13
5.	7-8	4	7
	कुल	**60**	**100**

जमीन की मात्रा लोगों की आर्थिक समृद्धि और आजीविका की स्थिति के मापन का एक मुख्य आधार है। सारणी से ज्ञात होता है कि 28% उत्तरदाता भूमिहीन हैं जबकि 35% उत्तरदाताओं के पास 2 बीघा से भी कम जमीन है। बाकी के 37% उत्तरदाता अपनी भोजन व अन्य आवश्कताओं की संतुष्टि इसके द्वारा करने में सक्षम हैं।

सारणी-14. खेती के साधन (जो इनके पास हैं) के आधार पर उत्तरदाताओं का वर्गीकरण

क्रम संख्या	खेती के साधन	आवृति	प्रतिशत
1.	लकड़ी का हल	42	70
2.	लोहे का हल	18	30
3.	बैल	36	60
4.	भैंसा	24	40
5.	बैल गाड़ी	9	15
6.	दांतड़ी	54	90
7.	कुल्हाड़ी	36	60
8.	फावड़ा	48	80
9.	कुदाली	54	90
10.	खम्पाड़ी	45	75
11.	बांस की आकड़ी	54	90
12.	कटिंग मशीन	12	20

(नोट-प्रतिशत की गणना 60 उत्तरदाताओं के आधार पर की गई है।)

उपरोक्त सारणी उत्तरदाताओं के पास खेती के प्रमुख साधनों की स्थिति को दर्शाती है। स्पष्ट है कि आज भी लकड़ी के हल उपयोग में हैं जबकि 30% उत्तरदाता लोहे के हल का इस्तेमाल करने लगे हैं। भैंसा व बैल जुताई के साधन हैं। 90% लोग खेती कार्य में प्रयुक्त होने वाले छोटे-मोटे औजार रखते हैं क्योंकि मजदूरी प्राप्त करने के लिए उन्हें इनकी आवश्यकता पड़ती है।

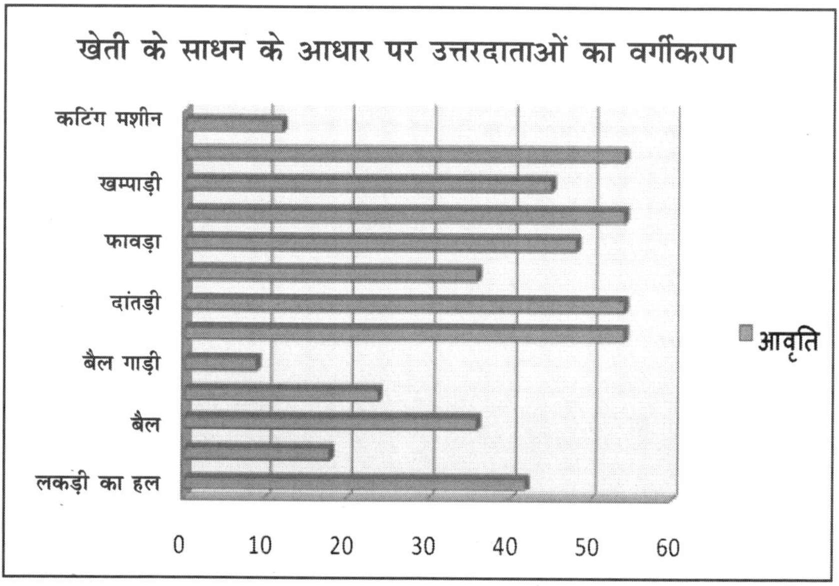

सारणी-15. घर के प्रकार के आधार पर उत्तरदाताओं का वर्गीकरण

क्रम संख्या	घर का प्रकार	आवृति	प्रतिशत
1.	झोंपड़ा	15	25
2.	लकड़ी मिट्टी और नड़िया की छत वाले मकान	18	30
3.	कच्चा घर	18	30
4.	कच्चा-पक्का घर	9	15
	कुल	**60**	**100**

उपरोक्त सारणी उत्तरदाता का घर का प्रकार दर्शाती है। 25% उत्तरदाताओं के पास अच्छे मकान नहीं हैं जबकि 60% उत्तरदाताओं के मकान कच्चे हैं। मकान बनाने का अधिकांश कार्य वे स्वयं एवं अपने पड़ोसियों की मदद से करते हैं। केवल 15% उत्तरदाताओं के मकान पक्के हैं जिनकी सामाजिक-आर्थिक स्थिति को बेहतर माना जा सकता है।

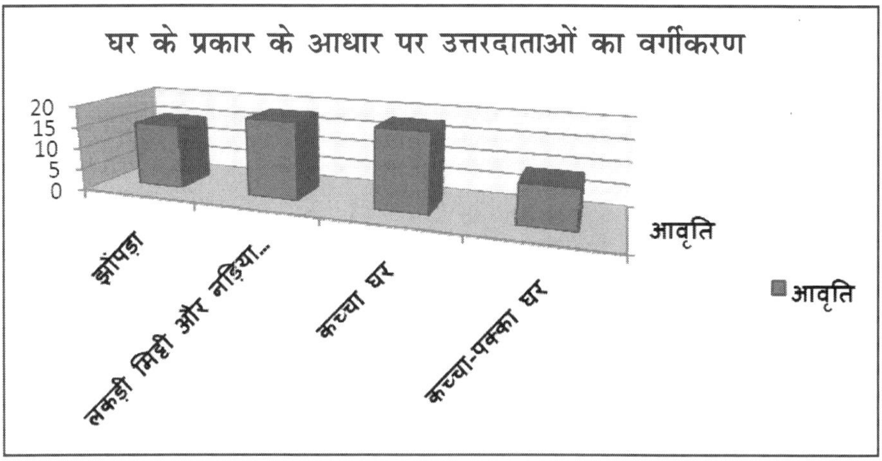

सारणी-16. घर में कमरों की संख्या के आधार पर उत्तरदाताओं का वर्गीकरण

क्रम संख्या	घर में कमरों की संख्या	आवृति	प्रतिशत
1.	एक	12	20
2.	दो	15	25
3.	तीन	21	35
4.	तीन से अधिक	12	20
	कुल	**60**	**100**

उपरोक्त सारणी उत्तरदाता के घर में कमरों की संख्या को बताती है जिसका निर्धारण सामान्यतया परिवार में सदस्यों की संख्या तथा सामाजिक-आर्थिक स्थिति के आधार पर होता है। 20% उत्तरदाताओं के घर में मात्र एक कमरा है जबकि आर्थिक रूप से समृद्ध लोगों के मकानों में तीन या अधिक कमरे भी पाये गये हैं।

सारणी-17. घर में सुविधाओं के आधार पर उत्तरदाताओं का वर्गीकरण

क्रम संख्या	घर में सुविधाएं	आवृति	प्रतिशत
1.	बिजली	36	60
2.	शौचालय (व्यक्तिगत कम सामूहिक ज्यादा)	18	30
3.	स्नानघर	21	35
4.	पानी	27	45
	कुल	**60**	**100**

(नोट-प्रतिशत की गणना 60 उत्तरदाताओं के आधार पर की गई है।)

उपरोक्त सारणी उत्तरदाता के घर में बुनियादी सुविधाओं की स्थिति का प्रतिनिधित्व करती हैं। 60% घरों में बिजली की सुविधा है। बहुत कम लोगों के घर में लेट्रीन हैं किन्तु वे सामूहिक लेट्रीन का उपयोग करते हैं तथा कुछ खुले में शौच के लिए जाते हैं। पुरुष सदस्य खुले में स्नान करते हैं तथा स्त्रियां चारपाई को आड़ी रखकर स्नानक्रिया सम्पन्न करती हैं। फिर भी एक-तिहाई उत्तरदाताओं के यहाँ स्नानघर हैं। वे नजदीकी जलस्त्रोतों से पेयजल की आपूर्ति करते हैं।

सारणी-18. घर में साधनों के आधार पर उत्तरदाताओं का वर्गीकरण

क्रम संख्या	घर में साधन	आवृति	प्रतिशत
1.	कोठार (बांस और मिट्टी की सामग्री से निर्मित)	51	65
2.	लकड़ी की चारपाई	33	55
3.	लोहे का पलंग	18	30
4.	पंखा	36	60
5.	रंगीन टी.वी.	27	45
6.	लोहे और लकड़ी की अलमारी	36	60
7.	पत्थर की चक्की	21	35
8.	औखल और मूसल	15	25

(नोट-प्रतिशत की गणना 60 उत्तरदाताओं के आधार पर की गई है।)

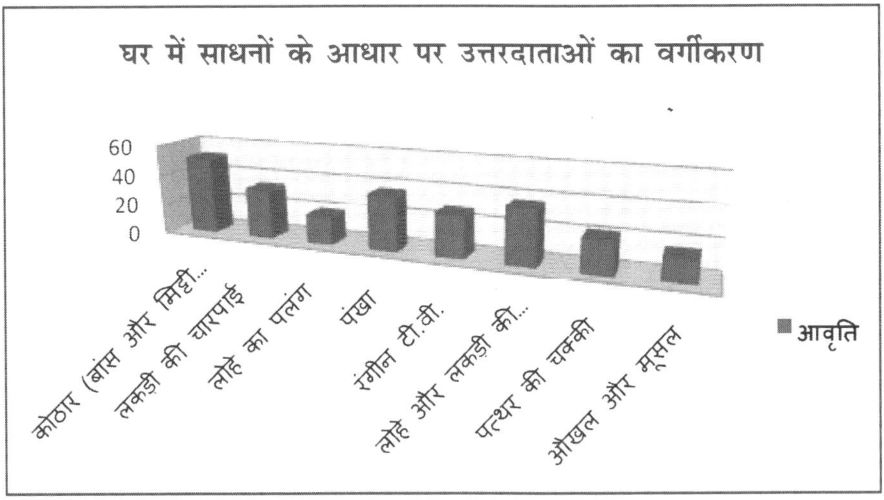

उपरोक्त सारणी उत्तरदाता के घर में उपयोग में आने वाली वस्तुओं की स्थिति को दर्शाती है। लोगों के पास अनाज संग्रहण हेतु सस्ते स्व-निर्मित साधन हैं क्योंकि इसकी सामग्री वे स्थानीय स्तर पर प्राप्त कर लेते हैं। मानव ऊर्जा संचालित छोटी-बड़ी घर की चक्की जिसमें वे आटा व दाल तैयार करते हैं, भी देखने को मिली। इन कार्यों के लिए बहुधा सुबह का अथवा खाली समय का उपयोग होता है। यह अब लुप्त होने के कगार पर है। घर में लोहे व लकड़ी की बनी चारपाई हैं। लकड़ी के ये पलंग गांव के बढ़ई द्वारा बनाए जाते हैं जबकि लोहे के पलंग नजदीक के शहर से खरीदकर लाये जाते हैं। लगभग 45 प्रतिशत लोगों के पास रंगीन टी.वी. भी है।

सारणी-19. घर में वाहनों के आधार पर उत्तरदाताओं का वर्गीकरण

क्रम संख्या	घर में वाहन	आवृति	प्रतिशत
1.	बैल/भैंसा गाड़ी	9	15
2.	ऊँट गाड़ी	4	7
3.	साईकल	17	28
4.	मोटर साईकल	18	30
5.	कोई साधन नहीं	12	20
	कुल	**60**	**100**

इन साधनों की उपस्थिति का आजीविका की शोध व संचालन में सहायक हैं वहीं विवेकपूर्ण उपयोग के अभाव में व्ययभार बढ़ने का कारण भी बनते हैं। उपरोक्त सारणी में उत्तरदाताओं के पास वाहन व्यवहार के साधनों की स्थिति को दर्शाया गया है। 20% उत्तरदाताओं के पास कोई साधन नहीं हैं। 28% के पास साइकिल तथा 30% के पास मोटरसाइकिल है। कृषि उत्पादों को लाने-ले जाने हेतु बैल व भैंसा गाड़ी जैसे परम्परागत साधन भी हैं।

हुनर आधारित विशिष्ट जानकारी का विश्लेषण

सैद्धान्तिक रूप से किसी कार्य को सर्वश्रेष्ठ ढंग से करने की कला को प्रबंध अथवा पेशेगत कुशलताओं की श्रेणी में रखा जाता है। इस कसौटी पर आदिवासी हुनरधारकों के पास भले ही प्रबंधकीय सैद्धान्तिक समझ का व्यवस्थित प्रस्तुतीकरण न हो किन्तु व्यावहारिक रूप से वे सभी तकनीकी-प्रबंधकीय दक्षताएं यथा-समय प्रबंधन, समन्वय, गुरू-शिष्य परम्परा के तहत योग्य निर्देशन, मौलिक रचनात्मक नवाचार की कल्पनाएं तथा निर्णय करने की योग्यता आदि उनके पास होती हैं जिनके द्वारा वे अपने हुनर का संचालन करते हैं। उनके इस पारम्परिक ज्ञान के विवेकपूर्ण उपयोग में सृष्टि के घटकों का जरूरत के मुताबिक उपयोग व संतुलन विद्यमान रहता है। इस भाग में हुनर संचालन की वर्तमान व भावी परिस्थिति तथा सम्पोषित विकास की दृष्टि से इसका प्रभाव आदि की जानकारी को सारणीबद्ध रूप से प्रस्तुत किया गया है-

सारणी–20. संशोधन विस्तार में संचालित हुनर (जिनसे वे नकद आय प्राप्त करते हैं) उत्तरदाताओं का वर्गीकरण

क्रम सं.	आजीविका की दक्षताएं	संशोधन विस्तार के अनुसार आवृति एवं प्रतिशत								कुल	
		डांग		छोटा उदेपुर		कंवाट		नववाडी			
		आ.	%	आ.	%	आ.	%	आ.	%	आ.	%
1.	मकान बनाने वाले कारीगर एवं सहायक	6	20	2	20	2	20	2	20	12	20
2.	बढ़ई	3	10	1	10	1	20	1	10	6	10
3.	लुहार	3	10	1	10	1	10	1	10	6	10
4.	बांस का काम एवं रस्सी बनाने की कुशलताएं	1	3.33	1	10	1	10	0	0	3	5
5.	दीवारों पर चित्रकारी एवं चूना काम	1	3.33	1	10	1	10	0	0	3	5
6.	वाद्य यंत्र बनाना एवं बजाना	1	3.33	0	0	1	10	1	10	3	5
7.	कृषिगत मजदूरी कार्य	5	17	1	10	1	10	1	10	8	13
8.	दूध, अण्डे एवं मांस उपभोग तथा विक्रय हेतु पशुपालन	4	13.33	0	0	0	0	1	10	5	8.33

क्रम सं.	आजीविका की दक्षताएं	संशोधन विस्तार के अनुसार आवृति एवं प्रतिशत								कुल	
		डांग		छोटा उदेपुर		कंवाट		नववाडी			
		आ.	%	आ.	%	आ.	%	आ.	%	आ.	%
9.	नाई का काम	1	3.33	1	10	0	0	0	0	2	3.33
10.	दर्जी का काम	2	7	1	10	1	10	2	20	6	10
11.	अप्रशिक्षित दाई	1	3.33			1	10			2	3.33
12.	लघु वनोत्पादों का संग्रहण, पेड़ों पर चढ़ना, लकड़ी काटना आदि।	2	7	1	10	0	0	1	10	4	7
	कुल	**30**	**100**	**10**	**100**	**10**	**100**	**10**	**100**	**60**	**100**

इस सारणी में संशोधन विस्तार के अनुसार प्रचलित हुनर व्यवहारों को दर्शाया गया है। यद्यपि उत्तरदाता के पास एक से अधिक हुनर हैं तथापि संशोधक ने आय अर्जित करने वाली आजीविका को इसमें रखा है। इसमें उन हुनरों का भी समावेश है जिनसे सीधे आय का उपार्जन नहीं होता किन्तु खर्च में बचत अवश्य होती है। इनमें पारस्परिक सहयोग की जरूरत होने से लोगों के परस्पर संबंधों की कड़ी मजबूत बनती है। जैसा कि विदित है कि संशोधन विस्तार मुख्यतः दो भागों में विभक्त है–डांग और छोटा उदेपुर तथा छोटा उदेपुर में तीन उप विस्तार शामिल किए गए हैं–छोटा उदेपुर, कंवाट और नसवाड़ी। सारणी में 12 प्रकार के हुनर दर्शाए गये है जिसमें राजगीरी (निर्माण कार्य) प्रथम क्रम पर, दर्जीकार्य व कृषिगत कार्य दूसरे क्रम पर तथा बढ़ईगीरी व लुहारी तीसरे क्रम पर हैं। इसके पश्चात लघु वन उपज संग्रहण को रखा जा सकता है।

सारणी-21. मुख्य एवं गौण व्यवसाय के रूप में आजीविका आधारित कुशलताएं

क्रम संख्या	आजीविका आधारित कुशलताएं	मुख्य व्यवसाय		गौण व्यवसाय	
		आ.	%	आ.	%
1.	मकान बनाने वाले कारीगर एवं सहायक	12	20	10	17
2.	बढ़ईगीरी	4	7	2	3
3.	लुहारगीरी	3	5	3	5
4.	बांस का काम एवं रस्सी बनाने की कुशलताएं	2	3	1	2
5.	दीवारों पर चित्रकारी एवं चूना काम	2	3	1	2
6.	वाद्य यंत्र बनाना एवं बजाना	2	3	1	2
7.	कृषिगत मजदूरी कार्य	8	13	6	10
8.	दूध, अण्डे एवं मांस उपभोग तथा विक्रय हेतु पशुपालन	5	8	4	7

क्रम संख्या	आजीविका आधारित कुशलताएं	मुख्य व्यवसाय		गौण व्यवसाय	
		आ.	%	आ.	%
9.	नाई का काम	2	3	0	0
10.	दर्जी का काम	6	10	0	0
11.	अप्रशिक्षित दाई	1	2	1	2
12.	लघु वनोत्पादों का संग्रहण, पेड़ों पर चढ़ना, लकड़ी काटना आदि।	1	2	8	13
	कुल		**48**		**37**

(नोट-प्रत्येक हुनर की प्रतिशत 60 के आधार पर निकाली गई है।)

उपरोक्त सारणी में उत्तरदाता द्वारा मुख्य व गौण व्यवसाय के रूप में अपनाए गए हुनर के आधार पर स्थिति को दर्शाने का प्रयास किया गया है। इसका आशय यह कदापि नहीं कि कोई हुनर दूसरे से उतरता हुआ है। लोगों द्वारा अर्थोपार्जन हेतु एक से अधिक हुनर अपनाए जाते हैं।

सारणी-22. संशोधन विस्तार में उत्पाद के स्वरूप के आधार पर हुनरधारकों का वर्गीकरण

क्रम संख्या	संशोधन विस्तार	भौतिक उत्पाद आधारित हुनर		सेवा उत्पाद आधारित हुनर		कुल	
		आ.	%	आ.	%	आ.	%
1.	डांग	13	52	17	49	30	50
	(विस्तार आधारित प्रतिशत)	(43)		(57)		(100)	
2.	छोटा उदेपुर	4	16	6	17	10	16.66
	(विस्तार आधारित प्रतिशत)	(40)		(60)		(100)	
3.	कंवाट	3	12	7	20	10	16.66
	(विस्तार आधारित प्रतिशत)	(30)		(70)		(100)	
4.	नसवाडी	5	20	5	14	10	16.66
	(विस्तार आधारित प्रतिशत)	(50)		(50)		(100)	
	कुल	**25**	**100**	**35**		**60**	**100**
	(विस्तार आधारित प्रतिशत)	**(42)**		**(58)**		**(100)**	

उपरोक्त सारणी दर्शाती है कि 42 प्रतिशत उत्तरदाता भौतिक उत्पाद आधारित हुनरों से जुड़े हुए हैं तथा बाकी के 58 प्रतिशत उत्तरदाता सेवा उत्पाद आधारित हुनरों से। यह वर्गीकरण सम्पोषित विकास के दृष्टिकोण से हुनरधारकों के प्रबंधकीय ज्ञान व कौशल्यों को समझने में मददरूप सिद्ध हो सकता है। दक्षिण गुजरात के आदिवासी विस्तार डांग में भौतिक उत्पाद आधारित हुनर व्यवहार मध्य गुजरात के आदिवासी विस्तार की अपेक्षा अधिक है। लेकिन दोनों विस्तारों के मध्य यह अंतर मामूली पाया गया है।

सारणी-23. स्वाबलंबन की दिशा में घर एवं घरेलू साधन बनाने के हुनर आधारित कौशल्य जो आय का साधन नहीं किन्तु खर्च में बचत करते हैं।

क्रम संख्या	स्वावलंबन की दिशा में घर एवं घरेलू साधन बनाने के हुनर आधारित कौशल्य	आवृति	%
1.	घर की बांस और केलू की छत, तथा बांस व मिट्टी की दीवारें बनाना	12	20
2.	घरेलू सामग्री को संग्रहित करने तथा लाने ले जाने हेतु कोठार व टोपला आदि साधनों का निर्माण करना	48	80
3.	लकड़ी की चारपाई बनाना तथा रस्सी से बुनना	6	10
4.	मिट्टी के चूल्हे व तवे बनाना	9	15

(नोट-प्रतिशत की गणना 60 में से की गई है।)

इस सारणी में स्वावलंबन की दिशा में उत्तरदाता एवं उसके परिवार की कुशलताओं को दर्शाया गया है। स्पष्ट है कि लोग अपनी जरूरत के कई सारे साधन स्वयं तैयार करते हैं। इस हेतु उनके पास परम्परागत ज्ञान तथा उनके निर्माण हेतु संसाधनों के विवेकपूर्ण उपयोग की सूझबूझ भी है। इसमें पारस्परिक विश्वास व प्रेम की सुवास व सरोकार भी सम्मिलित है।

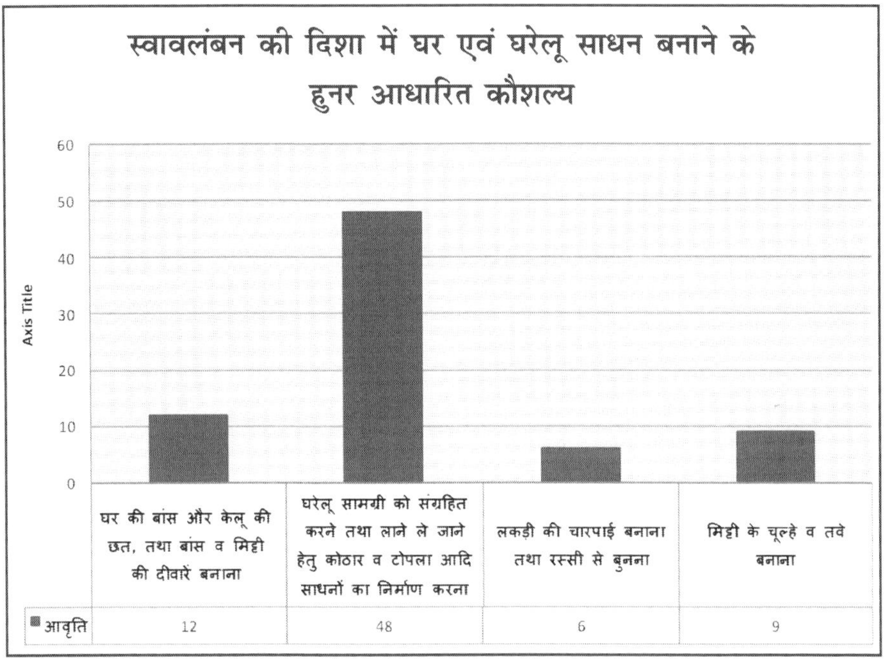

सारणी-24. हुनर जो आय का साधन नहीं किन्तु खर्च में बचत करने का माध्यम हैं।

क्रम संख्या	हुनर	आवृति	%
1.	भरतगूंथन	21	35
2.	कच्चे घर की मरम्मत, कलात्मकता के साथ लिपाई-पुताई	48	80
3.	अपने घर के लिए ईंटें बनाना व पकाना	27	65
4.	खेत से प्राप्त अनाज को खाने योग्य बनाने हेतु विविध कार्य	60	100
5.	अनाज संग्रहण के साधनों का निर्माण	45	75
6.	विविध प्रकार के कृषिगत कार्यकलाप व यंत्रों का संचालन	42	70
7.	मिटटी के चूल्हे व तवे	9	15
8.	स्थानीय अनाज आधारित विविध प्रकार की पोषक वानगी बनाना	54	90

(नोट-प्रतिशत की गणना 60 में से की गई है।)

उपरोक्त सारणी परिवार के सदस्यों की कुशलता को दर्शाती है जिससे उनकी घरेलू आवश्यकताओं की संतुष्टि होती है। निःसंदेह इससे आय नहीं होती किन्तु ऐसा न करने पर जो खर्च करना पड़ता उसमें बचत अवश्य हो जाती है साथ ही मानवीय रचनात्मकता व क्रियाशीलता बनी रहती है।

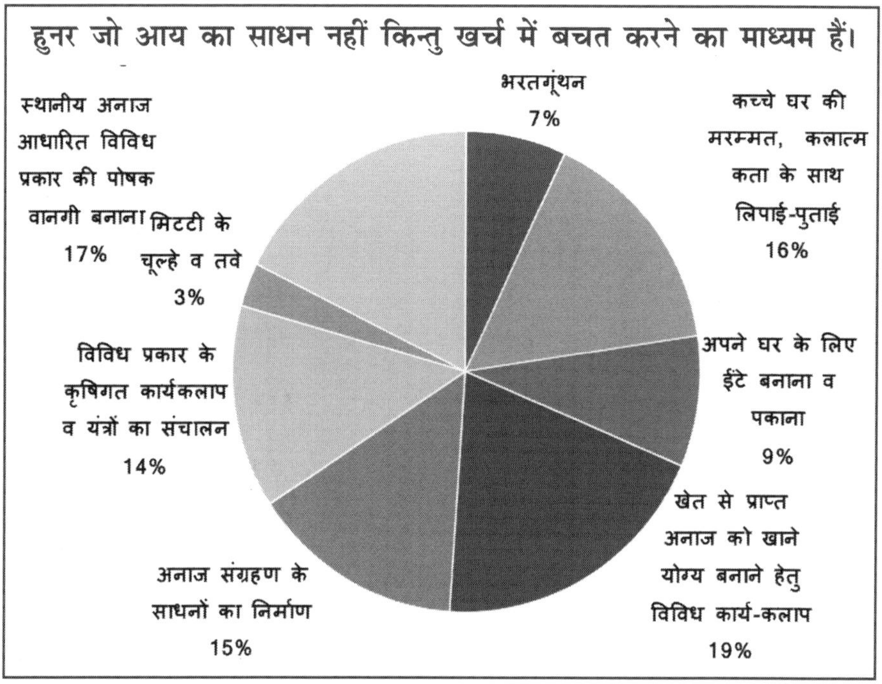

सारणी-25. हुनर के अनुसार उत्तरदाताओं की विविध कुशलताएं

क्रम संख्या	हुनर आधारित विशिष्ट कुशलताएं	आ.	%
1.	बढ़ईगीरी– बैल गाड़ी, खेती के औजार, घर की वस्तुएं, फर्नीचर–पलंग, कुर्सी, मेज, दरवाजे, खिड़कियां एवं बेंच	6	10
2.	लुहार– खेती के साधनों की मरम्मत एवं घरेलू उपकरण बनाना	6	10
3.	अप्रशिक्षित दाई	2	3

क्रम संख्या	हुनर आधारित विशिष्ट कुशलताएं	आ.	%
4.	मकान बनाने वाले कारीगर– मकान निर्माण, लेबलिंग, डिजाइनिंग, छत के नीचे के भाग, वजन का अंदाज एवं उसके अनुसार अन्य भागों के आकार वगैरह का निर्णय, विभिन्न भागों की मरम्मत (Repairing), बेलदा (कारीगर सहायक) निर्माण कार्य हेतु सामग्री मिश्रण तैयार करना तथा छोटा-मोटा निर्माण कार्य करना।	22	37
5.	चित्रकार-धार्मिक उद्देश्य से भीतिचित्र वारली पेंटिंग तथा पिथौरा पेंटिंग आदि तथा सभी प्रकार की पुताई (चूना कार्य) आदि का कार्य करना।	3	5
6.	कृषिगत कार्य– जुताई, बुवाई, निड़ाई-गुड़ाई, कटाई, बागवानी तथा अनाज की सफाई।	14	23
7.	बांस का कार्य– सूप, विभिन्न प्रकार के टोपले, घर की दीवारें तथा फर्नीचर आदि	3	5
8.	संगीतकार-संगीत के वाद्ययंत्र बनाना एवं बजाने की कुशलताएं	3	5
9.	लघु वनोत्पादों का संग्रहण, पेड़ों पर चढ़ना, लकड़ी काटना	9	15
10.	दूध अण्डे व मांस हेतु छोटे स्तर पर पशुपालन	9	15
11.	नाईगरी	3	5
12.	दर्जी का काम	6	10
13.	अन्य-जड़ी-बूटियों का ज्ञान	3	5

(नोट-प्रतिशत की गणना 60 में से की गई है।)

उपरोक्त सारणी में हुनर विशेष को संचालित करने हेतु उत्तरदाताओं की विविध कुशलताओं को दर्शाया गया है। लोगों में स्थानीयता के साथ-साथ पेशेगत प्रबंधकीय योग्यता का पुट यथा स्थान दृष्टिगत होता है।

हुनर और उपभोग व्यवस्था

संशोधन विस्तार में संचालित हुनर और उपभोग व्यवस्था की स्थिति को इस विभाग में समझने का प्रयास किया गया है। हुनर को टिकाए रखने में उपभोग व्यवस्था के मध्य क्या कोई संबंध है और क्या इस सभी का संसाधनों के उपयोग और स्थानीय स्वावलंबन की स्थिति पर कोई प्रभाव पड़ता है? क्या ये हुनर लोगों की बुनियादी जरूरतों को पूरा करने में सक्षम हैं? इनके उत्तर ढूढ़ने का यहाँ एक छोटा-सा प्रयास किया गया है क्योंकि यह प्रस्तावित संशोधन का मुख्य भाग नहीं है किन्तु इसके बिना निष्कर्षों को पूर्णता की ओर ले जाना न्यायोचित नहीं लगता था। उपभोग व्यवहार स्थानीय और सम्पोषित आजीविका के परिमाण को निर्धारित करने, लुप्त होते हुनर के कारणों में अहम है इसलिए इसके प्रभाव को समझने की एक ईमानदारीपूर्ण मंशा रही है।

(अ) घर

सारणी-26. एक सपने के अथवा अपेक्षाओं के घर की लागत के संदर्भ में उत्तरदाताओं के प्रतिभाव

क्रम संख्या	लागत (रुपयों में)	आवृति	प्रतिशत
1.	0-25000	15	25
2.	25001-50000	27	45
3.	50001-75000	10	17
4.	75001-100,000	5	8
5.	100001 से अधिक	3	5
	कुल	**60**	**100**

रहने की व्यवस्था हेतु घर निर्माण करने हेतु उत्तरदाताओं की राय में कितने धन की आवश्यकता पड़ती है इसे उपरोक्त सारणी में दर्शाया गया है। स्पष्ट है कि अधिकांश उत्तरदाताओं की अधिकतम जरूरत 50,000 रुपये है जबकि जमीन उनकी अपनी हो। इस उपभोग के स्वरूप का इनकी आजीविका के स्वरूप निर्धारण पर सीधा प्रभाव पड़ता है। हम सभी यह भलीभांति जानते हैं कि व्यक्ति आजीविकोपार्जन रोटी, कपड़ा और मकान की जरूरतों को पूरा करने हेतु प्राथमिक तौर पर करता है। इसलिए यह घटक आजीविका के स्वरूप व प्रमाण निर्धारण में अहम भूमिका निभाता है जो यह तय करता है कि उसकी आजीविका उसके व समाज के लिए सम्पोषित सिद्ध हो सकेगी या नहीं।

सारणी-27. मकान की अत्यधिक कम कीमत के पीछे कारण

क्रम संख्या	कारण	आवृति	प्रतिशत
1.	मकान बनाने की सामग्री की स्थानीय स्तर पर लगभग बिना कीमत के उपलब्धता	38	63
2.	सादा डिजाइन	21	35
3.	मकान का मर्यादित आकार व सुविधाएं	15	25
4.	घर बनाने हेतु आवश्यक ईंटों व अन्य छोटे-छोटे भाग स्वयं निर्मित करने की कुशलताएं	12	20
5.	परिवार की महिला सदस्यों में घर की मरम्मत और रखरखाव करने की कुशलताएं	36	60
6.	अपने खेतों पर साग के पेड़ उगाना जिसकी लकड़ी मिट्टी के बाद मुख्य सामग्री की तरह उपयोग की जाती है।	27	65

(नोट-प्रतिशत की गणना 60 में से की गई है।)

उपरोक्त सारणी में उन कारकों को दर्शाया गया है जिनके चलते उनके मकानों की निर्माणी लागतें कम रहती हैं। इन कारणों में उसकी जरूरतों का मर्यादित होना, श्रम कार्य स्वयं या पारस्परिक मदद से पूरा करना तथा स्थानीय संसाधनों का

मर्यादित प्रमाण में उपयोग करना आदि प्रमुख रहे हैं। केवल वे परिवार महंगे मकान की उधेड़बुन में व्यस्त रहते हैं जो तुलनात्मक रूप से अधिक आय हेतु शहर में स्थानान्तरित हैं तथा भौतिकवादी जीवनशैली से प्रभावित हैं। यहां डांग की अपेक्षा छोटा उदेपुर विस्तार में मकानों की अधिक लागतें देखने को मिलती हैं।

सारणी-28. घर के निर्माण में उत्तरदाताओं के स्वावलंबन का स्तर

क्रम संख्या	घर के निर्माण में स्वावलंबन का स्तर (प्रतिशत में)	आवृति	प्रतिशत
1.	15 तक	12	20
2.	16-30	18	30
3.	31-45	10	17
4.	46-60	9	15
5.	61-75	6	10
6.	76 से अधिक	5	8
	कुल	**60**	**100**

उपरोक्त सारणी दर्शाती है कि उत्तरदाता किस सीमा तक गृह निर्माण हेतु स्वावलंबी हैं। समूह चर्चा के दौरान ज्ञात हुआ कि जिनके घर सादे हैं वे इस मामले में आत्मनिर्भर हैं। इनकी संख्या 18 प्रतिशत है। 32 प्रतिशत उत्तरदाता 30-60 प्रतिशत तक स्वावलंबन रखते हैं। लगभग 30 प्रतिशत उत्तरदाता की आत्मनिर्भरता का प्रतिशत 16-30 के मध्य है।

(ब) कपड़े

समूह चर्चा एवं निरीक्षण प्रक्रिया के दरम्यान ज्ञात हुआ कि आदिवासी विस्तार में लोग पारम्परिक व आधुनिक दोनों ही प्रकार के परिधान धारण करते हैं। जिसमें कमीज, नेकर, साड़ी, धोती, धोतियु तथा सलवार सूट आदि प्रमुख हैं। बुजुर्गवार पारम्परिक कपड़े तथा युवा आदिवासी समुदाय आधुनिक परिधानों की पसंदगी करते हैं। इसी क्रम में ग्रामीण दर्जी अथवा शहरी दर्जी की पसंदगी करते हैं या फिर रेडीमेड कपड़ों की पसंदगी करते हैं। पहले कपड़ों का प्रमाण भी मर्यादित (दो-तीन

जोड़) था किन्तु आज फैशन के साथ-साथ प्रमाण की मात्रा में काफी वृद्धि हुई है। पहले नई खरीदी शादी या मेले के समय होती थी अब इसका कोई विशेष आधार नहीं रहा है किन्तु इसका प्रभाव दर्जी की कामगीरी पर अवश्य पड़ा है। खर्च की दृष्टि से देखें आदिवासी पारम्परिक परिधान भी बहुत सस्ते नहीं हैं। उदाहरण बतौर, कूंकणा समाज में दैनिक रूप से पहने जाने वाली पारम्परिक साड़ी की कीमत 1000-1500 रुपये तक होती है। लोग रजाई (गोदड़ा) आदि तैयार करने में स्वावलंबी हैं फिर भी कई लोग सोने हेतु रजाई-गद्दे नजदीक के शहर से भी खरीदते हैं।

सारणी-29. कपड़ों की आवश्यकताओं पर उत्तरदाताओं के कुल बजट का हिस्सा

क्रम संख्या	कुल बजट का हिस्सा (प्रतिशत में) वार्षिक आय के आधार पर	आवृति	प्रतिशत
1.	5-10	27	45
2.	11-15	18	30
3.	16-20	10	17
4.	21-25	5	8
	कुल	**60**	**100**

अपनी कपड़े संबंधी आवश्यकताओं पर वे अपने बजट का कितना भाग व्यय करते हैं इसे उपरोक्त सारणी में दर्शाया गया है। विभिन्न लोगों के बजट प्रतिशत में अंतर का मुख्य कारण आय का स्तर, सामाजिक-सांस्कृतिक परम्पराएं, उपभोक्ता की मनोवृत्ति तथा बाजार आकर्षण आदि घटक रहे हैं।

(स) भोजन

जनजाति समुदाय के भोजन व्यवहार में पारम्परिकता का पुट अभी भी पर्याप्त प्रमाण में दृष्टिगोचर होता है। वे शाकाहारी व मांसाहारी दोनों प्रकार का भोजन करते हैं। डांग विस्तार में जो लोग मवाली धर्म को मानते हैं वे शाकाहारी हैं। फिर भी मिश्र भोजन करने वाले परिवारों के प्रमाण की अधिकता है। भोजन हेतु अधिकतम सामग्री वे स्थानीय स्तर पर न्यूनतम लागत पर प्राप्त कर लेते हैं। स्थानीय वानगीयों

में पौष्टिकता के गुण विद्यमान हैं। मांसाहारी लोग मुर्गा, बकरी आदि पशुओं का मांस व अण्डे आदि खाते हैं जबकि शाकाहार में वे विविध ज्वार, बाजरा, मक्का व गेहूँ आदि अनाज, उड़द, मूंग व चना की दालें, धान, नागली, वाल की पापड़ी आदि का प्रयोग करते हैं। खाटी भाजी कम खर्चे वाला स्वादिष्ट साग है। दाल तैयार करने की प्रक्रिया में वे तेल का भी उपयोग प्रायः नहीं करते। मसाले वे बाहर से खरीदते हैं। बदलते परिवेश में शहरी फास्टफूड इस समुदाय में अपनी जड़े जमाने की जुगत में लगा हुआ है।

सारणी-30. भोजन संबंधी आवश्यकता की पूर्ति में उत्तरदाताओं के स्वावलंबन का स्तर

क्रम संख्या	स्वावलंबन का स्तर (प्रतिशत में)	आवृति	प्रतिशत
1.	20–40	12	20
2.	41–60	21	35
3.	61–80	27	45
	कुल	**60**	**100**

यह सारणी भोजन आवश्यकता संतुष्टि के संदर्भ में उत्तरदाताओं का स्वावलंबन स्तर प्रतिशत में बताती है। स्पष्ट है 45 प्रतिशत उत्तरदाता भोजन संबंधी आवश्यकताओं को लेकर आत्मनिर्भर हैं तो कहा जा सकता है कि इस हद तक इस समुदाय के हुनर कायम रहेंगे और उनके अतिरिक्त खर्चों में भी बचत होगी। हालांकि यह निर्भरता भूमि जोत का आकार, फसल चक्र, खेत मजदूरी, स्थानीय उत्पादन एवं कीमतें, घर में सदस्यों की संख्या आदि पर एक सीमा तक कायम है। स्वावलंबन के बढ़ते प्रमाण में उनके पारम्परिक मूल्य एवं व्यवहारों की अहम भूमिका है जो इनकी भोजन संबंधी आदतों को आकार देते हैं।

सारणी-31. भोजन की आवश्यकता संतुष्टि पर उत्तरदाताओं के कुल बजट का हिस्सा

क्रम संख्या	भोजन की आवश्यकता संतुष्टि हेतु कुल बजट का हिस्सा (प्रतिशत में)	आवृति	प्रतिशत
1.	40 तक	24	40
2.	41-60	21	35
3.	61 से अधिक	15	25
	कुल	**60**	**100**

उपरोक्त सारणी से स्पष्ट है कि 40 प्रतिशत लोग अपनी कुल आय आधारित बजट का 40 प्रतिशत भाग भोजन संबंधी जरूरतों को पूरा करने में खर्च करते हैं। जबकि 25 प्रतिशत लोग अपनी आय का 61 प्रतिशत से भी अधिक भोजन के बजट के लिए सुरक्षित रखते हैं। आरोग्य जतन की दृष्टि से इसे एक अच्छा प्रतीक माना जा सकता है। बजट में भोजन हेतु हिस्सेदारी का बढ़ना व घटना आय की कमी व अधिकता पर भी निर्भर है। यदि आय कम होती है तो भोजन की बुनियादी जरूरत की संतुष्टि हेतु अधिक प्रतिशत सुरक्षित रखना होता है।

सारणी-32. उत्तरदाताओं की राय में भोजन के बजट का परिमाण निर्धारित करने वाले कारक

क्रम संख्या	भोजन के बजट का परिमाण निर्धारित करने वाले कारक	आवृति	प्रतिशत
1.	परिवार में सदस्यों की संख्या	36	60
2.	भोजन में स्थानीय स्तर पर उत्पादित सामग्री का उपयोग	45	75
3.	जीवन की अन्य आवश्यकताओं–मनोरंजन, मुसाफिरी, मोबाइल रिचार्ज तथा घर में आधुनिक साधनों की अपेक्षा भोजन की आवश्यकता को बेहतर तरीके से संतुष्ट करने पर भार	39	65

क्रम संख्या	भोजन के बजट का परिमाण निर्धारित करने वाले कारक	आवृति	प्रतिशत
4.	सामाजिक-सांस्कृतिक अवसरों की आवृति	24	40
5.	नियमित आय के अलावा अतिरिक्त आय	24	40
6.	व्यसन की लत	36	60
7.	आकस्मिक स्वास्थ संबंधी जरूरत	27	45

(नोट-प्रतिशत की गणना 60 में से की गई है।)

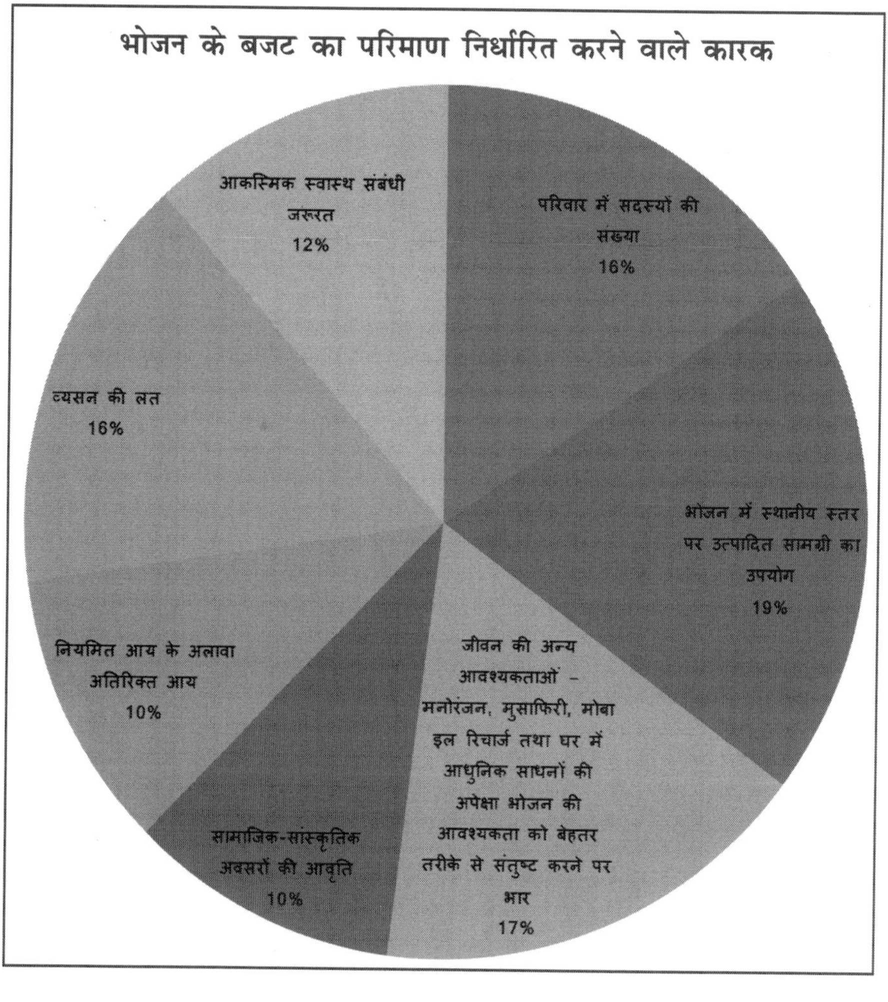

उपरोक्त सारणी में भोजन की आवश्यकता के परिमाण को निर्धारित करने वाले विभिन्न घटकों को दर्शाया गया है। ये घटक वैयक्तिक व सामूहिक रूप से अहम भूमिका अदा करते हैं।

(द) घरेलू उपकरण, सामान व फर्नीचर

उपभोग बजट का एक भाग घरेलू उपकरण, सामान व फर्नीचर आदि पर व्यय होता है। आदिवासी संस्कृति कम से कम परिग्रह की रही है। उनके अधिकांश कार्य श्रमसाध्य ही होते हैं। किन्तु आधुनिक जगत के सम्पर्क में आने पर एक सीमा तक इसका असर आदिवासी समुदाय पर भी देखने को मिलता है। इस मद पर खर्च की राशि नियमित आय अथवा मासिक व वार्षिक आय पर निर्भर नहीं करती अपितु संग्रहित बचत पर आश्रित होती है। कुछ परिवार (15–20 प्रतिशत) वैभवी जिंदगी की तरह इस मद पर अधिक व्यय करने के इच्छुक पाए गए हैं।

सारणी–33. घर के फर्नीचर हेतु उत्तरदाताओं के बजट का हिस्सा

क्रम संख्या	घर के फर्नीचर हेतु बजट का हिस्सा (प्रतिशत में) वार्षिक आय एवं संग्रहित बचत के आधार पर	आवृति	प्रतिशत
1.	शून्य	21	35
2.	10	18	30
3.	20	12	20
4.	30	9	15
	कुल	**60**	**100**

फर्नीचर एक टिकाऊ वस्तु है जिस पर विनियोजन की मात्रा अपेक्षाकृत अधिक होती है। सारणी स्पष्ट करती है कि 35 प्रतिशत उत्तरदाताओं का विनियोजन इस मद पर शून्य है। जबकि 30 प्रतिशत लोग अपनी आय का 10 प्रतिशत इस मद के लिए विनियोजित करते हैं।

(य) आरोग्य

सामान्य रोगों में लोग देशी जड़ी-बूटियों का उपयोग करते हैं। उनमें कुछ हद तक अंधविश्वास भी देखने को मिलता है किन्तु वे आरोग्य हेतु उपलब्ध सरकारी सुविधाओं का भी उपयोग करते हैं तथा बी.पी.एल. कार्ड पर मुफ्त दवाएं भी लेते हैं। आकस्मिकता के समय जल्दी ठीक होने के उद्देश्य से वे निजी दवाखानों में भी जाते हैं। उन्हें बीमार से ज्यादा अच्छी खुराक हेतु पैसे की अधिक आवश्यकता रहती है। उन्हें निजी दवाखाने में जाने हेतु अधिक पैसे की आवश्यकता पड़ती है पर्याप्त बचत न होने से वे इस आवश्यकता को ऋण लेकर पूरा करते हैं।

(र) शिक्षण

सरकार द्वारा आदिवासी बच्चों की शिक्षण व्यवस्था लगभग मुफ्त उपलब्ध करायी हुई है। किताबें, कॉपी, बैग व अन्य शैक्षणिक जरूरत की सामग्री उन्हें विद्यालय से मुफ्त मिलती है। मध्यान्ह भोजन के तहत पौष्टिक आहार की व्यवस्था भी है। संशोधन विस्तार में रहवासी आश्रमशालाएं भी संचालित हैं। इसलिए इस मद पर उनका व्यय ना के बराबर ही कहा जा सकता है। केवल लगभग 13 प्रतिशत लोग ही अपने बच्चों को निजी स्कूलों में शुल्क देकर पढ़ाने भेजते हैं।

(ल) मनोरंजन

तमाशा, भवाई, मेला, धार्मिक भजन-कीर्तन आदि पारम्परिक मनोरंजन के साधन हैं। लगभग सभी परिवारों में टी.वी. मनोरंजन का आधुनिक साधन बनकर उभरा है। युवा पीढ़ी नजदीक के शहर में कभी-कभी सिनेमा जाना भी पसंद करती है। रेडियो, सी.डी., डी.वी.डी. आदि के द्वारा मनोरंजन करना भी इन्हें प्रिय है। इस मद पर व्यय मर्यादा कुल आय अथवा बजट की 7-10 प्रतिशत है।

(व) सम्प्रेषण तथा वाहन व्यवहार के साधन

वर्तमान समय में आदिवासी समुदाय सम्प्रेषण व वाहन व्यवहार के साधनों का अभ्यस्त होता जा रहा है। मोबाइल पर उसका खर्च बढ़ रहा है वह इसे सम्प्रेषण के अलावा मनोरंजन के साधन के रूप में भी प्रयुक्त करता है। स्थानान्तरण से वाहन व्यवहार की जरूरतों में वृद्धि हुई है। कुल आय का 30 प्रतिशत तक भी वह मोबाइल पर खर्च कर डालता है। उत्तरदाताओं का बाहर जाने-आने का खर्च भी अधिक है।

सारणी-34. उत्तरदाताओं की बाहर जाने की आवृति

क्रम संख्या	बाहर जाने की आवृति	आवृति	प्रतिशत
1.	दैनिक	12	20
2.	सप्ताह में 2-3 बार	18	30
3.	सप्ताह में 1 बार	15	25
4.	पखवाड़े में एक बार	15	25
	कुल	**60**	**100**

सारणी से स्पष्ट है कि लगभग 50% उत्तरदाता रोजगारी की तलाश में रोज अथवा सप्ताह में दो-तीन बार तक मुसाफिरी करते हैं। समूह-चर्चा के दौरान ज्ञात हुआ कि इस मद पर उनकी आय का 10-20 प्रतिशत तक हिस्सा चला जाता है।

सारणी-35. क्या उत्तरदाता अपनी जरूरतों की संतुष्टि के लिए ऋण लेते हैं?

क्रम संख्या	विवरण	आवृति	प्रतिशत
1.	हाँ	27	45
2.	ना	33	55
	कुल	**60**	**100**

सारणी-36. वर्ष दरम्यान उत्तरदाताओं द्वारा लिए गए ऋण की सीमा

क्रम संख्या	वर्ष दरम्यान उत्तरदाताओं द्वारा लिए गए ऋण की सीमा (रुपयों में)	आवृति	प्रतिशत
1.	0-1000	15	56
2.	1001-2000	6	22
3.	2001-3000	6	22
	कुल	**27**	**100**

सारणी-37. ऋण लेने के स्रोत

क्रम संख्या	ऋण लेने के स्रोत	आवृति	प्रतिशत
1.	संबंधी	15	56
2.	साहूकार	12	44
	कुल	**27**	**100**

सारणी-38. ऋण लेने का कारण

क्रम संख्या	ऋण लेने का कारण	आवृति	प्रतिशत
1.	आरोग्य हेतु	5	19
2.	आजीविका संबंधी आवश्यकताऐं	2	7
3.	घरेलू साधन हेतु आवश्यकता	6	22
4.	मोबाइल एवं अन्य दूसरे साधन खरीदने	5	19
5.	मनोरजंन	5	19
6.	सामाजिक अवसरों की जरूरतों को संतुष्ट करने	4	14
	कुल	**27**	**100**

उपरोक्त सारणी संख्या 35, 36, 37 एवं 38 स्पष्ट करती हैं कि केवल 45% उत्तरदाता एक निश्चित मर्यादा में ऋण लेते हैं। ऋण लेने का मुख्य स्रोत रिश्तेदार हैं जबकि महाजन का भी उपयोग लोग इसी प्रकार करते रहे हैं। ऋण लेने का उद्देश्य सामान्यतया अनुत्पादक रहा है।

आदिवासियों की सम्पोषित जीवनयापन व्यवस्था तथा आजीविका के संदर्भ में उपभोग संबंधी आवश्यकताओं की समीक्षा

उपरोक्त सारणियों तथा समूह-चर्चा के परिणामों के आधार पर यह कहा जा सकता है कि आदिवासियों के उपभोग व्यवहार में एक सीमा तक बदलाव आया है, जिसका स्थानीय हुनर व्यवस्था पर विपरीत असर पड़ा है। इस परिवर्तन से उनकी आर्थिक मुश्किलें भी बढ़ी हैं जिसकी पूर्ति वे ऋण के माध्यम से कर रहे हैं। कुछ हुनर लुप्त होने के कगार तक पहुँच चुके हैं और ये लोग विवश होकर अकुशल श्रमसाध्य कार्यों से जुड़े हैं भले ही इन्हें वहाँ पैसा अधिक मिलता हो।

उत्तरदाताओं की हुनर आधारित तकनीकी-प्रबंधकीय कुशलताएं एवं दक्षताएं

यह प्रस्तुत संशोधन अध्ययन का मुख्य भाग है। इसमें उनकी तकनीकी-प्रबंधकीय योग्यताओं को पहचानने का प्रयास किया है जिन्हें वे जाने-अनजाने हुनर संबंधी व्यवहारों में अपनाते हैं। यह भी जानने का प्रयास किया गया है कि वे इसे भावी पीढ़ी को सिखाते कैसे हैं? उनके हुनर के अस्तित्व की भावी संभावनाएं क्या हैं?

सारणी-39. आजीविका की प्रवृत्ति में घर के सदस्यों की भागीदारी की स्थिति

क्रम संख्या	विवरण	आवृति	प्रतिशत
1.	हाँ	45	75
2.	ना	15	25
	कुल	**60**	**100**

उपरोक्त सारणी से स्पष्ट है कि 75% परिवारों में घर के सदस्य आजीविकोपार्जन में भागीदारी करते हैं। यह भागीदारी सदस्यों की उम्र व आरोग्य की स्थिति के ऊपर निर्भर है।

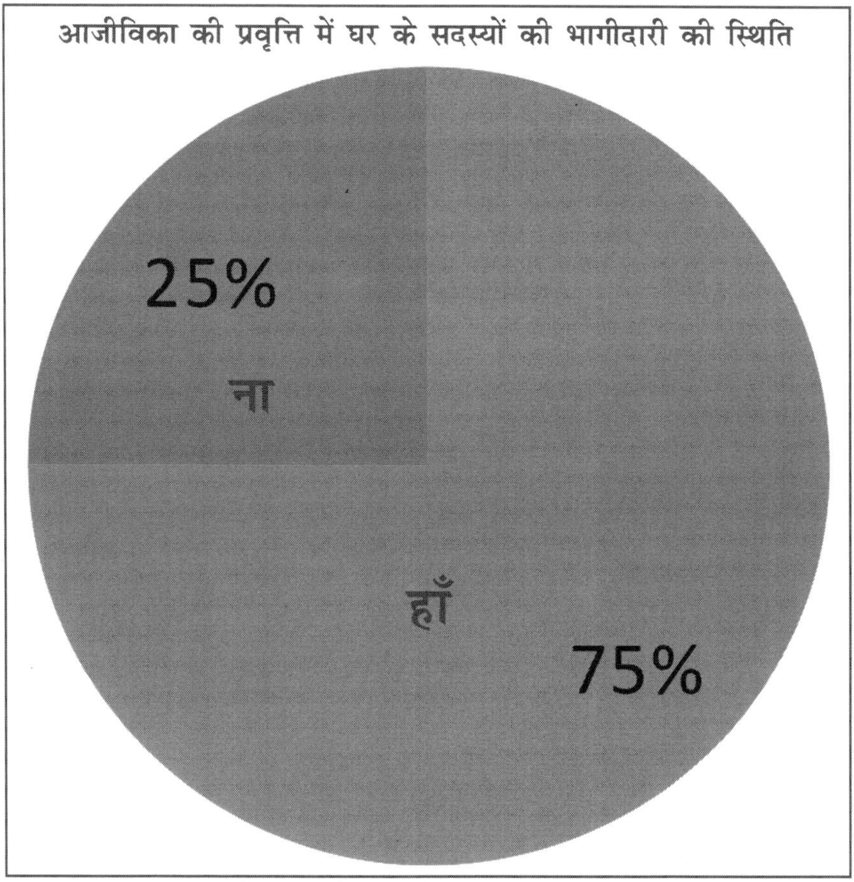

सारणी 39.1. घर के सदस्यों की भागीदारी की स्थिति में उनके द्वारा दिया जाने वाला समय

क्रम संख्या	विवरण	आवृति	प्रतिशत
1.	आंशिक रूप से भागीदारी	8	18
2.	सम्पूर्ण रूप से भागीदारी	15	33
3.	घर के कुछ सदस्य इस आय उपार्जन की आजीविका में सम्पूर्ण रूप से भागीदारी निभाते हैं तथा कुछ सदस्य सीखने के हिसाब से आंशिक भागीदारी सुनिश्चित कर पाते हैं।	22	49
	कुल	**45**	**100**

उपरोक्त सारणी से स्पष्ट है कि 18 प्रतिशत उत्तरदाताओं के परिवार के सदस्य आंशिक भागीदारी करते हैं जबकि एक तिहाई उत्तरदाताओं की स्थिति में सम्पूर्ण भागीदारी पायी गई है। 49 प्रतिशत के संदर्भ में यह कहा जा सकता है कि कुछ सदस्य सीखने के कारण, स्कूल जाने के कारण तथा घर के अन्य काम होने के कारण आंशिक भागीदारी निभाते हैं जबकि अन्य पूर्ण भागीदारी करते हैं।

सारणी-40. उत्पाद के स्वरूप के मद्देनजर भौतिक एवं सेवा उत्पादन में संलग्न उत्तरदाता

क्रम संख्या	हुनर का प्रकार	आवृति	प्रतिशत
1.	भौतिक उत्पादन	25	42
2.	सेवा उत्पादन	35	58
	कुल	**60**	**100**

उपरोक्त सारणी से स्पष्ट है कि 42% उत्तरदाता भौतिक उत्पाद से जुड़े हुए हैं जबकि बाकी के अन्य उत्तरदाता सेवा उत्पाद से जुड़े हुनर का संचालन करते हैं।

सारणी-40.1. उत्तरदाताओं के पास आजीविका निर्वाह हेतु कुशलताओं की स्थिति

क्रम संख्या	कुशलताओं की स्थिति	आवृति	प्रतिशत
1.	एकमात्र कुशलता रखने वाले	12	20
2.	एक से अधिक कुशलता रखने वाले	48	80
	कुल	**60**	**100**

उपरोक्त सारणी से स्पष्ट है कि अधिकांश लोगों के पास एक से अधिक कुशलताएं हैं जबकि मात्र 20 प्रतिशत उत्तरदाता ही एक आजीविका हेतु एक कुशलता रखते हैं।

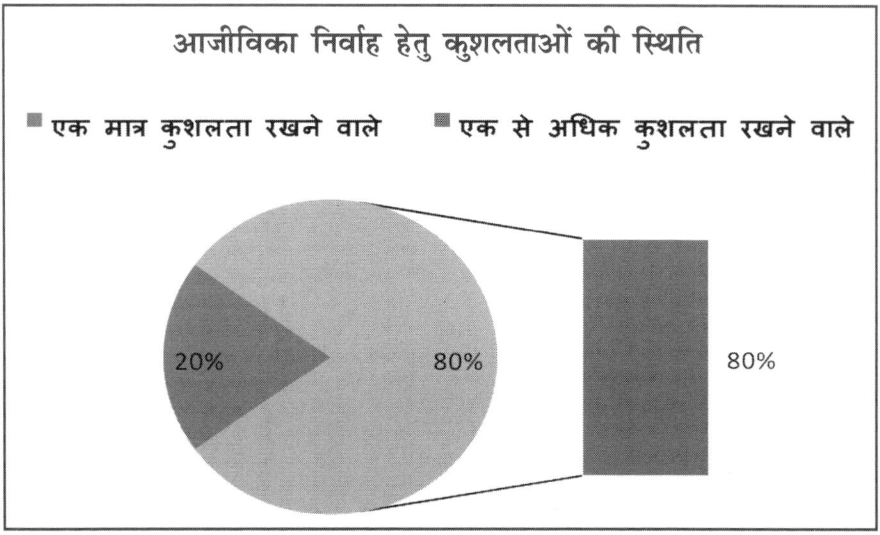

सारणी-41. क्या उत्तरदाता अपनी स्थापित कुशलताओं का उपयोग कर पाते हैं?

क्रम संख्या	विवरण	आवृति	प्रतिशत
1.	हाँ	45	70
2.	ना	15	30
	कुल	**60**	**100**

उपरोक्त सारणी स्थापित कुशलताओं के उपयोग की स्थिति को दर्शाती है। स्पष्ट है कि 70 प्रतिशत उत्तरदाता अपनी स्थापित कुशलताओं का उपयोग कर पाते हैं भले ही वह आय उपार्जन के लिए न हो अपितु उपभोग संबंधी आवश्यकताओं की पूर्ति करने में भी इनका उपयोग करते हैं जबकि 30 प्रतिशत उत्तरदाताओं को अपनी स्थापित कुशलताओं के उपयोग के पूर्ण अवसर प्राप्त नहीं होते।

सारणी-41.1. स्थापित कुशलताओं के उपयोग न कर पाने हेतु उत्तरदायी कारण

क्रम संख्या	कारण	आवृति	प्रतिशत
1.	बदलते उपभोग व्यवहार के चलते उनकी वस्तुओं व सेवाओं की आवश्यकता ही न रह जाना	12	80
2.	उनके लिए जरूरी संसाधनों की उपलब्धता में कमी आ जाना	9	60
3.	उस आवश्यकता विशेष की पूर्ति हेतु बाजार में तैयार वैकल्पिक वस्तुएं आ जाना	8	53
4.	इस हुनर जीवन-निर्वाह हेतु पर्याप्त आय न मिल पाना	12	80

(नोट-प्रतिशत की गणना 15 उत्तरदाताओं के प्रतिभावों के आधार पर की गई है।)

उपरोक्त सारणी में उन कारणों को दर्शाया गया है जो उत्तरदाताओं की स्थापित कुशलताओं के पूर्ण उपयोग न हो पाने के लिए जिम्मेदार हैं। इसमें उपभोग के स्वरूप में परिवर्तन के कारण उन वस्तुओं व कुशलताओं की आवश्यकता न रह जाना तथा वस्तु या सेवा विशेष के लिए उत्तरदाता को संसाधनों की उपलब्धता में कमी आ जाना आदि को वरीयता क्रम में रखा जा सकता है।

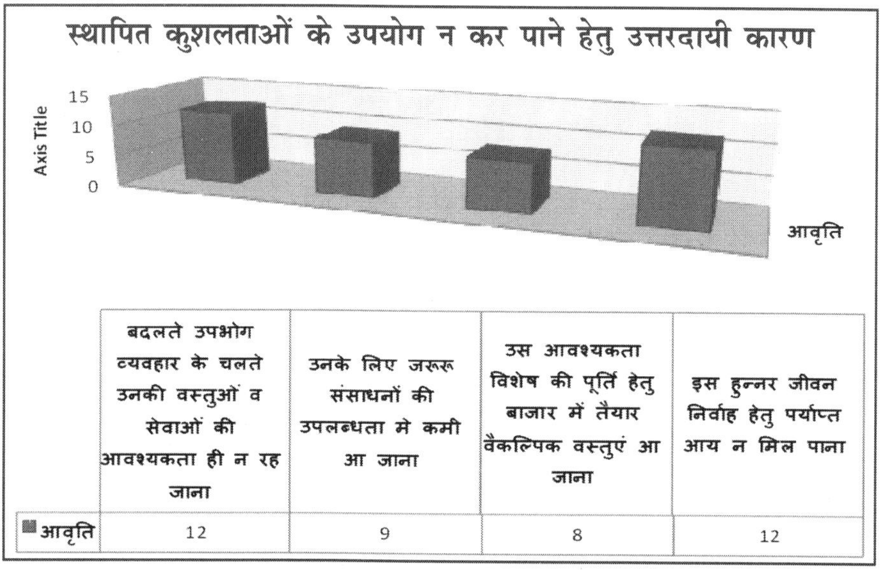

सारणी-42. संशोधन विस्तार के उत्तरदाताओं की आजीविका के हुनरों (उत्पाद एवं सेवाओं) की प्रकृति

क्रम संख्या	आजीविका के हुनरों (उत्पाद एवं सेवाओं) की प्रकृति	आवृति	प्रतिशत
1.	पर्यावरणलक्षी	33	55
2.	बुनियादी जरूरत आधारित	18	30
3.	स्थानीय आवश्यकताओं की संतुष्टि से संबद्ध	42	70
4.	समाज की विलासितापूर्ण आवश्यकताओं की संतुष्टि से संबद्ध	15	25

(नोट-प्रतिशत की गणना 60 उत्तरदाताओं के आधार पर की गई है।)

सारणी से स्पष्ट है कि 70% उत्तरदाताओं की राय में उनके हुनर स्थानीय आवश्यकताओं की पूर्ति करते हैं। 55% उत्तरदाता मानते हैं कि उनके हुनर प्रकृति को न्यूनतम क्षति पहुँचाते हैं। फिर भी 25% उत्तरदाताओं के हुनर विलासिता संबंधी जरूरतों की संतुष्टि से जुड़े हुए हैं।

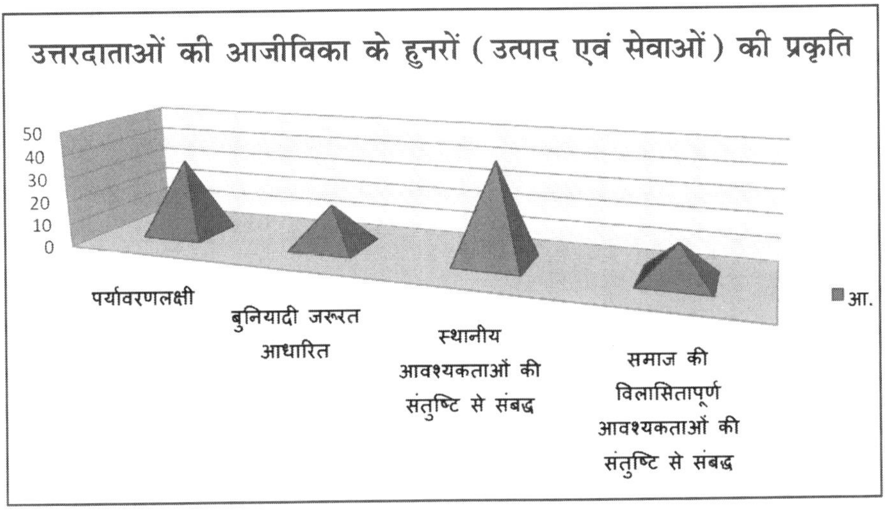

सारणी-43. क्या उत्तरदाता उत्पादन क्षमता अथवा सेवा के विस्तार का आयोजन समुचित रूप से करते हैं?

क्रम संख्या	विवरण	हुनर विशेष की आवृति				कुल	
		भौतिक उत्पाद आधारित हुनर		सेवा उत्पाद आधारित हुनर			
		आ.	%	आ.	%	आ.	%
1.	हाँ	18	72	21	60	39	65
		(46)		(54)		(100)	
2.	ना	7	28	14	40	21	35
		(33.33)		(66.66)			
	कुल	**25**	**100**	**35**	**100**	**60**	**100**
		(42)		**(58)**		**(100)**	

उपरोक्त सारणी से स्पष्ट है कि 65% उत्तरदाता अपने हुनर की संचालन व्यवस्था व उत्पादन क्षमता का आयोजन करते हैं। जिसमें भौतिक उत्पाद के 46 प्रतिशत व सेवा उत्पाद के 54 प्रतिशत उत्तरदाता शामिल हैं। इसके आधार पर वे अपनी उत्पादन क्षमता का निर्धारण व समायोजन करते हैं। इसमें सम्पोषित विकास

के अभिगम को जाने-अनजाने वे अपने आयोजन व्यवहार में अपना लेते हैं।

सारणी-43.1. उत्तरदाता किस प्रकार अपनी उत्पादन क्षमता का निर्धारण करते हैं?

क्रम संख्या	उत्तरदाताओं की उत्पादन क्षमता के निर्धारक घटक	आवृति	प्रतिशत
1.	परिवार के कुल (आश्रित व कमाने वाले) सदस्यों की संख्या के आधार पर	26	66
2.	कमाने वाले सदस्यों की संख्या के आधार पर	35	90
3.	उत्पाद एवं सेवा की मांग के धार पर	19	49
4.	कुदरती एवं भौतिक संसाधनों की उपलब्धता के आधार पर	34	87
5.	शारीरिक क्षमता के आधार पर	35	90
6.	भावी संदर्भ में कुशलता एवं जागृति स्तर के आधार पर	13	33

(नोट-प्रतिशत घटक की गणना उन 39 उत्तरदाताओं के आधार पर की गई जो अपनी आजीविका हेतु आयोजनबद्ध कार्य करते हैं।)

उपरोक्त सारणी से स्पष्ट है कि उत्तरदाताओं की राय में उत्पादन क्षमता निर्धारण में कई घटकों की महत्वपूर्ण भूमिका रहती है। सबसे असरकारक घटक परिवार में काम कर सकने वाली मानवशक्ति है। अगला घटक प्राकृतिक व भौतिक संसाधनों की उपलब्धता है। वरीयताक्रम में अन्य घटक इसके पश्चात के क्रम में रखे जा सकते हैं।

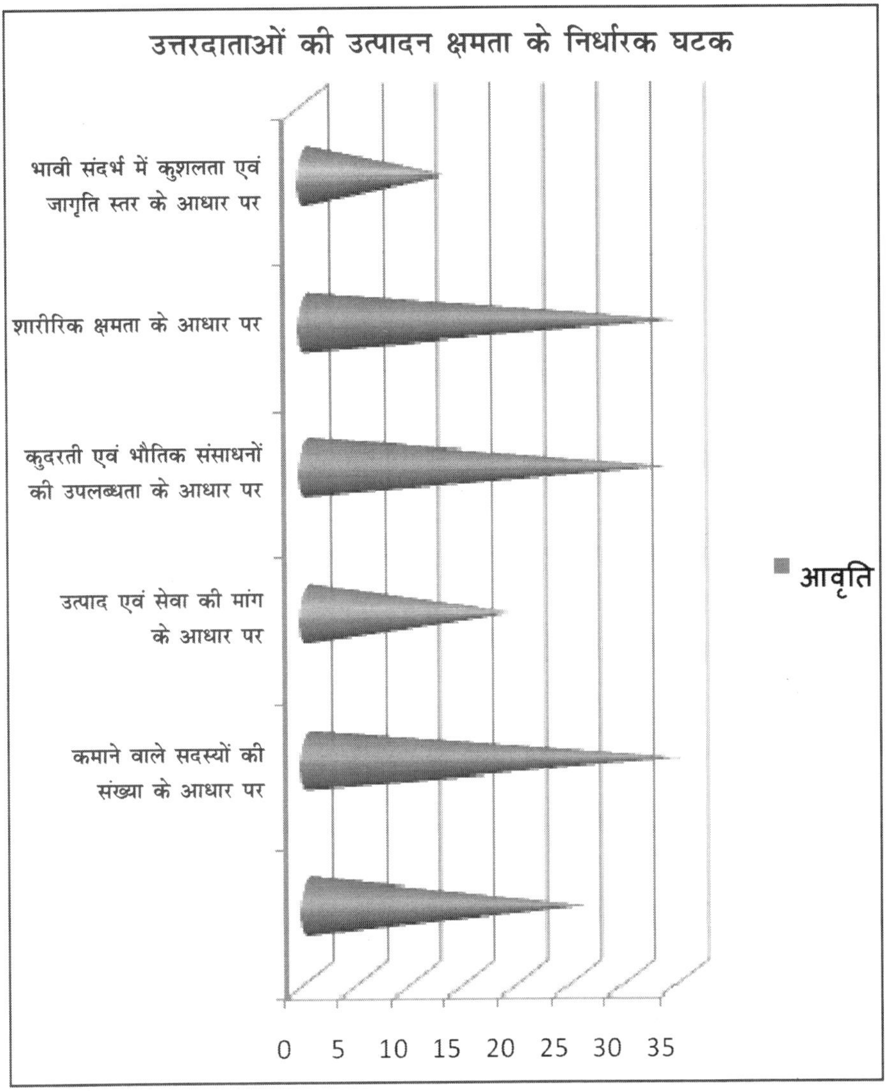
उत्तरदाताओं की उत्पादन क्षमता के निर्धारक घटक
भावी संदर्भ में कुशलता एवं जागृति स्तर के आधार पर
शारीरिक क्षमता के आधार पर
कुदरती एवं भौतिक संसाधनों की उपलब्धता के आधार पर
उत्पाद एवं सेवा की मांग के आधार पर
कमाने वाले सदस्यों की संख्या के आधार पर
आवृति
0 5 10 15 20 25 30 35

सारणी-44. उत्तरदाताओं में विकसित उत्पाद विकास की प्रक्रिया के आयाम

क्रम संख्या	उत्पाद विकास की प्रक्रिया	आवृति	प्रतिशत
1.	अपने घर के बड़ों से सीखकर परिवर्तन	27	45
2.	अपने उस्ताद अथवा कारीगर से सीखकर परिवर्तन	35	58
3.	जोखम लेकर सुधार की पहल करके परिवर्तन	12	20
4.	उपयोग करने वाले ग्राहकों की इच्छा के अनुसार (जॉब कार्य) परिवर्तन	15	25
5.	परिस्थिति एवं संसाधनों की उपलब्धता की स्थित के अनुसार परिवर्तन	17	28
6.	परिवहन, मार्केट, सम्प्रेषण आदि सहायक सुविधाओं के विकास के अनुसार परिवर्तन	15	25
7.	शहरी बाजारों ट्रेण्ड के अनुसार परिवर्तन	18	30
8.	स्वैच्छिक (भाषा, बाइफ, दीपक फाउण्डेशन तथा श्रोफ फाउण्डेशन) व सरकारी संस्थाओं के अर्थपूर्ण सहयोग अथवा प्रोत्साहन के आधार पर परिवर्तन	12	20
9.	हुनर विशेष हेतु तकनीकी सुधार उपलब्धता के चलते परिवर्तन	12	20

(नोट-प्रतिशत की गणना 60 में से की गई है।)

उपरोक्त सारणी स्पष्ट करती है कि उत्तरदाताओं ने उत्पाद विकास की प्रक्रिया को किस प्रकार सीखा। अधिकांश उत्तरदाताओं की राय में उत्पादन में गुणवत्ता सुधार की कल्पना गुरु-शिष्य परम्परा के तहत सीखे गये ज्ञान पर निर्भर करती है। यह परिवार में वंशानुगत रूप से भी प्राप्त होती है। 20 प्रतिशत उत्तरदाता उद्योग साहसिक की तरह जोखम लेकर उत्पाद विकास के कार्य को आगे बढ़ाते हैं। मार्केट एवं

सहायक सुविधाएं यथा–परिवहन व सम्प्रेषण आदि घटक भी उत्पादन क्षमता आयोजन में महती भूमिका अदा करते हैं। ये आदिवासी कारीगर अपने अनुभव व विवेक के आधार पर अपने उपकरणों में यथा योग्य परिवर्तन करते हैं।

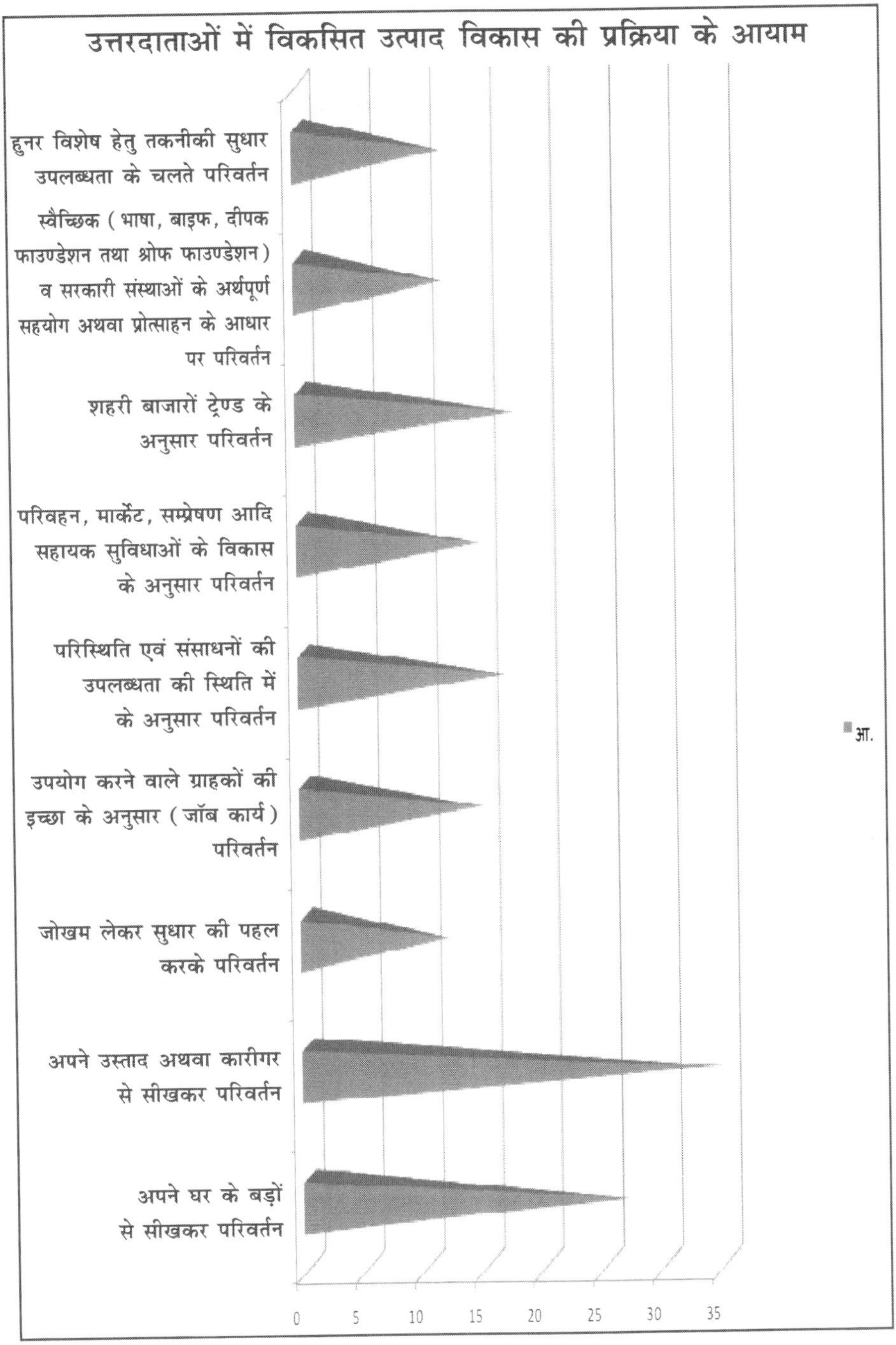

सारणी-45. उत्तरदाताओं की तकनीकी कुशलताएं

क्रम संख्या	उत्तरदाताओं की तकनीकी कुशलताएं	आवृति	प्रतिशत
1.	गणितीय एवं मापन की योग्यता	38	63
2.	रचनात्मकता एवं कल्पनाशीलता की योग्यता	42	70
3.	छोटे-छोटे औजारों को बनाने एवं संचालन की योग्यता	22	37
4.	उत्पादन हेतु जरूरती माल सामग्री की पहचान तथा समुचित अनुपात में मिश्रण करने की योग्यता	21	35
5.	पेंटिंग के क्षेत्र में सांस्कृतिक व धार्मिक प्रतिमानों के अनुरूप रंग समन्वय करने की योग्यता	3	5
6.	संगीत के वाद्ययंत्रों के निर्माण व लयबद्ध बजाने की योग्यता	3	5

(नोट-प्रतिशत की गणना 60 में से की गई है।)

यह सारणी उत्तरदाताओं की विविध तकनीकी कुशलताओं को बताती है। भले ही ये हुनरधारक अनपढ़ या कम पढ़े-लिखे हों किन्तु इनकी मापनीय, गणितीय व रचनात्मक योग्यता पर शक नहीं किया जा सकता। औपचारिक रूप से अप्रशिक्षित होने के बावजूद भी उनके पास यथोचित कोठा सूझ है। वे अपने अनुभव व बड़ों तथा उस्तादों से सीखकर अपने हुनर को परिपक्व बनाते हैं। उन्हें स्थानीय परम्पराओं और संस्कृति की समझ है जो समाज सम्पोषित हुनर व्यवहारों की स्थापना में अहम भूमिका निभाते हैं।

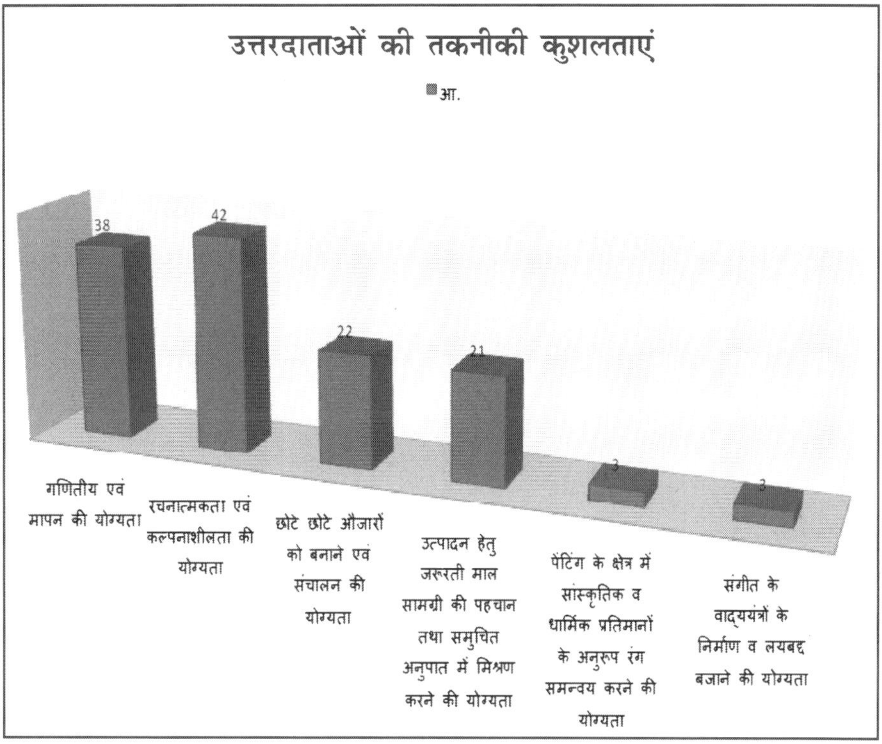

सारणी-46. भौतिक उत्पादन अथवा सेवा पैदाश आधारित आजीविका के संचालन हेतु योग्य जगह पसंद करने के संदर्भ में प्रतिभाव

क्रम संख्या	प्रतिभाव	आवृति	प्रतिशत
1.	हाँ, उनके पास इस दिशा में पर्याप्त सूझबूझ है जिसका वे उपयोग करते हैं।	12	20
2.	उनके पास कोई विकल्प नहीं है, वे अपने घर का ही उपयोग करते हैं।	24	40
3.	हुनर संचालन हेतु जगह पसंदगी का मुद्दा एक सीमा तक उत्तरदाता की बजाय दूसरों पर निर्भर है (विशेषकर सेवा उत्पाद के संदर्भ में)	24	40
	कुल	**60**	**100**

सारणी-46.1. उत्तरदाताओं की राय में जगह पसंदगी में जिम्मेदार कारक

क्रम संख्या	जगह पसंदगी में जिम्मेदार कारक	आवृति	प्रतिशत
1.	सुरक्षा	45	75
2.	जहाँ दूसरे कार्य अवरोधक सिद्ध न होते हों।	36	60
3.	जहाँ परिवार के अन्य सदस्य आसानी से अपनी भागीदारी कर सकें।	33	55
4.	जहाँ इसके संचालन हेतु जरूरी सुविधाएं उपलब्ध हों।	30	50
5.	जहाँ जगह की कीमत तथा तैयार करने की लागतें कम हों।	48	80
6.	कार्य की प्रकृति के अनुरूप हो।	45	75

(नोट-प्रतिशत की गणना 60 में से की गई है।)

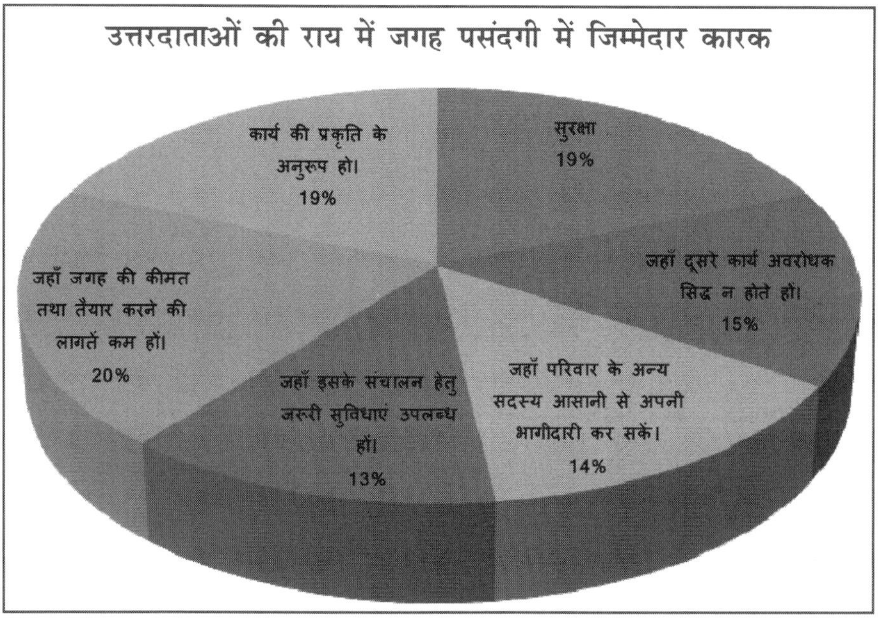

सारणी 46 में हुनर संचालन हेतु स्थल पसंदगी के कारणों को दर्शाया गया है। जिसमें उनकी सूझबूझ स्पष्ट झलकती है। हालांकि उनके पास पसंदगी के विकल्प सीमित अथवा कम होते हैं। उसमें भी अपनी विविध जरूरतों को ध्यान में रखकर उत्पादन हेतु जगह की पसंदगी करते हैं। सारणी 46.1 में जगह पसंदगी के विभिन्न आधारों को उत्तरदाताओं ने बताया है जिसमें सुरक्षा, न्यूनतम अवरोध, सुविधाओं के नजदीक, कम लागत व कीमत तथा कार्य की प्रकृति के अनुसार उपयोगी होना आदि को शामिल किया है।

सारणी-47. उत्पादन हेतु ले-आउट की रचना की कुशलता का स्तर

क्रम संख्या	**उत्पादन हेतु ले-आउट की रचना की कुशलता का स्तर**	**आवृति**	**प्रतिशत**
1.	अच्छा	15	25
2.	औसत	24	40
3.	बेहतर	9	15
4.	मालिक की इच्छा पर निर्भर	12	20
	कुल	**60**	**100**

यह सारणी उत्पादन हेतु ले-आउट की कुशलता का स्तर दर्शाती है। लगभग 20 प्रतिशत की स्थिति में यह कहा जा सकता है कि ले आउट की रचना में मालिक की इच्छा के अनुसार साधनों की व्यवस्था करनी पड़ती है विशेषकर सेवा उत्पाद और जॉब कार्य की स्थिति में। भौतिक पैदाश के संदर्भ में 45 प्रतिशत उत्तरदाताओं की ले-आउट रचना औसत व बेहतर स्तर की कही जा सकती है।

सारणी 47.1. उत्तरदाता द्वारा ले-आउट की संरचना में अपनाए जाने वाले विभिन्न आधारों की स्थिति का विश्लेषण

क्रम संख्या	ले-आउट की संरचना में अपनाए जाने वाले विभिन्न आधार	आवृति	प्रतिशत
1.	जगह का बहु-उद्देशीय उपयोग हो सके इस प्रकार की संरचना का निर्माण	36	60
2.	जो चोरी, वर्षा, आग और बाढ़ आदि आपत्तियों से सुरक्षित रख सके।	35	58
3.	आर्थिक रूप से मितव्ययी हो	42	70
4.	फर्नीचर के अनुरूप डिजाइनिंग	28	47
5.	उत्पादकीय क्रियाओं को सम्पन्न करने में सहजता का अनुभव हो सके।	42	70
6.	स्थायी संरचना किन्तु उसमें जरूरत के अनुसार परिवर्तनों के समायोजन की लोचशीलता हो।	32	53
7.	जिसमें हर रोज सफाई की जा सके।	24	40
8.	उत्पादकीय क्रियाओं के निष्पादन में समय व श्रम को बचाया जा सके।	22	37
9.	उत्पादन की प्रक्रियाओं के अनुरूप हो।	18	30
10.	वर्तमान में दूसरों के द्वारा अपनाई जाने वाली प्रथाओं का अनुसरण	33	55
11.	तकनीकी परिवर्तनों के अनुरूप ले-आउट की रचना करना	15	20

(नोट-प्रतिशत की गणना 60 में से की गई है।)

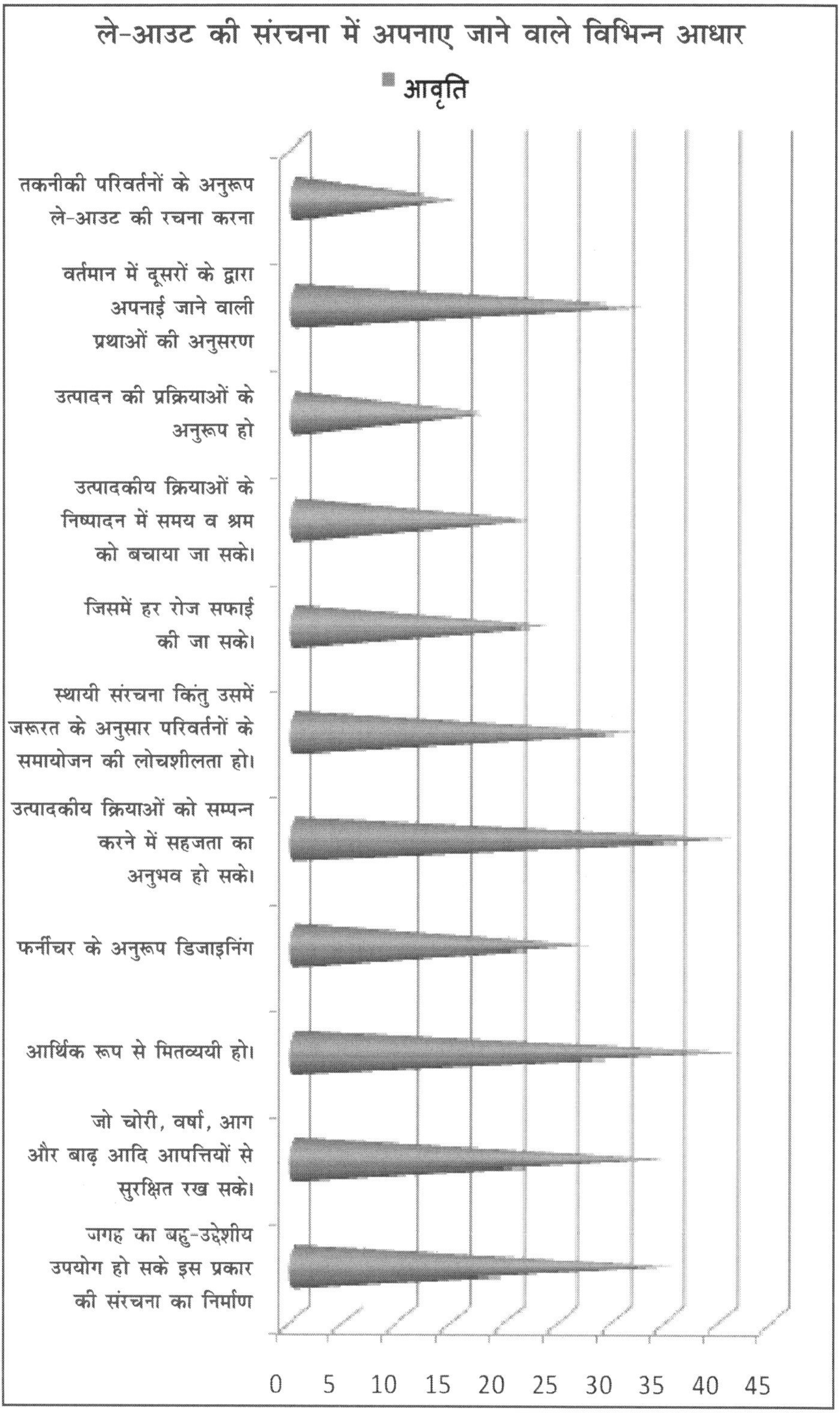
ले-आउट की संरचना में अपनाए जाने वाले विभिन्न आधार
आवृति
तकनीकी परिवर्तनों के अनुरूप ले-आउट की रचना करना
वर्तमान में दूसरों के द्वारा अपनाई जाने वाली प्रथाओं की अनुसरण
उत्पादन की प्रक्रियाओं के अनुरूप हो
उत्पादकीय क्रियाओं के निष्पादन में समय व श्रम को बचाया जा सके।
जिसमें हर रोज सफाई की जा सके।
स्थायी संरचना किंतु उसमें जरूरत के अनुसार परिवर्तनों के समायोजन की लोचशीलता हो।
उत्पादकीय क्रियाओं को सम्पन्न करने में सहजता का अनुभव हो सके।
फर्नीचर के अनुरूप डिजाइनिंग
आर्थिक रूप से मितव्ययी हो।
जो चोरी, वर्षा, आग और बाढ़ आदि आपत्तियों से सुरक्षित रख सके।
जगह का बहु-उद्देशीय उपयोग हो सके इस प्रकार की संरचना का निर्माण
0 5 10 15 20 25 30 35 40 45

उपरोक्त सारणी में उत्तरदाता द्वारा बताए गए उन आधारों को बताया गया है जो ले-आउट की रचना में महत्वपूर्ण भूमिका निभाते हैं। 55-70 प्रतिशत उत्तरदाताओं ने लागत, सहज रूप से उत्पादन तथा बहुत लंबे अनुभव के पश्चात अन्य लोगों द्वारा अपनायी गई संरचना को प्राधान्य दिया है। यह भी स्पष्ट है कि एक से अधिक घटक सामूहिक रूप से महती भूमिका अदा करते हैं। उत्तरदाता समय व परिस्थिति के अनुरूप अलग-अलग प्रकार की ले-आउट संरचना की पसंदगी करते हैं।

सामग्री प्रबंधन

हुनर संचालन के संदर्भ में एक उत्पादक अथवा सेवा प्रदाता को माल-सामग्री एवं छोटे-मोटे पुर्जे व चिकनाई प्रदान करने वाले सामान का संग्रह करना होता है ताकि उत्पादन व्यवस्था में कोई रुकावट न आए। इसके पीछे अन्य ध्येय वित्तीय रूप से विनियोजन को नियंत्रित करना भी है। सम्पोषित दृष्टिकोण से ये माल सामान स्वयं के उत्पादन तथा दूसरे हुनरधारकों को भी सुलभ हो सके इसके पीछे उत्तरदाताओं की मंशा व प्रयासों को परखना जरूरी है ताकि उनकी सामग्री प्रबंधन की योग्यता के साथ-साथ उनमें निहित मानवीय पहलू का भी साक्षात्कार किया जा सके।

सारणी-48. उत्पादन हेतु कच्चे माल सामान आदि सामग्री के संग्रहण की मात्रा को निर्धारित करने वाले घटक

क्रम संख्या	उत्पादन हेतु कच्चे माल सामान आदि सामग्री के संग्रहण की मात्रा को निर्धारित करने वाले घटक	आवृति	प्रतिशत
1.	नमूना की वस्तुएं बनाने हेतु आवश्यक न्यूनतम सामग्री की मात्रा	15	25
2.	उत्पादन सतत संचालित रह सके सामग्री का उतना स्तर बनाए रखना	3	5
3.	उत्पादन सततता की दिशा में अपेक्षाकृत कम माल-सामग्री का संग्रहण	7	12
4.	माल सामान का बिल्कुल संग्रह नहीं करना	35	58
	कुल	**60**	**100**

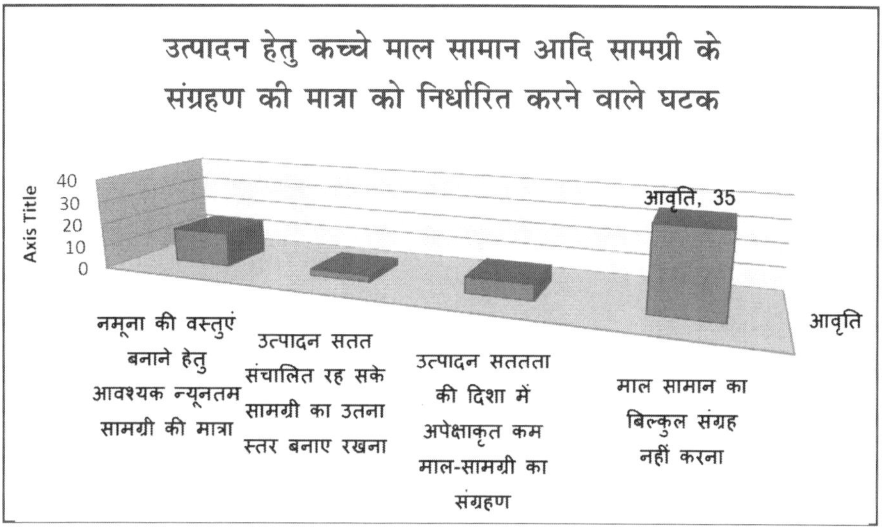

उपरोक्त सारणी उत्तरदाताओं की इन्वेन्ट्री के विभिन्न स्तर को निर्धारित करने वाले घटकों के बारे में स्पष्टता करती है। उनके पास कुशलताएं हैं किन्तु उनकी सहज उपलब्धता हेतु पैसा अथवा शक्ति नहीं है। इन्हीं व्यावहारिक सीमाओं के अंदर वे आजीविका संचालन हेतु जरूरी इन्वेन्ट्री की व्यवस्था करते हैं। एक महत्वपूर्ण तथ्य यह है कि ये आदिवासी अपनी न्यूनतम क्षमता को ध्यान में रखते हुए इन्वेन्ट्री की व्यवस्था करते हैं।

सारणी-49. क्या उत्तरदाताओं में संग्रहित माल-सामग्री को सुरक्षित रखने की सूझबूझ है?

क्रम संख्या	विवरण	आवृति	प्रतिशत
1.	हाँ	15	60
2.	ना	10	40
	कुल	**25**	**100**

उपरोक्त सारणी से स्पष्ट है कि आधे से अधिक उत्तरदाताओं में इन्वेन्ट्री को सुरक्षित रखने की सूझबूझ है तथा वे इसे इस प्रकार व्यवस्थित करते हैं कि कार्य स्थल पर सरलता से समय पर उपलब्ध हो सके जिससे उत्पादन में कोई रुकावट न आए, जबकि बाकी अन्य के पास इन्वेन्ट्री का योग्य ज्ञान नहीं है।

सारणी-50. क्या उत्तरदाताओं में संग्रहित माल-सामग्री अथवा औजारों को सुधारने या मरम्मत करने की सूझबूझ है?

क्रम संख्या	विवरण	आवृति	प्रतिशत
1.	हाँ	28	47
2.	ना	32	53
	कुल	**60**	**100**

उपरोक्त सारणी स्पष्ट करती है कि उन्हें अपनी उत्पादन प्रक्रिया में काम आने वाले औजारों को सुधारने अथवा मरम्मत करने की सूझबूझ है। यद्यपि उनके औजार उतने महंगे नहीं होते हैं किन्तु वे उन्हें हमेशा फिट रखते हैं। वे उनके द्वारा येन केन प्रकारेण काम निकालने की जुगत निकाल ही लेते हैं। गरीबी की स्थिति के कारण वे शीघ्र ही नये साधन खरीदने की स्थिति में नहीं होते। 47 प्रतिशत की स्थिति इस संदर्भ में सकारात्मक कही जा सकती है। ये औजार उनकी आजीविका संचालन के आधार हैं। नई पीढ़ी में इस तरह के कार्य के प्रति संकोच देखने को मिलता है उनका झुकाव कम्प्युटराइज्ड आधुनिक टेक्नोलोजी की ओर है जो उन्हें शहरों में जाकर अधिक व्यय करके ही प्राप्त हो सकती है।

सारणी-51. क्या उत्पाद की गुणवत्ता सुधार एवं मात्रात्मक पूर्णता को लेकर नैतिक मूल्य उत्तरदाताओं में विद्यमान हैं?

क्रम संख्या	विवरण	आवृति	प्रतिशत
1.	हाँ	44	73
2.	ना	16	27
	कुल	**60**	**100**

यह सारणी बताती है कि उत्तरदाताओं में हुनर संचालन हेतु उत्पाद की गुणवत्ता सुधार हेतु नैतिक मूल्य विद्यमान हैं कि नहीं। स्पष्ट है कि 73 प्रतिशत के संदर्भ में स्थिति सकारात्मक मानी जा सकती है, जिसकी आवश्यकता सम्पोषित आजीविका के प्रतिमानों को स्थापित करने के लिए अनिवार्य है।

सारणी-52. क्या उत्तरदाताओं में अपने यंत्रों को संचालित करने की योग्यता है?

क्रम संख्या	विवरण	आवृति	प्रतिशत
1.	हाँ	27	45
2.	ना	33	55
	कुल	**60**	**100**

उपरोक्त सारणी स्पष्ट करती है कि आजीविका में जिन यंत्रों का वे उपयोग करते हैं, उनके संचालन की विशिष्ट योग्यता वे रखते हैं कि नहीं। इस संदर्भ में स्थिति लगभग 50-50 कही जा सकती है। यह आंकड़ाकीय स्थिति इसलिए उत्पन्न हुई है क्योंकि अधिकांश हुनरों में आधुनिक मशीनों या यंत्रों की आवश्यकता ही नहीं होती। अन्यथा जिसके पास जो साधन है उसका वे बखूबी इस्तेमाल कर लेते हैं जब तक कि उसमें कोई बड़ी खामी न आ जाए।

सारणी-53. क्या उत्तरदाताओं में अपने परिवार के सदस्यों के मध्य समुचित रूप के कार्य विभाजन करने की योग्यता है?

क्रम संख्या	विवरण	आवृति	प्रतिशत
1.	हाँ	42	70
2.	ना	18	30
	कुल	**60**	**100**

उपरोक्त सारणी स्पष्ट करती है कि 70 प्रतिशत उत्तरदाताओं में अपने टीम व घर के सदस्यों की योग्यता के अनुरूप कार्य विभाजन की योग्यता है। जबकि बाकी उत्तरदाता इस प्रश्न के उत्तर में चुप रहे जिसे संशोधक ने ना की श्रेणी में सम्मिलित किया है।

सारणी-54. सम्पूर्ण कार्य को समय पर पूरा करने की दिशा में क्या उत्तरदाताओं में कार्य के प्रत्येक भाग के निष्पादन हेतु समय प्रबंधन की सोच विद्यमान है।

क्रम संख्या	विवरण	आवृति	प्रतिशत
1.	हाँ	36	60
2.	ना	24	40
	कुल	**60**	**100**

उपरोक्त सारणी स्पष्ट करती है कि 60 प्रतिशत उत्तरदाताओं में समय प्रबंधन की सोच विद्यमान है। वे अपने कार्य को समय पर पूरा कराने के लिए प्रत्येक भाग के कार्यक्षम निष्पादन हेतु समय सीमा निर्धारित करते हैं एवं सुबह, दोपहर व शाम किस समय में अधिक ऊर्जा के साथ काम किया जा सकता है तदानुरूप कार्य पूरा करते हैं।

सारणी-54.1. टीम के सदस्यों तथा घर के सदस्यों के द्वारा किए जाने वाले कार्य को समन्वित करने की योग्यता एवं उन सभी भागीदारों के साथ मधुर संबंध बनाये रखने की योग्यता जो उनकी आजीविका प्रक्रिया से प्रत्यक्ष व परोक्ष सरोकार रखते हैं।

क्रम संख्या	विवरण	आवृति	प्रतिशत
1.	हाँ	21	35
2.	ना	39	65
	कुल	**60**	**100**

उपरोक्त सारणी स्पष्ट करती है कि उत्तरदाता टीम के सदस्यों तथा घर के सदस्यों के द्वारा किए जाने वाले कार्य को समन्वित करने की एवं उन सभी भागीदारों के साथ मधुर संबंध बनाये रखने की योग्यता रखते हैं कि नहीं जो उनकी आजीविका प्रक्रिया से प्रत्यक्ष व परोक्ष सरोकार रखते हैं। इस दिशा में 35 प्रतिशत उत्तरदाता हाँ कहते हैं। यह सकारात्मक प्रतिशत इसलिए कम है क्योंकि सेवा

आधारित आजीविका में सामान्यतया अकेले ही सम्पूर्ण कार्य को पूरा करना होता है। कार्य एकत्रीकरण की प्रक्रिया आयोजन के अनुसार रुचि व योग्यता के आधार पर कार्य विभाजन करके वे साथ-साथ कार्य करते हैं उन पर सीधी देखरेख रखते हैं ताकि कार्य व्यवस्थित तरीके से समय पर पूरा किया जा सके। हाँ, भौतिक उत्पाद की दशा में कुछ उत्तरदाता सामूहिक कार्य की दशा में कार्य एकत्रीकरण हेतु वे उतना सहज नहीं रह पाते।

सारणी-55. अनावश्यक कार्य तथा बिगाड़ पर नियंत्रण एवं उप-उत्पाद व उत्पादकीय प्रक्रिया के दरम्यान बेकार हुए माल को उपयोग करने की योग्यता

क्रम संख्या	विवरण	आवृति	प्रतिशत
1.	हाँ	24	40
2.	ना	36	60
	कुल	**60**	**100**

उत्तरदाताओं में अनावश्यक कार्य तथा बिगाड़ पर नियंत्रण एवं उप-उत्पाद व उत्पादकीय प्रक्रिया के दरम्यान बेकार हुए माल को उपयोग करने की योग्यता है या नहीं इसका स्पष्टीकरण उपरोक्त सारणी करती है। चूँकि यह मुद्दा भौतिक उत्पाद आधारित प्रक्रिया से संबंध रखता है इसलिए नकारात्मक प्रतिभावों में पूर्व की सारणी की भांति वृद्धि देखने को मिलती है। यहाँ 40% उत्तरदाताओं में बेकार होने वाली माल सामग्री के परिमाण को कम करने तथा उप-उत्पादों का अपनी अन्य जरूरतों के लिए उपयोग करने की योग्यता है। हाँ जो उत्तरदाता सीखने की स्थिति में हैं वे पूर्णरूपेण सक्षम नहीं हैं। कुछ उत्तरदाताओं का कहना है कि बेकार हुई सामग्री को खरीदने हेतु बाजार का विकल्प उपलब्ध हो जाने से वे इस झंझट से बचना पसंद करने लगे हैं।

सारणी-56. उत्तरदाताओं की राय में क्या उनके हुनर कुदरती संसाधनों पर निर्भर हैं?

क्रम संख्या	विवरण	आवृति	प्रतिशत
1.	हाँ	18	30
2.	ना	42	70
	कुल	**60**	**100**

उपरोक्त सारणी स्पष्ट करती है कि 30 प्रतिशत उत्तरदाताओं के हुनर कुदरती संसाधनों के अस्तित्व पर निर्भर हैं। जबकि अन्य लोगों ने वैकल्पिक वस्तुओं का उपयोग करने अथवा उनके हुनर संचालन में संसाधन की जरूरत न होने से नकारात्मक प्रत्युत्तर दिया है।

सारणी-57. उत्तरदाताओं की राय में उनके हुनर में प्रयुक्त होने वाले कुदरती संसाधनों की वाहक-क्षमता के स्तर में क्या परिवर्तन आए हैं?

क्रम संख्या	उत्तरदाताओं के हुनर में प्रयुक्त होने वाले कुदरती संसाधनों की वाहक क्षमता के स्तर में परिवर्तन की स्थिति	आवृति	प्रतिशत
1.	कमी हुई है	48	80
2.	कमी नहीं आई	2	4.33
3.	कोई परिवर्तन नहीं हुआ	5	8.33
4.	कुछ नहीं कह सकते	5	8.33
	कुल	**60**	**100**

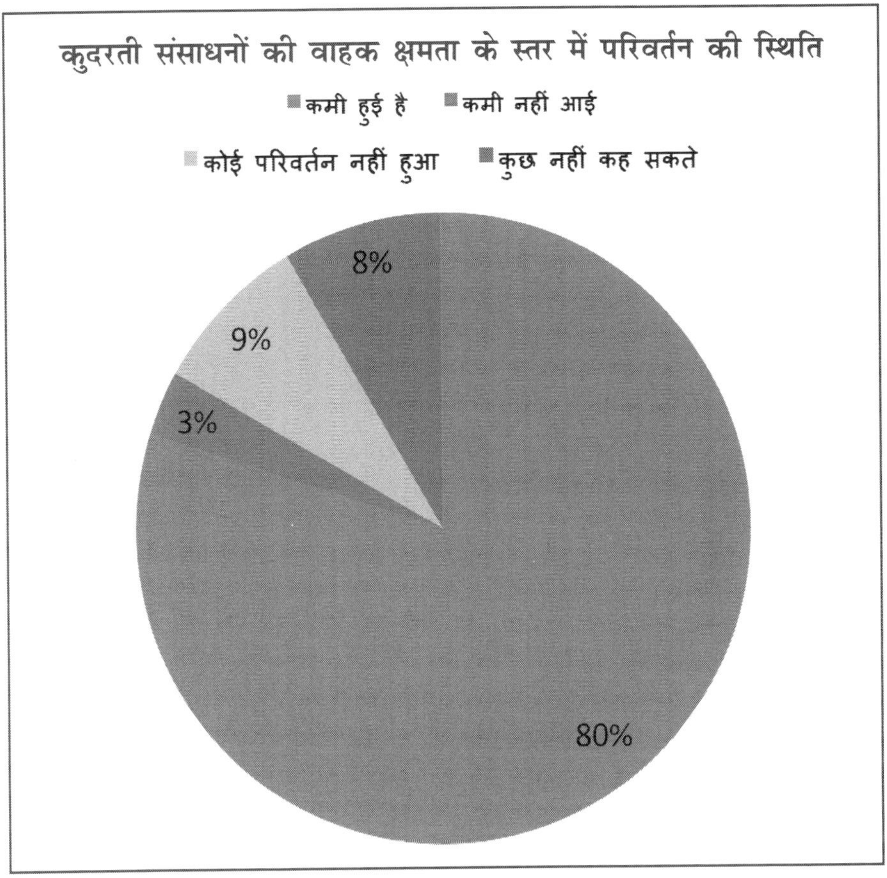
कुदरती संसाधनों की वाहक क्षमता के स्तर में परिवर्तन की स्थिति
कमी हुई है
कमी नहीं आई
कोई परिवर्तन नहीं हुआ
कुछ नहीं कह सकते
8%
9%
3%
80%

सारणी-57.1. कुदरती संसाधनों की वाहक-क्षमता के स्तर में कमी हेतु जिम्मेदार कारण

क्रम संख्या	कुदरती संसाधनों की वाहक क्षमता के स्तर में कमी हेतु जिम्मेदार कारण	आवृति	प्रतिशत
1.	संसाधनों का अत्यधिक शोषण	38	63
2.	जंगलखाता के नियमों में परिवर्तन	12	20
3.	जरूरतों की तुलना में उत्पादन की सीमा का बढ़ते जाना	22	37
4.	आदिवासियों के हुनर में प्रोफेशनलाइजेशन के आने से सम्पोषित आजीविका की जगह न्का आधारित व्यवहारों को स्थान मिलना	15	25
5.	राजनैतिक प्रभाव तथा उद्योग जगत द्वारा पैसे के बल पर के चलते संसाधनों पर अनाधिकृत अतिक्रमण	40	67

(नोट-प्रतिशत की गणना 60 में से की गई है।)

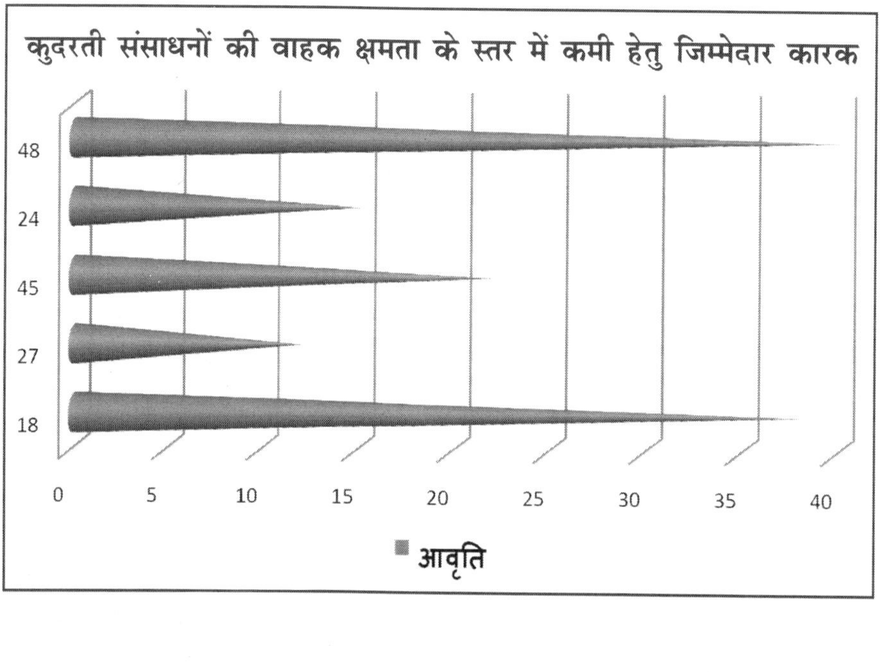

संसाधनों की वहनीय क्षमता हुनर संचालन व्यवस्था को प्रभावित करने वाला एक महत्वपूर्ण घटक है। इसका सीधा संबंध जनसंख्या वृद्धि से रहा है। क्या वर्तमान कुदरती संसाधन लोगों की आवश्यकता संतुष्टि के लिए पर्याप्त हैं या भावी पीढ़ी की जरूरतों के स्तर के साथ छेड़छाड़ किए बिना वर्तमान पीढ़ी की जरूरतें पूरी करते रहेंगे इस तथ्य को सामान्य तौर पर जनसंख्या वृद्धि से जोड़कर देखा जाता है। जंगलवासी इन आदिवासी हुनरधारकों के लिए इन संसाधनों की उपलब्धता में कमी के संदर्भ में जनसंख्या वृद्धि के साथ-साथ कई जिम्मेदार कारण हैं जिन्हें उपरोक्त सारणी में दर्शाने का प्रयास किया गया है। गांधीजी के कथन-"प्रकृति सभी की आवश्यकताओं की संतुष्टि कर सकती है किन्तु किसी के लालच को नहीं" के प्रकाश में अवलोकन करें तो हम पाते हैं कि समाज में उपभोग के प्रतिमान बदलने से काफी हद तक संसाधनों का अविवेकपूर्ण अथवा स्वार्थपूर्ण उपयोग बढ़ा है। वहीं दूसरी ओर संसाधनों के न्यायोचित वितरण के अभाव तथा वन विभाग के कानूनों की आड़ में इन प्रकृति के सहोदरों के लिए अपनी आजीविका के संचालन हेतु संसाधनों की सहजता से पर्याप्त मात्रा में उपलब्धता के स्तर में कमी आयी है। इनके संरक्षण के प्रति जागृति का अभाव तथा समन्वित व योग्य प्रयासों की कमी को भी एक सीमा तक जिम्मेदार ठहराया जा सकता है।

सारणी-58. उत्तरदाताओं द्वारा घर के सदस्यों व बाहरी लोगों से इच्छित काम लेने हेतु अपनाए जाने वाले अभिप्रेरक तरीके

क्रम संख्या	अभिप्रेरक तरीके	आवृति	प्रतिशत
1.	सदस्यों की सुविधा के अनुसार कार्य व्यवस्था का अनुसूचीयन करना	40	67
2.	टीम के सदस्यों के साथ कार्य सीखने--सिखाने के अनौपचारिक तरीके उपयोग में लाना	36	60
3.	सदस्यों की व्यक्तिगत जरूरतों की संतुष्टि पर ध्यान देना	43	72
4.	उन्हें नकद पैसा देना तथा उनके लिए नये कपड़े खरीदना	48	80

क्रम संख्या	अभिप्रेरक तरीके	आवृति	प्रतिशत
5.	उनके काम की प्रशंसा करना	36	60
6.	नम्रतापूर्वक उनकी गलतियां सुधारने में मदद करना	25	42

(नोट-प्रतिशत की गणना 60 में से की गई है।)

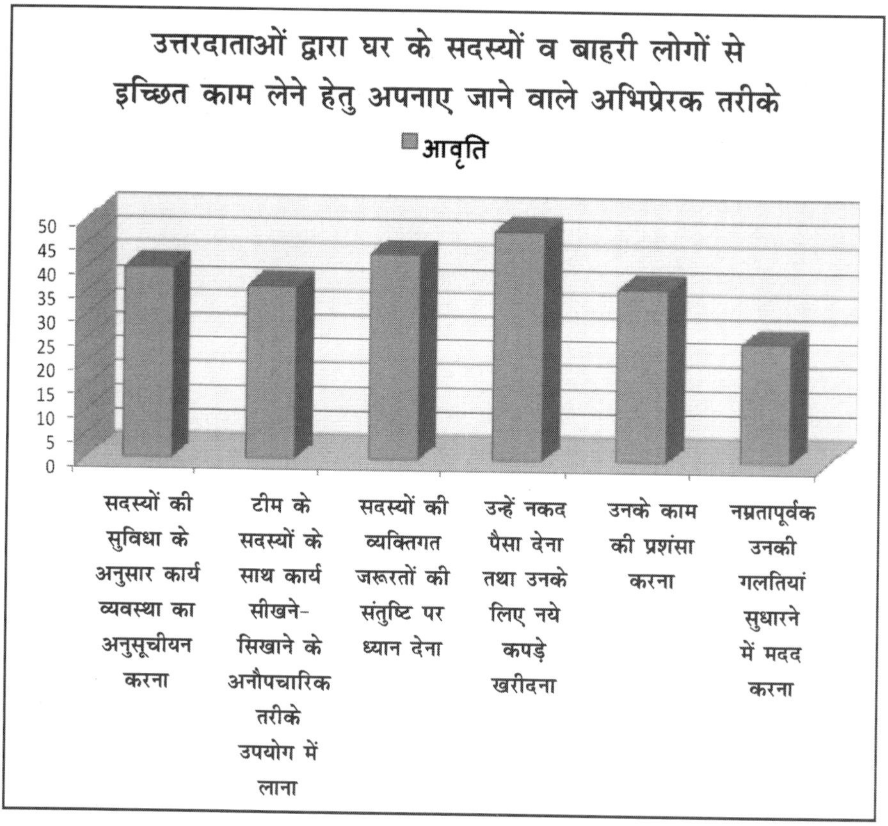

उपरोक्त सारणी में उन प्रमुख तरीकों को दर्शाया गया है जिन्हें अपनाकर उत्तरदाता अपने साथियों (घर के सदस्य तथा साथ में काम करने वाले श्रमिक) से आयोजन के मुताबिक कार्य करने हेतु प्रेरित करते हैं। आन्तरिक व बाह्य सभी पक्षकारों से काम लेने हेतु इन असरकारक पद्धतियों का अनुसरण उत्तरदाताओं के द्वारा किया जा रहा है जो इनकी व्यवस्थापकीय सूझबूझ को प्रदर्शित करता है।

सारणी-59. हुनर व्यवहारों के संदर्भ में प्रभावी सम्प्रेषण हेतु ध्यान रखे जाने वाले घटक

क्रम संख्या	प्रभावी सम्प्रेषण हेतु ध्यान रखे जाने वाले घटक	आवृति	प्रतिशत
1.	दो-मार्गीय सम्प्रेषण (संवाद)	36	60
2.	भावनाओं को समझने की संवेदनशीलता	25	42
3.	मानवता के आधार पर लिहाज एवं तरीके में विनय	40	67
4.	दूसरों के लिए इज्जत	40	67
5.	प्यार व अपनापन	36	60
6.	सम्प्रेषण मार्गदर्शन व समस्या समाधान की मंशा के साथ न कि कार्य में हस्तक्षेप हेतु करके	18	30
7.	दूसरों को समझने की मनोवृत्ति रखकर	45	75
8.	सम्प्रेषित शब्दों की समान समझ विकसित करके	42	70
9.	परिस्थिति व समय के अनुसार सम्प्रेषण का अर्थ व सामान्यीकरण करना	36	60

(नोट-प्रतिशत की गणना 60 में से की गई है।)

उपरोक्त सारणी दर्शाती है कि हुनरधारक आदिवासी उत्तरदाता अपनी आजीविका के सुगम संचालन हेतु असरकारक सम्प्रेषण प्रक्रिया का अनुसरण करते हैं। इस दौरान अवरोध उत्पन्न न हों इसके लिए उपरोक्त वर्णित घटकों को ध्यान में रखते हैं। प्रबंधन की पेशेगत शिक्षा न लेने के बावजूद इन प्रकृति के सहचरों में कार्य कराने हेतु मानवीय पहलू पर आधारित सम्प्रेषण प्रक्रिया के प्रतिमानों की अच्छी समझ है। समूह के साथ कार्य करते समय इन घटकों की भूमिका महत्वपूर्ण बन जाती है।

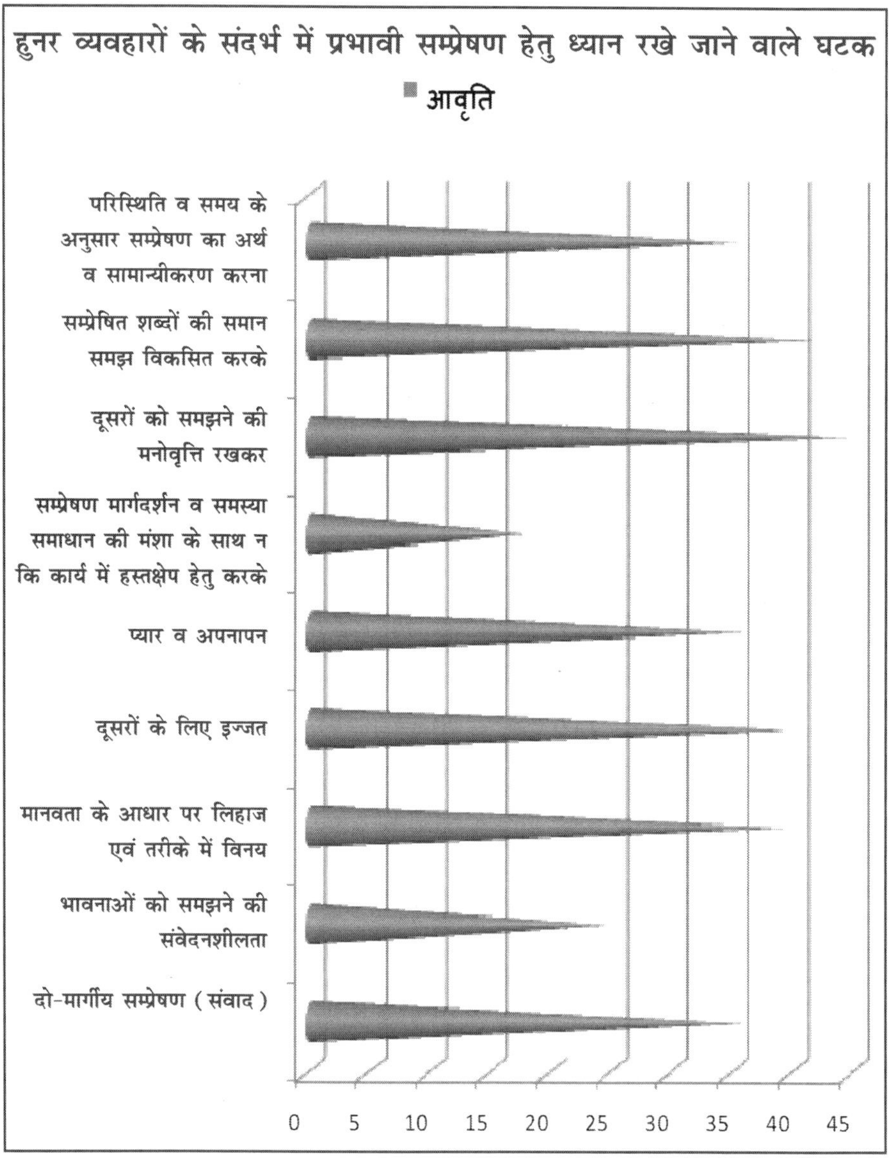
हुनर व्यवहारों के संदर्भ में प्रभावी सम्प्रेषण हेतु ध्यान रखे जाने वाले घटक
आवृति
परिस्थिति व समय के अनुसार सम्प्रेषण का अर्थ व सामान्यीकरण करना
सम्प्रेषित शब्दों की समान समझ विकसित करके
दूसरों को समझने की मनोवृत्ति रखकर
सम्प्रेषण मार्गदर्शन व समस्या समाधान की मंशा के साथ न कि कार्य में हस्तक्षेप हेतु करके
प्यार व अपनापन
दूसरों के लिए इज्जत
मानवता के आधार पर लिहाज एवं तरीके में विनय
भावनाओं को समझने की संवेदनशीलता
दो-मार्गीय सम्प्रेषण (संवाद)
0
5
10
15
20
25
30
35
40
45

सारणी-60. क्या हुनर के सफलतापूर्वक संचालन में सहकारी व टीम भावना में उत्तरदाताओं का विश्वास है?

क्रम संख्या	विवरण	आवृति	प्रतिशत
1.	हाँ	48	80
2.	ना	12	20
	कुल	**60**	**100**

क्या आदिवासी हुनरधारक हुनर के सफलतापूर्वक संचालन हेतु सहकारिता व टीम भावना को जरूरी समझते हैं? इस प्रश्न के प्रत्युत्तर में 80 प्रतिशत लोग सकारात्मक मंतव्य उपरोक्त सारणी में दर्शाते हैं। उनका मत है कि सम्पोषित आजीविका की यह प्राथमिक शर्त है जिससे कार्यवातावरण असरकारक बनता है। सहकारी भावना सौहार्द व पारस्परिक विश्वास के संबंध को मजबूती प्रदान करती है जिससे आजीविका की जड़ें और अधिक गहरी होती चली जाती हैं।

मार्केटिंग व्यवस्था और स्थानीय स्तर पर लोक कल्याण

सारणी-61. उत्तरदाताओं के हुनर किस विस्तार की आवश्यकताओं की संतुष्टि करते हैं?

क्रम संख्या	विवरण	आवृति	प्रतिशत
1.	स्थानीय विस्तार की	15	25
2.	बाहर की	18	30
3.	दोनों की	27	45
	कुल	**60**	**100**

एक आजीविका तभी सफल कही जा सकती है जब वह बिना किसी वित्तीय भार बढ़ाए स्थानीय लोगों की आवश्यकताओं की संतुष्टि बेहतर तरीके से करने में सक्षम हो और उस हुनर को बदले में इतना प्रतिफल अवश्य मिले कि वह अपना अस्तित्व टिकाए रख सके अर्थात् किसी का भी शोषण न हो। समाज में संतुष्टि,

सुख व शांति हो। इसके लिए उपयुक्त बाजार व्यवस्था का होना अनिवार्य है। उपरोक्त सारणी दर्शाती है कि मात्र 25% हुनरधारकों के हुनर का संबंध स्थानीय लोगों की आवश्यकता संतुष्टि से है। बाजार का गणित हम सभी बखूबी जानते हैं कि बाहरी बाजार की शोध से उत्पाद की अधिक कीमत प्राप्त हो सकती है, किन्तु इस व्यवस्था के चलते वह उत्पाद स्थानीय लोगों की पहुँच और लोक कल्याण से दूर हो जाता है। धीमे-धीमे इनकी पौष्टिकता का लाभ गांव के ही स्थानीय लोगों को न मिलकर बाहर के लोगों को मिलने लगता है तथा गांव की पूँजी भी बाहर की ओर जाने लगती है। वैश्वीकरण के दौर में यह भले ही विरोधाभास हो किन्तु अस्तित्व के प्रश्न पर हुनर संचालन में स्थानीय अभिगम को पहले प्राथमिकता देनी होगी तभी सम्पोषित आजीविका के स्थायी प्रतिमान रखे जा सकेंगे ऐसा मंतव्य समूह विमर्श के दरम्यान निकल कर आया है।

सारणी-62. क्या उत्तरदाताओं को कार्य के पर्याप्त अवसर नियमित तौर पर उपलब्ध हो पाते हैं?

क्रम संख्या	विवरण	आवृति	प्रतिशत
1.	हाँ	25	42
2.	ना	35	58
	कुल	**60**	**100**

उपरोक्त सारणी बताती है कि क्या उत्तरदाताओं को कार्य के अवसर नियमित तौर पर उपलब्ध हो पाते हैं? तो यहाँ परिणाम निराशाजनक स्थिति की ओर संकेत करते हैं। मात्र 42 प्रतिशत लोग ही नियमित अवसरों की उपलब्धता हेतु अपने प्रतिभाव व्यक्त करते हैं। हुनरों की लुप्तता में अवसरों की उपलब्धता की कमी एक प्रमुख कारण रहा है।

सारणी-63. उत्तरदाताओं की राय वर्तमान बाजार सम्बंधी प्रमुख समस्याएं

क्रम संख्या	वर्तमान बाजार सम्बंधी प्रमुख समस्याएं	आवृति	प्रतिशत
1.	सस्ती वाहन-व्यवहार सुविधा की कमी	24	40
2.	नियमित मार्केट का न होना	18	30
3.	मांग अनुपात का विपरीत होना	27	45
4.	आधुनिकीकरण के दौर में स्थानीय तथा बाहरी बाजारों में उपभोग शैली में परिवर्तन का विपरीत असर	45	75
5.	सौदेबाजी की निम्न क्षमता	24	40
6.	शहरी व औद्योगिक इकाइयों की तुलना में उत्पाद की कच्चे माल और श्रम लागतों का ठीक अनुमान न लगा पाना	48	80

(नोट-प्रतिशत की गणना 60 में से की गई है।)

उपरोक्त सारणी में उन प्रमुख समस्याओं को दर्शाया गया है जिनका सामना आदिवासी हुनरधारकों द्वारा प्राय: किया जाता है। इनमें कच्चे माल की खरीद क्षमता पर अतिक्रमण, वाहन व्यवहार जैसा आधारभूत सुविधाओं की अपर्याप्तता के चलते उत्पाद का सही मूल्य न मिलना अथवा स्थापित विवशताओं उत्पाद को बेचना, वित्तीय विश्लेषण के ज्ञान के अभाव में सौदेबाजी की उपयुक्त क्षमता का अभाव आदि को प्रमुखता से रखा जा सकता है। लोगों के उपभोग व्यवहार में परिवर्तन आने से उन्हें बाजार मिलने में काफी कठिनाई आती है। उनकी स्पर्धा मशीनजनित उत्पादों से होने के कारण वे लागत अधिक होने से तथा फिनिशिंग न होने से उन्हें बाजार में टिकने में मुश्किलें आती हैं। भौतिक मूल्यों की प्रधानता बढ़ने से आदिवासियों के स्थानीय हुनरों का अस्तित्व खतरे में नजर आता है।

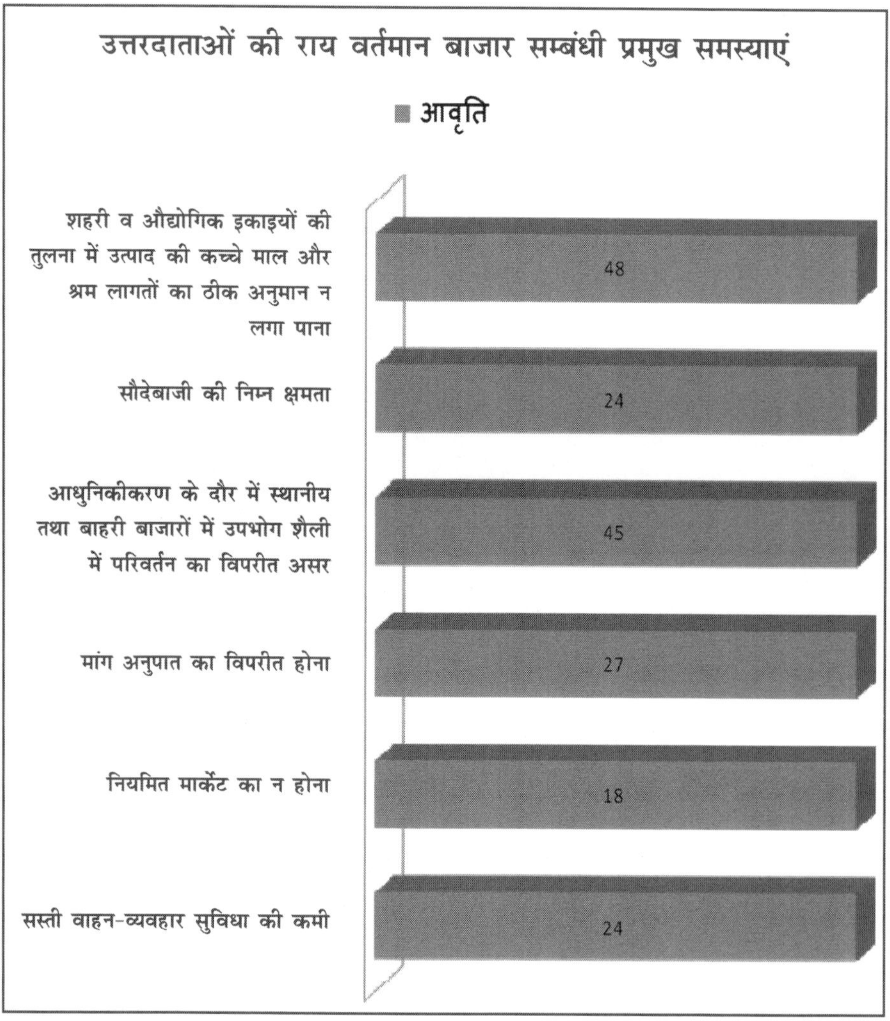
उत्तरदाताओं की राय वर्तमान बाजार सम्बंधी प्रमुख समस्याएं
आवृति
शहरी व औद्योगिक इकाइयों की तुलना में उत्पाद की कच्चे माल और श्रम लागतों का ठीक अनुमान न लगा पाना
48
सौदेबाजी की निम्न क्षमता
24
आधुनिकीकरण के दौर में स्थानीय तथा बाहरी बाजारों में उपभोग शैली में परिवर्तन का विपरीत असर
45
मांग अनुपात का विपरीत होना
27
नियमित मार्केट का न होना
18
सस्ती वाहन-व्यवहार सुविधा की कमी
24

सारणी-64. उत्तरदाताओं की राय में बाजार संबंधी समस्याओं के समाधान

क्रम संख्या	बाजार संबंधी समस्याओं के समाधान	आवृति	प्रतिशत
1.	कार्यक्षमता और सस्ती परिवहन तथा सम्प्रेषण सुविधाओं का पर्याप्त मात्रा में विस्तार	24	40
2.	नियमित बाजार के साथ अर्थपूर्ण सम्पर्क व्यवस्था (नेटवर्किंग)	18	30
3.	मांग की विपरीत परिस्थिति पर नियंत्रण एवं उसके अनुरूप उत्पादन व्यवस्था में समायोजन	27	45
4.	उत्पाद विकास एवं उसमें आवश्यक सुधार हेतु शिक्षण-प्रशिक्षण	45	75
5.	सौदेबाजी की क्षमता के विकास हेतु वित्तीय शिक्षण-प्रशिक्षण	24	40
6.	सभी हुनरों को समान दर्जा दिए जाने हेतु नैतिक प्रतिमान स्थापित करना	48	80

(नोट-प्रतिशत की गणना 60 में से की गई है।)

उपरोक्त सारणी में पूर्व में वर्णित समस्याओं का समाधान के संदर्भ में उत्तरदाताओं के मंतव्यों को समन्वित किया गया है। वर्तमान मशीनीकरण की व्यवस्था के सामने टिकने हेतु इनकी मार्केटिंग पर्यावरण-मित्र संबंधी उत्पाद के रूप में हो इसके लिए लोग जागृति के प्रयास हों, कायदाकीय एवं आधारभूत सुविधाओं की दृष्टि से उन्हें पर्याप्त अवकाश मिले तथा योग्य शिक्षण-प्रशिक्षण की व्यवस्था हो जो उनके हुनर की मार्केटिंग को नये आयाम दिये जा सकते हैं जो व्यक्ति, समाज व सृष्टि तीनों के समन्वित अस्तित्व एवं कल्याण के लिए उपयुक्त होंगे।

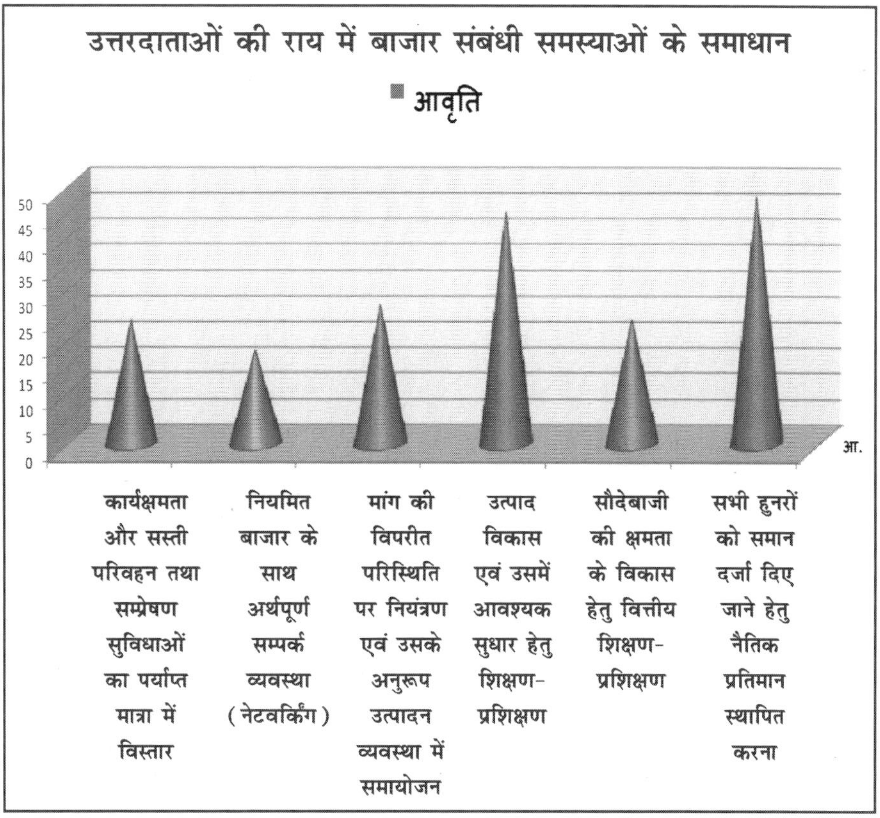

सारणी-65. क्या हुनरों की विविधता स्थापित है या लुप्त होती जा रही है?

क्रम संख्या	विवरण	आवृति	प्रतिशत
1.	हाँ	27	45
2.	ना	33	55
	कुल	**60**	**100**

सारणी-65.1. हुनरों की विविधता के लुप्त होने के लिए उत्तरदायी कारण

क्रम संख्या	**हुनरों की विविधता के लुप्त होने के लिए उत्तरदायी कारण**	**आवृत्ति**	**प्रतिशत**
1.	अन्य अधिक नफाकारक विकल्पों का उपलब्ध होना	36	60
2.	अन्य स्त्रोतों से परिवार की आय का बढ़ जाना	27	45
3.	हुनरों का वर्तमान समय में अप्रचलित हो जाना	24	40
4.	संसाधनों के मिलने में कठिनाई आना	21	35

(नोट-प्रतिशत की गणना 60 में से की गई है।)

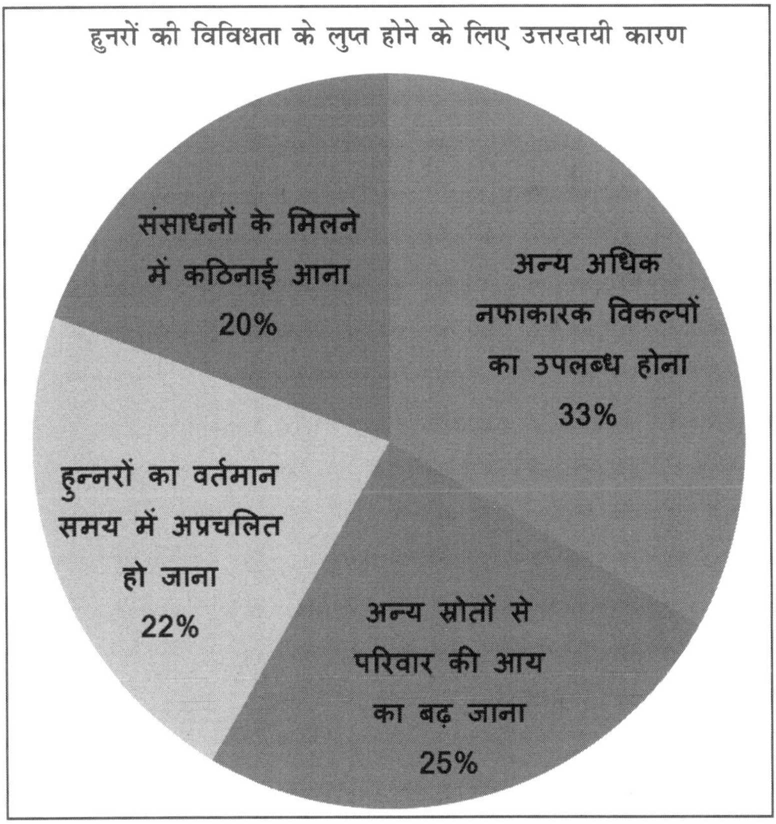

सारणी-65.2. हुनरों की विविधता के लुप्त होने का क्या प्रभाव पड़ा है।

क्रम संख्या	प्रभाव	आवृति	प्रतिशत
1.	लोगों में पारस्परिक जुड़ाव का घटना	36	60
2.	स्थानीय पूँजी का बाहर चले जाना	27	45
3.	लोगों का स्थानान्तरण होना तथा लोगों का स्थानीयता से लगाव कम होते चले जाना	24	40
4.	लोगों के लिए लाभदायक सम्पोषित वस्तुओं की उपलब्धता पर प्रश्नचिन्ह खड़े होना	21	35

(नोट-प्रतिशत की गणना 60 में से की गई है।)

सारणी 65, 65.1 और 65.2 से स्पष्ट है कि 45% उत्तरदाता स्वीकार करते हैं कि स्थापित हुनरों की विविधता में बदलाव आए हैं क्योंकि लोगों को अन्य जगह पर काम मिलने लगा जिसमें नफाकारकता का प्रमाण कहीं अधिक था। लुहारी, बढ़ईगीरी तथा प्राथमिक सेवा प्रदान करने वाले हुनर आज आदिवासी विस्तार से लुप्त होने के कगार पर हैं। शिक्षण और रोजगार के चलते परिवार की आय बढ़ने के कारण कई लोगों ने अपने पारम्परिक हुनरों को छोड़ दिया।

लक्ष्य समूह चर्चा का विश्लेषण (FGD)

समूह चर्चा के दरम्यान संशोधक ने संसाधनों की स्थिति एवं आजीविका आधारित हुनरों की संचालन व्यवस्था पर उसके प्रभाव का आकलन करने का प्रयास किया है। वे आज आदिवासी समुदाय की कितनी पहुँच में हैं? और ऐसी स्थिति में क्या उनके स्थापित हुनर टिक पायेंगे? इसका कारण सहित तार्किक विश्लेषण निम्नवत है-

1. राजगीरी, बढ़ईगीरी, लुहारी, बांस का काम, पेंटिंग, चूना काम, दर्जी काम, कृषि, कृषिगत मजदूरी, पशुपालन, मुर्गी पालन, दाई तथा गृह कार्य संबंधी दक्षताएं आदिवासी समुदाय में विद्यमान हैं।

2. संशोधन विस्तार के अनुसार डांग आदिवासी विस्तार कुदरती सम्पदा से भरपूर है। घने जंगल व भारी वर्षा यहाँ की पहचान हैं। जैविक विविधता प्रचुर मात्रा में है फिर भी लोगों का जीवन स्तर निम्न है। आजीविका के सम्पोषण हेतु उन्हें आज मुश्किल से संसाधन मुहैया हो पाते हैं। यह सत्ता अनौपचारिक रूप से उन समूहों में हस्तान्तरित हो जाती है जिनका राजनैतिक प्रभाव है अथवा जो सामाजिक-आर्थिक रूप से समृद्ध हैं। हुनर संचालन पर इसका नकारात्मक प्रभाव पड़ा है। मध्य गुजरात के आदिवासी में अपेक्षाकृत आधारभूत ढाँचे का विस्तार बेहतर है जिसके चलते यहाँ की आजीविका के साधनों में परम्परागत व्यवसाय के साथ आधुनिक व्यवसाय जैसे मोबाइल व टी.वी. मरम्मत आदि भी देखने को मिलते हैं।

3. कुदरती संसाधनों की स्थिति यहाँ तुलनात्मक रूप से अच्छी नहीं कही जा सकती। लोग आजीविका की तलाश में जिले (सौराष्ट्र, वडोदरा व सूरत) व राज्य (म.प्र. तथा महाराष्ट्र) के बाहर जाते हैं।

4. आजीविका व्यवहार तथा उपभोग व्यवहार के मध्य नजदीकी रिश्ता है। भौतिकतावादी उपभोग व्यवस्था को रुझान की आदिवासियों की हुनर व्यवस्था पर विपरीत असर पड़ती है। हुनरधारकों को निम्न मांग और निम्न कीमत का सामना करना पड़ता है।

5. लोगों का कहना है कि उनका संसाधनों के उपयोग पर अधिकार नहीं हैं वे उतना प्राप्त नहीं कर पाते जो वास्तव में उनके भरण-पोषण और आजीविका संचालन के जरूरी है।

6. लोगों के पास न तो पर्याप्त जमीन है और न ही जंगल जमीन पर मेहनत करके खाने का अधिकार। वन अधिकारी द्वारा उन्हें अंदर जाने की अनुमति प्रदान नहीं की जाती। सम्पत्ति पर मालिकाना हक की वर्तमान स्थिति के चलते वे केवल जॉब कार्य करके मर्यादित आजीविका प्रतिफल ही सुनिश्चित कर पाते हैं। उन्हें कच्चा माल सामग्री पर्याप्त मात्रा में नहीं मिल पाती। किन्तु जिनके पास संसाधनों के उपयोग का जुगाड़ है वे बड़े पैमाने पर हुनर का संचालन करने और आधुनिक तकनीकी के उपयोग करने गें सफल होते हैं। किन्तु सम्पोषित विकास के पैमाने पर इसका लाभ मर्यादित हाथों में केन्द्रित होकर असमानता को बढ़ावा देता है।

7. लोगों का कहना है कि उनके हुनर आय का साधन मात्र नहीं हैं अपितु जीवन के विविध क्षेत्र की समस्या समाधान का प्रत्युत्तर हैं जिसमें घर के सभी सदस्यों का उनकी योग्यता व शक्ति के अनुरूप योगदान सुनिश्चित होता है। यदि जीने का तरीका सादा है तो व्यक्ति समाज व सृष्टि सभी की समस्याएं नयूनतम रहेंगी और हमारे आसपास के वातावरण को अधिक नुकसान नहीं पहुँचेगा।

8. आज आदिवासी समाज में लुहारी तथा एक स्तर तक बढ़ईगीरी के प्राथमिक कार्य जो क्रमशः कृषिगत व घरेलू आवश्यकताओं की पूर्ति करते थे आज लुप्त होने के कगार पर हैं। उनकी जगह नई फैशन के तैयार माल ने ले ली है।

इसकी असरकारकता के संदर्भ में लोगों का कहना है कि आम आदमी पर भार बढ़ा है, जीवन यापन की लागतों में वृद्धि हुई है, नैतिक मूल्यों का ह्रास भी हुआ है फिर भी लोग विकास के नाम पर इसी रास्ते पर बढ़ने की तमन्ना रखते हैं। उनका सुझाव था कि यह सभी अनावश्यक कार्य लोगों की थोड़ी-सी सूझबूझ तथा संस्थागत प्रयासों से रुक सकते हैं।

संशोधन विस्तार के स्वैच्छिक संगठनों के कार्यकर्ताओं के साथ साक्षात्कार चर्चा

संशोधन विस्तार में काम करने वाली प्रमुख संस्थाओं में डांग से ए.के.आर.एस. पी. और बाइफ, तथा मध्य गुजरात आदिवासी विस्तार से भाषा, प्रकृति फाउण्डेशन, दीपक फाउण्डेशन, श्रोफ फाउण्डेशन में कार्यरत कार्यकर्ताओं से असंरचित अनुसूची के आधार पर इस मुद्दे को लेकर मुलाकात की गई। ये सभी प्रत्यक्ष या परोक्ष रूप से इनकी आजीविका व जीवनस्तर में सुधार तथा संसाधनों के जतन हेतु प्रयासरत हैं। इनका मानना है नई अर्थव्यवस्था के साथ चलना जरूरी है किन्तु उनके स्थापित परम्परागत मूल्यों को नुकसान नहीं होना चाहिए। ये समुदाय प्रकृति से नजदीक का रिश्ता रखते हैं। बाइफ संस्था का बाड़ी प्रोजेक्ट आजीविका हेतु प्रयासों की कड़ी का एक सुन्दर हिस्सा है तो दीपक फाउण्डेशन के कल्प प्रोजेक्ट तथा प्रकृति फाउण्डेशन के संसाधन संरक्षण के मार्केटिंग संबंधी अनुभव सिद्ध करते हैं कि आदिवासियों की आजीविका को प्रश्रय देने की आवश्यकता है। कम से कम हमारी विकासलक्षी नीतियां उनके हुनर उपयोग व आजीविका के प्रयास में अवरोधक न

बनें यह देखना बहुत जरूरी है। इन सभी का मानना है कि संसाधनों का उपयोग गरीब आदिवासियों के लिए खुला नहीं है। कृषिगत हुनरों को छोटे स्तर पर चलाए रखने की जरूरत है भले लागतें तुलनात्मक रूप से बढ़ती हों। ऐसा होने पर अधिकतम हाथों को काम व आय का साधन मिलना सुनिश्चित हो सकेगा।

परिशिष्ट

1. कोटवालिया आदिम समुदाय बांस कार्य के लिए जाना जाता है। वे बांस से घर की सुन्दर दीवालें तथा घर में काम आने वाली वस्तुओं का निर्माण करते हैं। व्यावसायिक उद्देश्य से वे चालू टोकरी भी बनाते हैं जिनका उपयोग पैकिंग में होता है जबकि घर के उपयोग हेतु टिकाऊ टोकरे बनाते हैं।

2. भील समुदाय भी बांस के टोकरे, सूप तथा अन्य वस्तुएं बनाने का कार्य करते हैं।

3. एक गावं पीपलदहाड़ में बैल गाड़ी बनाने वाला एकमात्र कारीगर है जो आसपास के विस्तार के लिए भी काम करता है। इस कार्य में मेहनत अधिक है किन्तु इसकी मजदूरी काफी अच्छी मिलती है। वह अपने बच्चे को यह हुनर सिखा रहा है। अभी डांग विस्तार में इसकी मांग है।

4. गांवों के अधिकांश लुहार जॉब कार्य करते हैं। उनके द्वारा बनाई जाने वाली विभिन्न घरेलू वस्तुओं के रेडीमेड विकल्प बाजार में आने से मांग घटी है और आजीविका प्रभावित हुई है। लोग अपने बच्चों को शहर भेजकर अन्य कार्य में रोजी-रोटी का जुगाड़ करते हैं। फिर भी खेती के छोट-छोटे औजारों की मरम्मत का कार्य इनके पास नियमित आता रहता है।

5. परम्परागत दर्जीकाम की गांव में अभी भी मांग है हालांकि मेहनत अधिक होने से इनके भावी कारीगरों की संख्या घट रही है। नई पीढ़ी फैशन के अनुरूप दर्जी काम सीखकर स्वाबलंबन की ओर कदम बढ़ा रही है।

6. स्थानीय कृषिगत एवं बिनकृषिगत जरूरतों को पूरा करने के लिए गांव में ही कुशल, अकुशल तथा अर्ध-कुशल कारीगरों की मांग सीजन के अनुसार बनी रहती है। यदि ये बाहर चले जाते हैं अथवा औद्योगिक कार्य में व्यस्त

हो जाते हैं तो स्थानीय जरूरतों की पूर्ति हेतु लोगों को अधिक व्यय करना पड़ेगा।

7. नाईगीरी में नए उपकरण आने से बदलाव आए हैं। उनके व्यवस्थित संचालन की कला नई पीढ़ी सीख रही है तथा पोषणक्षम आजीविका की ओर बढ़ रही है।

8. वे कृषिगत प्रक्रियागत कार्यों की योग्यता रखते हैं जिनमें उन्हें गांव में ही रहकर रोजी-रोटी का जुगाड़ हो जाता है।

9. यदि उन्हें स्थानीय स्तर पर कम मजदूरी मिलती है तो शहर थोड़ी-सी अधिक मजदूरी से बेहतर है क्योंकि गांव में रहते हुए वाहन व्यवहार व जीवन यापन के खर्चे भी मर्यादित रहते हैं।

अध्याय-5

उपसंहार

निष्कर्ष-सामान्यीकरण

आदिवासी समुदाय में हुनर अथवा कुशलताएं आजीविका का आधार हैं। कुछ परिवारों में यह एकमात्र आय का साधन है तो कहीं आय का यह वैकल्पिक या द्वितीयक स्रोत है। इन हुनरों का उन परिवारों के लिए महत्व अधिक बढ़ जाता है जो भूमिहीन हैं अथवा बहुत कम जमीन रखते हैं। कुछ लोगों के हुनर उनके कृषिगत कार्य एवं घरेलू आवश्यकता पूर्ति का साधन हैं। वे इन हुनर के संचालन हेतु भौतिक एवं कुदरती संसाधनों का न्यूनतम परिमाण अथवा मर्यादित जरूरत के मुताबिक उपयोग करते हैं।

उत्तरदाताओं की **सामान्य जानकारी** के इस भाग में कहा जा सकता है कि युवा वर्ग में तुलनात्मक रूप से स्थानीय हुनर व्यवहारों का प्रतिशत बहुत कम है। इसका कारण यह है कि उनमें शिक्षण का स्तर बढ़ा है और वे आधुनिक जगत के अधिक आर्थिक उपार्जन वाले आजीविका के साधनों की ओर अधिक प्रयासरत रहते हैं। वहीं दूसरी ओर स्थानीय कुदरती संसाधनों के उपयोग को लेकर आदिवासी समुदाय की पहुँच धीमे-धीमे कम होती जा रही है। इसके पीछे सामाजिक-आर्थिक रूप से ताकतवर अनाधिकृत तत्वों का अतिक्रमण, कानून की बाध्यता है जिससे ये पीढ़ी समझौता करने को बाध्य है। लिंगगत रूप से 80% उत्तरदाता पुरुष तथा शेष स्त्री हैं। अधिकांश महिलाएं स्वतंत्र रूप से आजीविका संचालन नहीं करतीं अपितु उनके पति या पिता द्वारा संचालित परिवार की आजीविका में सक्रिय रूप से भागीदारी करती हैं। इसी मर्यादा को ध्यान में रखकर उत्तरदाताओं का चयन किया गया है। अध्ययन विस्तार के विभिन्न उत्तरदाता भील, कूंकणा, राठवा, चौधरी, वारली, कोटवालिया और गामित उप समुदाय से हैं। भील समुदाय अन्य समूहों की तुलना में अधिक है। राठवा व कूंकणा उसके पश्चात के बड़े उत्तरदाता समूह हैं। सामाजिक-आर्थिक स्तर के आधार पर कहा जा सकता है कि 30 प्रतिशत उत्तरदाता अत्यन्त गरीब हैं जिसमें कोटवालिया, एवं वारली समुदाय के लोगों की संख्या अधिक है। कुछ भील और कूंकणा गरीब हैं तथा अधिकांश चौधरी, राठवा और

गामित समुदाय के लोग अपेक्षाकृत सामाजिक-आर्थिक रूप से अधिक बेहतर हैं। वैवाहिक स्तर के आधार पर कहें तो अधिकांश उत्तरदाता विवाहित हैं जिन पर परिवार के पालन हेतु आजीविका संचालन की जिम्मेदारी है। विधवा सदस्य भी आजीविका हेतु संघर्षरत रहते हैं किन्तु इनकी संख्या तुलनात्मक रूप से कम है। उत्तरदाताओं की औपचारिक शिक्षण की स्थिति स्पष्ट करती है कि लगभग एक-तिहाई उत्तरदाता औपचारिक शिक्षण से रूबरू नहीं हुए हैं। शिक्षा के स्तर के अनुसार प्राथमिक शिक्षण तक के उत्तरदाता कई कुशल हुनरों की अनुप्रयुक्ति द्वारा आजीविका की जुगत में लगे हुए हैं। जो उत्तरदाता अधिक पढ़-लिख जाते हैं वे पारम्परिक हुनर व्यवस्था से तभी तक जुड़े रह पाते हैं जब तक उन्हें शहर की फैक्टरी में रोजगार नहीं मिल जाता। उत्तरदाताओं में विभक्त और संयुक्त दोनों प्रकार की परिवार व्यवस्थाएं अस्तित्व में हैं। इनका अनुपात 60 और 40 का है। सामान्य रूप से अधिकांश उत्तरदाताओं के परिवार का आकार बड़ा और 5-8 सदस्यों तक विस्तृत है। परिवार के सदस्यों की संख्या के साथ उनके स्वास्थ्य का स्तर आजीविका के विस्तार एवं उसमें सहयोग की स्थिति को समझने का एक महत्वपूर्ण घटक रहा है। यह पाया गया है कि 18% उत्तरदाताओं के परिवार के सदस्य बीमार हैं जिन पर आय का एक भाग व्यय होता है जबकि 22% में आरोग्यलक्षी सक्षमता कमी के कारण आजीविका संचालन में योगदान करने में अक्षम हैं। केवल 20% उत्तरदाताओं के परिवार के सदस्यों का आरोग्य अच्छा होने से योग्य सहकार प्राप्त कर पाते हैं। इन आदिवासी हुनरधारकों के परिवार में शिक्षा का प्रमाण काफी कम है। ये लोग अपने बच्चों को पढ़ाने में विश्वास करते हैं ताकि उन्हें सरकारी अथवा शहर में बेहतर अधिक आय वाला रोजगार मिल सके। कुछ उत्तरदाताओं का मानना यह भी है कि उनके बच्चे उनके परम्परागत धंधे में शामिल न हों किन्तु आंशिक रूप में उसमें सहयोग करते रहें। बच्चे भी छोटी उम्र में अर्थोपार्जन की मानसिकता रखते हैं इसलिए आगे पढ़ने की बजाय वे काम करना शुरू कर देते हैं। परिवार के सदस्य विभिन्न हुनर आधारित कुशलताओं से परिपूर्ण हैं जिनसे वे परिवार की कुल आय में योगदान करते हैं और कहीं पर वे अपनी कुशलताओं के उपयोग से घर के खर्च में बचत कराकर अपनी महती भूमिका सुनिश्चित करते हैं। इनके पास बहुआयामी कुशलताएं हैं। अधिक आय प्रदान करने वाले श्रमकार्य के वैकल्पिक मार्ग एवं तैयार माल के उपभोग की बढ़ती प्रथा के अनुसरण के चलते कुछ लोग इन परम्परागत कुशलताओं से दूर भी हो रहे हैं जबकि ये हुनर आधारित व्यवहार अपेक्षाकृत प्रकृति के अधिक अनुकूल माने जा सकते हैं। इनके पास कृषि एवं कृषिगत कार्यों की योग्यताएं प्रचुर मात्रा में हैं। इसके अलावा पशुपालन का प्रमुख

स्थान कहा जा सकता है। कुछ लोगों के पास साधनों के निर्माण व संचालन की तकनीकी कुशलताएं भी हैं। महिलाओं की कुशलताएं मात्र गृहकार्य तक मर्यादित नहीं हैं वे कढ़ाई, बुनाई, पाक-कला, चारपाई बुनना, टोकरा-टोकरी बनाने के साथ साथ पुरुषों के साथ कृषिगत व अन्य मजदूरी कार्य करके परिवार की बेहतर आजीविका सुनिश्चित करती हैं। लगभग 60% उत्तरदाताओं की आय इनकी मर्यादित जरूरतों की तुलना में संतोषजनक कही जा सकती है। वे अपनी आवश्यकता संतुष्टि हेतु ना के बराबर कीमत पर अपने उपभोग की वस्तुओं व सेवाओं की व्यवस्था स्थानीय स्तर पर कर लेते हैं। 28% उत्तरदाता भूमिहीन हैं जबकि 35% उत्तरदाताओं के पास 2 बीघा से भी कम जमीन है। आदिवासी विस्तार में कमोबेश आज भी लकड़ी के हल उपयोग में हैं। भैंसा व बैल जुताई के साधन हैं। लगभग एक तिहाई उत्तरदाता लोहे के हल का भी इस्तेमाल करने लगे हैं। अधिकांश लोग खेती कार्य में प्रयुक्त होने वाले छोटे-मोटे औजार रखते हैं क्योंकि मजदूरी प्राप्त करने के लिए उन्हें इनकी आवश्यकता पड़ती है। केवल 15% उत्तरदाता पक्के मकान में रहते हैं शेष झोपड़ी और कच्चे मकान में। मकान बनाने का अधिकांश कार्य वे स्वयं एवं अपने पड़ेसियों की मदद से करते हैं। लगभग 60% उत्तरदाताओं के मकान में 2-3 कमरे हैं। सभी उत्तरदाताओं के घर में सुविधाओं की स्थिति समान नहीं है कुछ लोग सामूहिक सुविधाओं के द्वारा अपनी जरूरतें पूरी कर लेते हैं। लोगों के पास अनाज संग्रहण व अन्य छोटी-मोटी जरूरतों की संतुष्टि हेतु सस्ते स्व-निर्मित साधन हैं। किन्तु उपभोगवृत्ति में बदलाव से कहीं-कहीं ये हुनर अब लुप्त होने के कगार पर हैं। लगभग 45 प्रतिशत लोगों के पास रंगीन टी.वी. भी है। कृषि उत्पादों को लाने-ले जाने हेतु बैल व भैंसा गाड़ी जैसे परम्परागत साधन एवं साइकिल तथा मोटरसाइकिल भी हैं।

आदिवासी समुदाय के लोगों के हुनर अथवा आजीविका के साधन भौतिक उत्पाद व्यवस्था की अपेक्षा सेवा क्षेत्र से जुड़े हुए हैं। राजगीरी के कार्य में कुशल, अर्धकुशल व अकुशल लोगों का समावेश किया जा सकता है। वे काम के बंटवारे को लेकर इन कुशलताओं के स्तर का ध्यान बखूबी रखते हैं। महिलाएं घर काम के अलावा कम कुशलता वाले भाग को पूरा करने में मदद करती हैं जबकि युवा अर्ध-कुशल कामगीरी को आगे ले जाने में। इस सीखने की प्रक्रिया में वे कार्य पर रहते हुए उत्तरोत्तर आगे की ओर बढ़ते रहते हैं। इन्हें सामान्य तौर पर कार्य के अवसर स्थानीय स्तर पर उपलब्ध हो जाते हैं। कुछ लोग ठेकेदार के साथ काम करके अपनी आजीविका चलाते हैं जिसमें उनकी नियमित आय सुनिश्चित रहती

है। वे बरसात के मौसम में फसल लेते हैं। वे गांव से रंग व चूना कार्य, दर्जी कार्य के लिए नजदीक के शहर की कम्पनियों में भी जाते हैं जहाँ उन्हें 4000-5000 प्रति माह निश्चित आय मिल पाती है। वारली समुदाय के लोग वाद्ययंत्र बजाते हैं तथा नागपंचमी के अवसर पर लोगों के घरों में दीवाल पर चित्र भी बनाने का कार्य करते हैं इसके लिए उन्हें जरूरतों की संतुष्टि हेतु अमौद्रिक प्रतिफल मिलता है किन्तु इससे उनकी कला जीवंत बनी हुई है। यह समुदाय बहुत गरीब है वे इस कला को आने वाली पीढ़ी को भी सिखाते हैं। पावरी, ढोल, इकतारा और थाली बजाना आदि वाद्ययंत्र चलन में हैं।

हुनर आधारित विशिष्ट जानकारी का विश्लेषण

सैद्धान्तिक रूप से किसी कार्य को सर्वश्रेष्ठ ढंग से करने की कला को प्रबंध अथवा पेशेगत कुशलताओं की श्रेणी में रखा जाता है। इस कसौटी पर आदिवासी हुनरधारकों के पास भले ही प्रबंधकीय सैद्धान्तिक समझ का व्यवस्थित प्रस्तुतीकरण न हो किन्तु व्यावहारिक रूप से वे सभी तकनीकी-प्रबंधकीय दक्षताएं यथा-समय प्रबंधन, समन्वय, गुरु-शिष्य परम्परा के तहत योग्य निर्देशन, मौलिक रचनात्मक नवाचार की कल्पनाएं तथा निर्णय करने की योग्यता आदि उनके पास होती हैं जिनके द्वारा वे अपने हुनर का संचालन करते हैं। उनके इस पारम्परिक ज्ञान के विवेकपूर्ण उपयोग में सृष्टि के घटकों का जरूरत के मुताबिक उपयोग व संतुलन विद्यमान रहता है। इस भाग में हुनर संचालन की वर्तमान व भावी परिस्थिति तथा सम्पोषित विकास की दृष्टि से इसका प्रभाव आदि की जानकारी को सारणीबद्ध रूप से प्रस्तुत किया गया है-

1. संशोधन विस्तार में आदिवासी लोगों में राजगीरी, बेलदारी, बढ़ईगीरी, लुहारी, बांस काम, रस्सी बंटना, भीति-चित्र व पुताई कार्य, वाद्ययंत्र बजाना, कृषिगत कार्य, दूध, मांस व अण्डों की आपूर्ति हेतु पशुपालन, नाईगीरी, दर्जीकाम, दाई, लघु वनोत्पाद का संग्रहण, पेड़ पर चढ़ना व लकड़ी काटना आदि हुनर चलन में हैं। ध्यान देने योग्य तथ्य यह है कि कई हुनर ऐसे भी प्रचलन में जिनसे सीधी आय तो नहीं होती किन्तु खर्च में बचत अवश्य होती है। ये हुनर कहीं मुख्य आजीविका स्रोत के रूप में तो कहीं द्वितीयक स्रोत के रूप में अस्तित्व में हैं। इनमें पारस्परिक सहयोग की जरूरत होने से लोगों के परस्पर संबंधों की कड़ी मजबूत बनती है।

2. दक्षिण गुजरात के आदिवासी विस्तार डांग में भौतिक उत्पाद आधारित हुनर व्यवहार मध्य गुजरात के आदिवासी विस्तार की अपेक्षा अधिक है। लेकिन दोनों विस्तारों के मध्य यह अंतर मामूली पाया गया है।

3. स्वावलंबन की दिशा में घर एवं घरेलू साधन बनाने के हुनर आधारित कौशल्यों में घर की बांस और केलू की छत, तथा बांस व मिट्टी की दीवारें बनाना, घरेलू सामग्री को संग्रहित करने तथा लाने ले जाने हेतु कोठार व टोपला आदि साधनों का निर्माण करना, भरतगूंथन, कच्चे घर की मरम्मत, कलात्मकता के साथ लिपाई–पुताई, लकड़ी की चारपाई बनाना व रस्सी से बुनना, अपने घर के लिए ईंटे बनाना व पकाना, खेत से प्राप्त अनाज को खाने योग्य बनाने हेतु विविध कार्य, स्थानीय अनाज आधारित विविध प्रकार की पोषक वानगी बनाना तथा मिट्टी के चूल्हे व तवे बनाना आदि को शामिल किया जा सकता है। नि:संदेह इससे आय नहीं होती किन्तु ऐसा न करने पर जो खर्च करना पड़ता उसमें बचत अवश्य हो जाती है साथ ही मानवीय रचनात्मकता व क्रियाशीलता बनी रहती है।

4. रहने की व्यवस्था हेतु घर निर्माण करने में अधिकांश उत्तरदाताओं की अधिकतम जरूरत 50,000 रुपये है जबकि जमीन उनकी अपनी हो। इस उपभोग के स्वरूप का इनकी आजीविका के स्वरूप निर्धारण पर सीधा प्रभाव पड़ता है। यह तय करता है कि उसकी आजीविका उसके व समाज के लिए सम्पोषित सिद्ध हो सकेगी या नहीं। मकानों की निर्माणी लागतें कम रहने के कारणों में जरूरतों का मर्यादित होना, श्रम कार्य स्वयं या पारस्परिक मदद से पूरा करना तथा स्थानीय संसाधनों का मर्यादित प्रमाण में उपयोग करना आदि प्रमुख रहे हैं। केवल वे परिवार मँहगे मकान की उधेड़बुन में व्यस्त रहते हैं जो तुलनात्मक रूप से अधिक आय हेतु शहर में स्थानान्तरित हैं तथा भौतिकवादी जीवनशैली से प्रभावित हैं। यहां डांग की अपेक्षा छोटा उदेपुर विस्तार में मकानों की अधिक लागतें देखने को मिलती हैं। समूह चर्चा के दौरान ज्ञात हुआ कि जिनके घर सादे हैं वे गृह निर्माण के मामले में आत्मनिर्भर हैं।

5. समूह चर्चा एवं निरीक्षण प्रक्रिया के दरम्यान ज्ञात हुआ कि आदिवासी विस्तार में लोग पारम्परिक व आधुनिक दोनों ही प्रकार के परिधान धारण करते हैं। जिसमें कमीज, नेकर, साड़ी, धोती, धोतियु तथा सलवार सूट

आदि प्रमुख हैं। बुजुर्गवार पारम्परिक कपड़े तथा युवा आदिवासी समुदाय आधुनिक परिधानों की पसंदगी करते हैं। इसी क्रम में ग्रामीण दर्जी अथवा शहरी दर्जी की पसंदगी करते हैं या फिर रेडीमेड कपड़ों की पसंदगी करते हैं। पहले कपड़ों का प्रमाण भी मर्यादित (दो-तीन जोड़) था किन्तु आज फैशन के साथ-साथ प्रमाण की मात्रा में काफी वृद्धि हुई है। पहले नई खरीदी शादी या मेले के समय होती थी अब इसका कोई विशेष आधार नहीं रहा है किन्तु इसका प्रभाव दर्जी की कामगीरी पर अवश्य पड़ा है। खर्च की दृष्टि से देखें आदिवासी पारम्परिक परिधान भी बहुत सस्ते नहीं हैं। उदाहरण बतौर, कूंकणा समाज में दैनिक रूप से पहने जाने वाली पारम्परिक साड़ी की कीमत 1000-1500 रुपये तक होती है। लोग रजाई (गोदड़ा) आदि तैयार करने में स्वावलंबी हैं फिर भी कई लोग सोने हेतु रजाई-गद्दे नजदीक के शहर से भी खरीदते हैं।

6. जनजाति समुदाय के भोजन व्यवहार में पारम्परिकता का पुट अभी भी पर्याप्त प्रमाण में दृष्टिगोचर होता है। वे शाकाहारी व मांसाहारी दोनों प्रकार का भोजन करते हैं। डांग विस्तार में जो लोग मवाली धर्म को मानते हैं वे शाकाहारी हैं। फिर भी मिश्र भोजन करने वाले परिवारों के प्रमाण की अधिकता है। भोजन हेतु अधिकतम सामग्री वे स्थानीय स्तर पर न्यूनतम लागत पर प्राप्त कर लेते हैं। स्थानीय वानगीयों में पौष्टिकता के गुण विद्यमान हैं। मांसाहारी लोग मुर्गा, बकरी आदि पशुओं का मांस व अण्डे आदि खाते हैं जबकि शाकाहार में वे विविध अनाज ज्वार, बाजरा, मक्का व गेहूँ आदि, उड़द, मूंग व चना की दालें, धान, नागली, वाल की पापड़ी आदि का प्रयोग करते हैं। खाटी भाजी कम खर्चे वाला स्वादिष्ट साग है। दाल तैयार करने की प्रक्रिया में वे तेल का भी उपयोग प्रायः नहीं करते। मसाले वे बाहर से खरीदते हैं। बदलते परिवेश में शहरी फास्टफूड इस समुदाय में अपनी जड़े जमाने की जुगत में लगा हुआ है। 45 प्रतिशत उत्तरदाता भोजन संबंधी आवश्यकताओं को लेकर 61-80 प्रतिशत तक आत्मनिर्भर हैं। यह निर्भरता भूमि जोत का आकार, फसल चक्र, खेत मजदूरी, स्थानीय उत्पादन एवं कीमतें, घर में सदस्यों की संख्या आदि पर एक सीमा तक कायम है। भोजन के बजट का परिमाण निर्धारित करने वाले कारकों में परिवार में सदस्यों की संख्या, भोजन में स्थानीय स्तर पर उत्पादित सामग्री का उपयोग, जीवन की अन्य आवश्यकताओं–मनोरंजन,

मुसाफिरी, मोबाइल रिचार्ज तथा घर में आधुनिक साधनों की अपेक्षा भोजन की आवश्यकता को बेहतर तरीके से संतुष्ट करने पर भार, सामाजिक-सांस्कृतिक अवसरों की आवृति, नियमित आय के अलावा अतिरिक्त आय, व्यसन की लत तथा आकस्मिक स्वास्थ्य संबंधी जरूरतें आदि प्रमुख हैं।

7. उपभोग बजट का एक भाग घरेलू उपकरण, सामान व फर्नीचर आदि पर व्यय होता है। आदिवासी संस्कृति कम से कम परिग्रह की रही है। उनके अधिकांश कार्य श्रमसाध्य ही होते हैं। किन्तु आधुनिक जगत के सम्पर्क में आने पर एक सीमा तक इसका असर आदिवासी समुदाय पर भी देखने को मिलता है। इस मद पर खर्च की राशि नियमित आय अथवा मासिक व वार्षिक आय पर निर्भर नहीं करती अपितु संग्रहित बचत पर आश्रित होती है। 35 प्रतिशत उत्तरदाताओं का विनियोजन इस मद पर शून्य है। जबकि 30 प्रतिशत लोग अपनी आय का 10 प्रतिशत इस मद के लिए विनियोजित करते हैं।

8. सामान्य रोगों में लोग देशी जड़ी-बूटियों का उपयोग करते हैं। उनमें कुछ हद तक अंधविश्वास भी देखने को मिलता है किन्तु वे आरोग्य हेतु उपलब्ध सरकारी सुविधाओं का भी उपयोग करते हैं तथा बी.पी.एल. कार्ड पर मुफ्त दवाएं भी लेते हैं। आकस्मिकता समय जल्दी ठीक होने के उद्देश्य से वे निजी दवाखानों में भी जाते हैं। उन्हें बीमार से ज्यादा अच्छी खुराक हेतु पैसे की अधिक आवश्यकता रहती है। उन्हें निजी दवाखाने में जाने हेतु अधिक पैसे की आवश्यकता पड़ती है पर्याप्त बचत न होने से वे इस आवश्यकता को ऋण लेकर पूरा करते हैं।

9. सरकार द्वारा आदिवासी बच्चों की शिक्षण व्यवस्था लगभग मुफ्त उपलब्ध की हुई है। किताबें, कॉपी, बैग व अन्य शैक्षणिक जरूरत की सामग्री उन्हें विद्यालय से मुफ्त मिलती है। मध्यान्य भोजन के तहत पौष्टिक आहार की व्यवस्था भी है। संशोधन विस्तार में रहवासी आश्रमशालाएं भी संचालित हैं। इसलिए इस मद पर उनका व्यय ना के बराबर ही कहा जा सकता है। केवल लगभग 13 प्रतिशत लोग ही अपने बच्चों को निजी स्कूलों में शुल्क देकर पढ़ाने भेजते हैं।

10. तमाशा, भवाई, मेला, धार्मिक भजन–कीर्तन आदि पारम्परिक मनोरंजन के साधन हैं। लगभग सभी परिवारों में टी.वी. मनोरंजन का आधुनिक साधन बनकर उभरा है। युवा पीढ़ी नजदीक के शहर में कभी–कभी सिनेमा जाना भी पसंद करती है। रेडियो, सी.डी., डी.वी.डी. आदि के द्वारा मनोरंजन करना भी इन्हें प्रिय है। इस मद पर व्यय मर्यादा कुल आय अथवा बजट की 7–10 प्रतिशत है।

11. वर्तमान समय में आदिवासी समुदाय सम्प्रेषण व वाहन व्यवहार के साधनों का अभ्यस्त होता जा रहा है। मोबाइल पर उसका खर्च बढ़ रहा है वह इसे सम्प्रेषण के अलावा मनोरंजन के साधन के रूप में भी प्रयुक्त करता है। स्थानान्तरण से वाहन व्यवहार की जरूरतों में वृद्धि हुई है। कुल आय का 30 प्रतिशत तक भी वह मोबाइल पर खर्च कर डालता है। लगभग 50% उत्तरदाता रोजगारी की तलाश में रोज अथवा सप्ताह में दो–तीन बार तक मुसाफिरी करते हैं। समूह चर्चा के दौरान ज्ञात हुआ कि इस मद पर उनकी आय का 10–20 प्रतिशत तक हिस्सा चला जाता है।

12. केवल 45% उत्तरदाता एक निश्चित मर्यादा में ऋण लेते हैं। ऋण लेने का मुख्य स्रोत रिश्तेदार हैं जबकि महाजन का भी उपयोग लोग इसी प्रकार करते रहे हैं। ऋण लेने का उद्देश्य सामाजिक या घरेलू कार्यों तक सीमित रहा है जिसे अनुत्पादक ऋण की श्रेणी में रखा जा सकता है।

13. समूह चर्चा के परिणामों के आधार पर यह कहा जा सकता है कि आदिवासियों के उपभोग व्यवहार में एक सीमा तक बदलाव आया है, जिसका स्थानीय हुनर व्यवस्था पर विपरीत असर पड़ा है। इस परिवर्तन से उनकी आर्थिक मुश्किलें भी बढ़ी हैं जिसकी पूर्ति वे ऋण के माध्यम से कर रहे हैं। कुछ हुनर लुप्त होने के कगार तक पहुँच चुके हैं और ये लोग विवश होकर अकुशल श्रमसाध्य कार्यों से जुड़े हैं भले ही इन्हें वहाँ पैसा अधिक मिलता हो।

उत्तरदाताओं की हुनर आधारित तकनीकी-प्रबंधकीय कुशलताएं एवं दक्षताएं

14. 75% परिवारों में घर के सदस्य आजीविकोपार्जन में भागीदारी करते हैं। यह भागीदारी सदस्यों की उम्र व आरोग्य की स्थिति के ऊपर निर्भर है। 18 प्रतिशत उत्तरदाताओं के परिवार के सदस्य आंशिक भागीदारी करते हैं जबकि एक तिहाई उत्तरदाताओं की स्थिति में सम्पूर्ण भागीदारी पायी गई है। 49 प्रतिशत के संदर्भ में यह कहा जा सकता है कि कुछ सदस्य सीखने के कारण, स्कूल जाने के कारण तथा घर के अन्य काम होने के कारण आंशिक भागीदारी निभाते हैं जबकि अन्य पूर्ण भागीदारी करते हैं।

15. 42% उत्तरदाता भौतिक उत्पाद से जुड़े हुए हैं जबकि बाकी के अन्य उत्तरदाता सेवा उत्पाद से जुड़े हुनर का संचालन करते हैं। अधिकांश लोगों के पास एक से अधिक कुशलताएं हैं जबकि मात्र 20 प्रतिशत उत्तरदाता ही एक आजीविका हेतु एक कुशलता रखते हैं। 70 प्रतिशत उत्तरदाता इस बात से सहमत हैं कि वे अपनी स्थापित कुशलताओं का उपयोग कर पाते हैं भले ही वह आय उपार्जन के लिए न हो अपितु उपभोग संबंधी आवश्यकताओं की पूर्ति करने में भी इनका उपयोग करते हैं। जबकि 30 प्रतिशत उत्तरदाताओं को अपनी स्थापित कुशलताओं के उपयोग के पूर्ण अवसर प्राप्त नहीं होते। उत्तरदाताओं की स्थापित कुशलताओं के पूर्ण उपयोग न हो पाने के लिए जिम्मेदार कारणों में उपभोग के स्वरूप में परिवर्तन के कारण उन वस्तुओं व कुशलताओं की आवश्यकता न रह जाना तथा वस्तु या सेवा विशेष के लिए उत्तरदाता को संसाधनों की उपलब्धता में कमी आ जाना आदि को वरीयता क्रम में रखा जा सकता है।

16. 70% उत्तरदाताओं की राय में उनके हुनर स्थानीय आवश्यकताओं की पूर्ति करते हैं। 55% उत्तरदाता मानते हैं कि उनके हुनर प्रकृति को न्यूनतम क्षति पहुँचाते हैं। फिर भी 25% उत्तरदाताओं के हुनर विलासिता संबंधी जरूरतों की संतुष्टि से जुड़े हुए हैं।

17. 65% उत्तरदाता अपने हुनर की संचालन व्यवस्था व उत्पादन क्षमता का आयोजन करते हैं। जिसमें भौतिक उत्पाद के 46 प्रतिशत व सेवा उत्पाद के 54 प्रतिशत उत्तरदाता शामिल हैं। जिस आधार पर वे अपनी उत्पादन क्षमता का निर्धारण व समायोजन करते हैं उसमें सम्पोषित विकास के

अभिगम को जाने-अनजाने वे अपने आयोजन व्यवहार में अपना लेते हैं। उनकी राय में उत्पादन क्षमता निर्धारण में सबसे असरकारक घटक परिवार में काम कर सकने वाले मानवशक्ति है तत्पश्चात प्राकृतिक व भौतिक संसाधनों की उपलब्धता है।

18. अधिकांश उत्तरदाताओं की राय में उत्पाद विकास की प्रक्रिया तथा उत्पादन में गुणवत्ता सुधार की कल्पना गुरु-शिष्य परम्परा के तहत सीखे गये ज्ञान पर निर्भर करती है। यह योग्यता उनमें परिवार में वंशानुगत रूप से, अपने उस्ताद अथवा कारीगर से सीखकर, उद्योग साहसिक की तरह जोखम लेकर, उपयोग करने वाले ग्राहकों की इच्छा के अनुसार, परिस्थिति एवं संसाधनों की उपलब्धता की स्थित में परिवर्तन तथा स्वैच्छिक संगठनों से प्राप्त प्रशिक्षण के आधार पर विकसित की गई है। ये आदिवासी कारीगर अपने अनुभव व विवेक के आधार पर अपने उपकरणों में यथा योग्य परिवर्तन करते हैं।

19. उत्तरदाताओं की विविध तकनीकी कुशलताएं बताती हैं कि भले ही ये हुनरधारक अनपढ़ या कम पढ़े-लिखे हों किन्तु इनकी मापनीय, गणितीय व रचनात्मक योग्यता पर शक नहीं किया जा सकता। औपचारिक रूप से अप्रशिक्षित होने के बावजूद भी उनके पास यथोचित विवेक, बुद्धि एवं समझ (कोठा सूझ) है। वे अपने अनुभव व बड़ों तथा उस्तादों से सीखकर अपने हुनर को परिपक्व बनाते हैं। उन्हें स्थानीय परम्पराओं और संस्कृति की समझ है जो समाज सम्पोषित हुनर व्यवहारों की स्थापना में अहम भूमिका निभाते हैं।

20. हुनर संचालन हेतु स्थल पसंदगी में उत्तरदाताओं की सूझबूझ स्पष्ट झलकती है। हालांकि उनके पास पसंदगी के विकल्प सीमित अथवा कम होते हैं। उसमें भी अपनी विविध जरूरतों को ध्यान में रखकर उत्पादन हेतु जगह की पसंदगी करते हैं। जगह पसंदगी के विभिन्न आधारों में सुरक्षा, न्यूनतम अवरोध, सुविधाओं के नजदीक, कम लागत व कीमत तथा कार्य की प्रकृति के अनुसार उपयोगी होना आदि को शामिल किया जाता है।

21. सेवा उत्पाद और जॉब कार्य की स्थिति में ले-आउट की रचना में मालिक की इच्छा के अनुसार साधनों की व्यवस्था करनी पड़ती है। भौतिक पैदाश के संदर्भ में 45 प्रतिशत उत्तरदाताओं की ले-आउट रचना औसत व बेहतर

स्तर की कही जा सकती है। ले-आउट की रचना में लागत, सहज रूप से उत्पादन तथा बहुत लंबे अनुभव के पश्चात अन्य लोगों द्वारा अपनायी गई संरचना आदि को उत्तरदाताओं द्वारा प्राधान्य दिया है। इस प्रक्रिया में एक से अधिक घटक सामूहिक रूप से महती भूमिका अदा करते हैं। उत्तरदाता समय व परिस्थिति के अनुरूप अलग-अलग प्रकार की ले-आउट संरचना की पसंदगी करते हैं।

22. उत्तरदाताओं के पास इन्वेन्ट्री के स्तर को निर्धारित करने की कुशलताएं हैं किन्तु उनकी सहज उपलब्धता हेतु पैसा अथवा शक्ति नहीं है। इन्हीं व्यावहारिक सीमाओं के अंदर वे आजीविका संचालन हेतु जरूरी इन्वेन्ट्री की व्यवस्था करते हैं। नमूना की वस्तुएं बनाने हेतु आवश्यक न्यूनतम सामग्री की मात्रा व उत्पादन सतत संचालित रह सके सामग्री का उतना स्तर बनाए रखना आदि घटकों को इन्वेन्ट्री की न्यूनतम क्षमता निर्धारण में ध्यान रखते हैं।

23. आधे से अधिक उत्तरदाताओं में इन्वेन्ट्री को सुरक्षित रखने की सूझबूझ है तथा वे इसे इस प्रकार व्यवस्थित करते हैं कि कार्य स्थल पर सरलता से समय पर उपलब्ध हो सके जिससे उत्पादन में कोई रुकावट न आए। जबकि बाकी अन्य के पास इन्वेन्ट्री का योग्य ज्ञान नहीं है।

24. उन्हें अपनी उत्पादन प्रक्रिया में काम आने वाले औजारों को सुधारने अथवा मरम्मत करने की सूझबूझ है। यद्यपि उनके औजार उतने मँहगे नहीं किन्तु वे उन्हें हमेशा फिट रखते हैं। वे उनके द्वारा येन-केन-प्रकारेण काम निकालने की जुगत निकाल ही लेते हैं। गरीबी की स्थिति के कारण वे शीघ्र ही नये साधन खरीदने की स्थिति में नहीं होते। 47 प्रतिशत की स्थिति इस संदर्भ में सकारात्मक कही जा सकती है। ये औजार उनकी आजीविका संचालन के आधार हैं। नई पीढ़ी में इस तरह के कार्य के प्रति संकोच देखने को मिलता है। उनका झुकाव कम्प्युटराइज्ड आधुनिक टेक्नोलोजी की ओर है जो उन्हें शहरों में जाकर अधिक व्यय करके ही प्राप्त हो सकती है।

25. उत्तरदाताओं में हुनर संचालन हेतु उत्पाद की गुणवत्ता सुधार हेतु नैतिक मूल्य विद्यमानता 73 प्रतिशत के संदर्भ में सकारात्मक मानी जा सकती है। जिसकी आवश्यकता सम्पोषित आजीविका के प्रतिमानों को स्थापित करने के लिए अनिवार्य है।

26. आजीविका में जिन यंत्रों का वे उपयोग करते हैं, उनके संचालन की विशिष्ट योग्यता की स्थिति आदिवासी समुदाय में लगभग 50-50 कही जा सकती है। यह आंकड़ाकीय स्थिति इसलिए उत्पन्न हुई है क्योंकि अधिकांश हुनरों में आधुनिक मशीनों या यंत्रों की आवश्यकता ही नहीं होती। अन्यथा जिसके पास जो साधन है उसका वे बखूबी इस्तेमाल कर लेते हैं जब तक कि उसमें कोई बड़ी खामी न आ जाए।

27. 70 प्रतिशत उत्तरदाताओं में अपने टीम व घर के सदस्यों की योग्यता के अनुरूप कार्य विभाजन की योग्यता है। जबकि बाकी उत्तरदाता इस प्रश्न के उत्तर में चुप्पी साधे रहे।

28. सम्पूर्ण कार्य को समय पर पूरा करने की दिशा में अधिकांश उत्तरदाताओं में कार्य के प्रत्येक भाग के निष्पादन हेतु समय प्रबंधन की सोच विद्यमान पायी गई है। वे अपने कार्य को समय पर पूरा कराने के लिए प्रत्येक भाग के कार्यक्षम निष्पादन हेतु समय सीमा निर्धारित करते हैं एवं सुबह, दोपहर व शाम किस समय में अधिक ऊर्जा के साथ काम किया जा सकता है तदानुरूप कार्य पूरा करते हैं।

29. 35 प्रतिशत उत्तरदाता टीम के सदस्यों तथा घर के सदस्यों के द्वारा किए जाने वाले कार्य को समन्वित करने की योग्यता एवं उन सभी भागीदारों के साथ मधुर संबंध बनाये रखने की योग्यता रखते हैं कि नहीं जो उनकी आजीविका प्रक्रिया से प्रत्यक्ष व परोक्ष सरोकार रखते हैं। यह सकारात्मक प्रतिशत इसलिए कम है क्योंकि सेवा आधारित आजीविका में सामान्यतया अकेले ही सम्पूर्ण कार्य को पूरा करना होता है। कार्य एकत्रीकरण की प्रक्रिया आयोजन के अनुसार रुचि व योग्यता के आधार पर कार्य विभाजन करके वे साथ-साथ कार्य करते हैं उन पर सीधी देखरेख रखते हैं ताकि कार्य व्यवस्थित तरीके से समय पर पूरा किया जा सके। हाँ, भौतिक उत्पाद की दशा में कुछ उत्तरदाता सामूहिक कार्य की दशा में कार्य एकत्रीकरण हेतु वे उतना सहज नहीं रह पाते।

30. भौतिक उत्पादन प्रक्रिया से जुड़े अधिकांश उत्तरदाता उत्पादन के दौरान अनावश्यक कार्य तथा बिगाड़ पर नियंत्रण एवं उप-उत्पाद व उत्पादकीय प्रक्रिया के दरम्यान बेकार हुए माल को उपयोग करने की योग्यता रखते हैं। चूँकि यह मुद्दा भौतिक उत्पाद आधारित प्रक्रिया से संबंध रखता है

इसलिए नकारात्मक प्रतिभावों में पूर्व की भांति वृद्धि देखने को मिलती है। हाँ जो उत्तरदाता सीखने की स्थिति में हैं वे पूर्णरूपेण सक्षम नहीं हैं। कुछ उत्तरदाताओं का कहना है कि बेकार हुई सामग्री को खरीदने हेतु बाजार का विकल्प उपलब्ध हो जाने से वे इस झंझट से बचना पसंद करते हैं।

31. 30 प्रतिशत उत्तरदाताओं का कहना है कि उनके हुनर कुदरती संसाधनों के अस्तित्व पर निर्भर हैं। जबकि अन्य लोगों ने वैकल्पिक वस्तुओं का उपयोग करने अथवा उनके हुनर संचालन में संसाधन की जरूरत को अस्वीकार किया है।

32. संसाधनों की वहनीय क्षमता हुनर संचालन व्यवस्था को प्रभावित करने वाला एक महत्वपूर्ण घटक है। सामान्य तौर पर इसका सीधा संबंध जनसंख्या वृद्धि माना जाता है। किन्तु उत्तरदाताओं की राय में संसाधनों का अत्यधिक शोषण, जंगलखाता के नियमों में परिवर्तन, जरूरतों के तुलना में उत्पादन की सीमा का बढ़ते जाना, कुछ आदिवासियों के हुनर में प्रोफेशनलाइजेशन के आने से सम्पोषित आजीविका की जगह नफा आधारित व्यवहारों को स्थान मिलना तथा राजनैतिक प्रभाव तंथा उद्योग जगत द्वारा पैसे के बल पर संसाधनों पर अनाधिकृत अतिक्रमण प्रमुख जिम्मेदार कारक हैं। गांधीजी के कथन-''प्रकृति सभी की आवश्यकताओं की संतुष्टि कर सकती है किन्तु किसी के लालच को नहीं'' के प्रकाश में अवलोकन करें तो हम पाते हैं कि समाज में उपभोग के प्रतिमान बदलने से काफी हद तक संसाधनों का अविवेकपूर्ण अथवा स्वार्थपूर्ण उपयोग बढ़ा है। वहीं दूसरी ओर संसाधनो के न्यायोचित वितरण के अभाव तथा वन विभाग के कानूनों की आड़ में इन प्रकृति के सहोदरों के लिए अपनी आजीविका के संचालन हेतु संसाधनों की सहजता से पर्याप्त मात्रा में उपलब्धता के स्तर में कमी आयी है। इनके संरक्षण के प्रति जागृति का अभाव तथा समन्वित व योग्य प्रयासों की कमी को भी एक सीमा तक जिम्मेदार ठहराया जा सकता है।

33. उत्तरदाता अपने साथियों (घर के सदस्य तथा साथ में काम करने वाले श्रमिक) से आयोजन के मुताबिक कार्य करने हेतु प्रेरित करने के लिए सदस्यों की सुविधा के अनुसार कार्य व्यवस्था का अनुसूचीयन करना, टीम के सदस्यों के साथ कार्य सीखने-सिखाने के अनौपचारिक तरीके उपयोग में लाना, सदस्यों की व्यक्तिगत जरूरतों की संतुष्टि पर ध्यान देना, उन्हें

नकद पैसा देना तथा उनके लिए नये कपड़े खरीदना, उनके काम की प्रशंसा करना तथा नम्रतापूर्वक उनकी गलतियां सुधारने में मदद करना आदि अभिप्रेरण के तरीकों को अमल में लाता है। आन्तरिक व बाह्य सभी पक्षकारों से काम लेने हेतु इन असरकारक पद्धतियों का अनुसरण उत्तरदाताओं की व्यवस्थापकीय सूझबूझ को प्रदर्शित करता है।

34. हुनरधारक आदिवासी उत्तरदाता अपनी आजीविका के सुगम संचालन हेतु असरकारक सम्प्रेषण प्रक्रिया का अनुसरण करते हैं। प्रबंधन की पेशेगत शिक्षा न लेने के बाबजूद इन प्रकृति के सहचरों में कार्य कराने हेतु मानवीय पहलू पर आधारित सम्प्रेषण प्रक्रिया के प्रतिमानों की अच्छी समझ है। इस दौरान अवरोध उत्पन्न न हों इसके लिए दो–मार्गीय सम्प्रेषण (संवाद), भावनाओं को समझने की संवेदनशीलता, मानवता के आधार पर लिहाज एवं तरीके में विनय, दूसरों के लिए इज्जत, सम्प्रेषण मार्गदर्शन व समस्या समाधान की मंशा के साथ न कि कार्य में हस्तक्षेप हेतु करके, सम्प्रेषित शब्दों की समान समझ विकसित करके, परिस्थिति व समय के अनुसार सम्प्रेषण का अर्थ व सामान्यीकरण कर तथा दूसरों को समझने की मनोवृत्ति रखकर सम्प्रेषण की क्रिया को सार्थक बनाता है।

35. 80 प्रतिशत आदिवासी हुनरधारक हुनर के सफलतापूर्वक संचालन हेतु सहकारिता व टीम भावना को जरूरी समझते हैं? उनका मत है कि सम्पोषित आजीविका की यह प्राथमिक शर्त है जिससे कार्यवातावरण असरकारक बनता है। सहकारी भावना सौहार्द व पारस्परिक विश्वास के संबंध को मजबूती प्रदान करती है जिससे आजीविका की जड़ें और अधिक गहरी होती चली जाती हैं।

36. एक आजीविका तभी सफल कही जा सकती है जब वह बिना वित्तीय भार बढ़ाए स्थानीय लोगों की आवश्यकताओं की संतुष्टि बेहतर तरीके से करने में सक्षम हो और उस हुनर को बदले में इतना प्रतिफल अवश्य मिले कि वह अपना अस्तित्व टिकाए रख सके अर्थात् किसी का भी शोषण न हो। समाज में संतुष्टि, सुख व शांति हो। इसके लिए उपयुक्त बाजार व्यवस्था का होना अनिवार्य है। संशोधन विस्तार में मात्र 25% हुनरधारकों के हुनर का संबंध स्थानीय लोगों की आवश्यकता संतुष्टि से है। बाजार का गणित हम सभी बखूबी जानते हैं कि बाहरी बाजार की शोध से उत्पाद की अधिक कीमत प्राप्त हो सकती है, किन्तु इस व्यवस्था के चलते वह स्थानीय लोगों

की पहुँच और लोक कल्याण से दूर हो जाता है। धीमे-धीमे इनकी पौष्टिकता का लाभ गांव के ही स्थानीय लोगों को न मिलकर बाहर के लोगों को मिलने लगता है तथा गांव की पूँजी भी बाहर की ओर जाने लगती है। वैश्वीकरण के दौर में यह भले ही विरोधाभास हो किन्तु अस्तित्व के प्रश्न पर हुनर संचालन स्थानीय अभिगम को पहले प्राथमिकता देनी होगी तभी सम्पोषित आजीविका के स्थायी प्रतिमान रखे जा सकेंगे ऐसा मंतव्य समूह विमर्श के दरम्यान निकल कर आया है।

37. मात्र 42 प्रतिशत उत्तरदाताओं को ही नियमित अवसरों की उपलब्धता हो पाती है। अपने प्रतिभाव व्यक्त करते हैं। यह परिणाम निराशाजनक स्थिति की ओर संकेत करते हैं। हुनरों की लुप्तता में अवसरों की उपलब्धता की कमी एक प्रमुख कारण रहा है।

38. आदिवासी हुनरधारकों द्वारा बाजार संबंधी प्रमुख समस्याओं में कच्चे माल की खरीद क्षमता पर अतिक्रमण, वाहन व्यवहार जैसा आधारभूत सुविधाओं की अपर्याप्तता के चलते उत्पाद का सही मूल्य न मिलना अथवा स्थापित विवशताओं में उत्पाद को बेचना, वित्तीय विश्लेषण के ज्ञान के अभाव में सौदेबाजी की उपयुक्त क्षमता का अभाव आदि को प्रमुखता से रखा जा सकता है। लोगों के उपभोग व्यवहार में परिवर्तन आने से उन्हें बाजार मिलने में काफी कठिनाई आती है। उनकी स्पर्धा मशीनजनित उत्पादों से होने के कारण वे लागत अधिक होने से तथा फिनिशिंग न होने से उन्हें बाजार में टिकने में मुश्किलें आती हैं। भौतिक मूल्यों की प्रधानता बढ़ने से आदिवासियों के स्थानीय हुनरों का अस्तित्व खतरे में नजर आता है।

39. पूर्व में वर्णित समस्याओं के समाधान के संदर्भ में उत्तरदाताओं का मत है कि वर्तमान मशीनीकरण की व्यवस्था के सामने टिकने हेतु इनकी मार्केटिंग पर्यावरण मित्र संबंधी उत्पाद के रूप में हो इसके लिए लोग जागृति के प्रयास हों, कायदाकीय एवं आधारभूत सुविधाओं की दृष्टि से उन्हें पर्याप्त अवकाश मिले तथा योग्य शिक्षण-प्रशिक्षण की व्यवस्था हो जो उनके हुनर की मार्केटिंग को नये आयाम दिये जा सकते हैं जो व्यक्ति, समाज व सृष्टि तीनों के समन्वित अस्तित्व एवं कल्याण के लिए उपयुक्त होंगे।

40. 45% उत्तरदाता स्वीकार करते हैं कि स्थापित हुनरों की विविधता में बदलाव आए हैं क्योंकि लोगों को अन्य जगह पर काम मिलने लगा जिसमें

नफाकारकता का प्रमाण कहीं अधिक था। लुहारी, बढ़ईगीरी तथा प्राथमिक सेवा प्रदान करने वाले हुनर आज आदिवासी विस्तार से लुप्त होने के कगार पर हैं। शिक्षण और रोजगार के चलते परिवार की आय बढ़ने के कारण, संसाधनों की उत्तरोत्तर कमी, उपभोग व्यवहार में परिवर्तन तथा अधिक नफाकारक विकल्प उपलब्ध होने के कारण कई लोगों ने अपने पारम्परिक हुनरों को छोड़ दिया। इसके चलते लोगों में पारस्परिक जुड़ाव का घटना, स्थानीय पूँजी का बाहर चले जाना, लोगों का स्थानान्तरण होना तथा लोगों का स्थानीयता से लगाव कम होते चले जाना, लोगों के लिए लाभदायक सम्पोषित वस्तुओं की उपलब्धता पर प्रश्नचिन्ह खड़े होना आदि प्रभाव उत्पन्न हुए हैं जिन्हें दीर्घगामी दृष्टि से लाभदायक नहीं कहा जा सकता।

उपकल्पनाओं का परीक्षण

1. आदिवासी कारीगर आजीविका हेतु सम्पोषित पारम्परिक व्यवहार अपनाते हैं जिसमें प्रबंधकीय सूझ निहित है। इनकी वकालत मूल्य आधारित प्रबंधकीय प्रतिमानों के आधार पर की जा सकती है जिनसे समाज व सृष्टि के हितों का रक्षण होता है। वे उपलब्ध संसाधनों का उपयोग जरूरी संवेदनशीलता के साथ करते हैं जिससे सभी घटकों में संतुलन कायम रहता है।

   यह उपकल्पना सही पायी गई है। उनके हुनर सम्पोषित आजीविका के करीब हैं भले ही उनसे पर्याप्त आय न होती हो। किन्तु नई पीढ़ी इसी कारण से इसे छोड़ने में अधिक विश्वास करती है।

2. आदिवासी कारीगर पतन अथवा गिरावट की समस्या का सामना कर रहे हैं। नई पीढ़ी का रस इसमें कम होता जा रहा है तथा उसमें उद्यमिता का स्तर भी गिर रहा है।

   वर्तमान परिस्थिति के संदर्भ में यह उपकल्पना भी सही है क्योंकि आदिवासी हुनरधारकों की संसाधनों को उपलब्ध करा पाने की क्षमता घटी है। फिर भी सामाजिक-सांस्कृतिक कारणों से इनके कई परम्परागत हुनर सतत प्रचलन में हैं जिनसे इनके जीवन की आस्थाएं जुड़ी हैं जैसे पिथोरा व वारली पेंटिंग। इसके अलावा श्रमसाध्य कुशल हुनर जैसे राजगीरी अथवा बढ़ईगीरी में इनका एकाधिकार होने से एक सीमा तक टिकाऊपन देखने को मिलता है तथापि नई पीढ़ी का

झुकाव कम श्रम वाले कार्यों व अधिक आय प्रदान करने वाले कार्यों की ओर होने से खासी गिरावट आयी है।

3. इन कुशलताओं को उनके स्वयं के बीच तथा विकासलक्षी संस्थाओं द्वारा सही पहचान न मिलने से नई पीढ़ी में ये स्थापित हुनर लुप्त होते जा रहे हैं।

   आज के समाज में छोटे स्तर पर संचालित हुनरों को सम्मानजनक स्थान न मिलने से, विकासलक्षी संस्थाओं द्वारा समुचित पहचान न होने से ये हुनर एक सीमित दायरे में सिमिट कर रह गये हैं। इसलिए इस उपकल्पना को एक सीमा तक सही माना जा सकता है।

4. सच्चे समाधान की दिशा में गांधीजी के विचार अत्यन्त प्रासंगिक सिद्ध हो सकते हैं। इससे ही सच्चा स्वराज लाया जाना संभव है।

   द्वितीयक स्त्रोतों से प्राप्त सामग्री एवं खुली चर्चा के परिणामों के आधार पर कहा जा सकता है कि गांधीजी द्वारा सम्पोषित विकास व रचनात्मक समाज के निर्माण हेतु स्वावलंबन व संयमित जरूरतों के संदर्भ में जो विचार रखे हैं वे आदिवासी विस्तार की आजीविका आधारित व्यवहारों से काफी मेल खाते हैं। वर्तमान औद्योगिक प्रवाह में इसकी अनदेखी की जा रही है किन्तु स्थायी व असरकारक समाधान लाने व खरी अर्थव्यवस्था के सृजन में गांधी विचार आधारित प्रयास आवश्यक होंगे जो समाज को सुख, समृद्धि व शांति की ओर ले जाने में सक्षम होंगे।

सम्पोषित आजीविका की दिशा में गांधी विचार-सम्पोषित प्रबंधन के सिद्धान्त

सम्पोषित विकास की दिशा में गांधीजी ने कई प्रयोग किए। इन प्रयोगों में श्रमसाध्यता, साधन शुद्धि और रचनात्मकता की सुवास थी, सर्वोदय, अन्तोदय व सृष्टि के घटकों के प्रति संवेदनशीलता की भावना का समुच्चय था तथा अहिंसक व शांतिपूर्ण समाज रचना का आगाज था। इनकी प्रमुख विशिष्टताओं को निम्नवत रूप से स्पष्ट किया जा सकता है जो सम्पोषित आजीविका विकास के प्रबंधन का सैद्धान्तिक आधार बन सकती हैं।

1. **स्वावलंबन और स्वदेशी का सिद्धान्त**-हुनर व्यवहार ऐसा होना चाहिए जिसमें गांव का स्वावलंबन बढ़े। हरेक हुनर की पारस्परिक निर्भरता स्थानीय स्तर पर हो ताकि अधिकतम लोगों की आजीविका का जुगाड़ हो सके। यह स्वदेशी की भावना से प्रेरित हो न कि स्वार्थपरक नफाकारकता की भावना से। आजीविका व्यवहार लोगों की बुनियादी जरूरतों की संतुष्टि से संबद्ध हों न कि अनैतिक व्यवसाय व्यवहार अपनाकर लोगों के मध्य अतिरिक्त या कृत्रिम जरूरतें खड़ी करने से। आजीविका का स्वरूप ऐसा हो जिससे प्रकृति न्यूनतम क्षति हो साथ ही यह भी सुनिश्चित हो कि इस प्रक्रिया में हम प्रकृति से जितना लें उतना संरक्षण के तौर पर वापस अवश्य लौटाएं ताकि भावी पीढ़ी के लिए उनका अस्तित्व बना रहे।

2. **विकास में सम्पोषितता का सिद्धान्त**-आजीविका किसी भी रूप में दूसरे लोगों तथा भावी पीढ़ी के मूलभूत हितों पर कुठाराघात करने वाली नहीं होनी चाहिए। आप ही की तरह दूसरों को भी जीने का अधिकार है इस विचार को आजीविका संचालन प्रक्रिया का केन्द्र बिन्दु बनाना चाहिए।

3. **न्यासिता (ट्रस्टीशिप) का सिद्धान्त**-संयोगोवशात यदि किसी के पास अपनी जरूरतों से अधिक साधन-संसाधन हैं तो अतिरेक भाग पर मालिकी की जगह न्यासिता विचार रखकर आजीविका का व्यवस्थापन करना चाहिए तथा जरूरतमंद वर्ग के हित में उस अतिरेक भाग की सहर्ष तैयारी बताकर अन्य लोगों की आजीविका में योगदान कर समाज को शांति, समृद्धि और सौहार्द की ओर ले जाने में मददरूप बनना चाहिए। इससे समाज में आपके द्वारा स्थापित आजीविका की साख दिन दूनी रात चौगुनी बढ़ेगी। जिसका फायदा दीर्घकाल तक आपको मिलेगा।

4. **साधन शुद्धता का सिद्धान्त**-गांधीजी की दृढ़ श्रद्धा रही है कि शुद्ध ध्येय की सिद्धि हेतु साधनों का शुद्ध होना अनिवार्य है। यह सम्पोषित आजीविका की अपिरहार्य शर्त है। इसके अमलीकरण व्यावसायिक वातावरण में अनैतिक प्रतिमानों के चलन की दौड़ को विराम मिलेगा और सभी के लिए आजीविका की सुनिश्चितता करने वाला वातावरण तैयार हो सकेगा। "बोया पेड़ बबूल का आम कहाँ से होय" कहावत से तो हम सभी भली-भांति परिचित हैं। जैसा बोएंगे वैसा ही काटेंगे। शाश्वत सफलता का कोई छोटा रास्ता नहीं है। शुद्ध साधनों से ही शुद्ध ध्येय की सिद्धि संभव है।

5. **श्रम-साध्यता का सिद्धान्त**-गांधीजी द्वारा अपनाए गए 11 व्रतों में एक अहम व्रत श्रम आधारित समाज है। आजीविका श्रम का सम्मान करने वाली तथा महत्तम हाथों को काम देने वाली होनी चाहिए न कि श्रम बचाने के नाम पर लोगों की रोजी रोटी छीनने वाली, श्रमहारों के प्रति भेदभावपूर्ण घिन, शर्म उत्पन्न कराने वाली, निकम्मे पैसे के बल पर लोगों को विलासिता की ओर ले जाने वाली हो। कठिन परिश्रम सफलता का आधार है।

6. **तकनीकी-प्रबंधकीय कुशलताओं के विकास का सिद्धान्त**-आजीविका में लाभप्रद स्थायित्व लाने के लिए हुनरधारक को समुचित तकनीकी प्रबंधकीय कुशलताओं का सतत विकास करते रहना चाहिए ताकि वह अद्यतन परिवर्तनों का समायोजन कर सके और ऐसे नवाचारों को प्रोत्साहन दे सके जिनसे साधन-संसाधनों का अपव्यय रोका जा सकता हो तथा जिनसे वस्तुओं और सेवाओं को हाशिए पर रह रहे लोगों की पहुँच में लाया जा सकता हो साथ ही उसमें पर्यावरण संरक्षण का विचार केन्द्र में हो।

7. **सहभागियों को समुचित तरीके से अभिप्रेरित करने का सिद्धान्त**-सामूहिक प्रयासों को ध्येय सिद्धि की दिशा में ले जाने हेतु साथियों की भावना का सम्मान करते हुए उन्हें अभिप्रेरित करना जरूरी है ताकि लोगों में प्रतिबद्धता विकसित की जा सके जिससे आजीविका का संचालन सही दिशा में समयसर निष्पादनीय क्षमता के साथ सुनिश्चित हो सके।

8. **आय व संसाधनों के न्यायोचित वितरण का सिद्धान्त**-समाज में सम्पोषित आजीविका प्रतिमानों की स्थापना हेतु आवश्यक है कि संसाधनों तथा आजीविकाजनित लाभों का समुचित भाग हर जरूरतमंद व्यक्ति अथवा

परिवार के हिस्से में आए। तकनीकी दृष्टि से यह उत्पादन क्षमता व खरीद क्षमता दोनों के मध्य सामन्जस्य का प्रतीक है और आजीविका की स्थिरता का व्यूहात्मक आधार। आजीविका की सामाजिक जबावदारी (CSR) के रूप में भी इस अभिगम को जरूरी माना गया है जिसमें समाज व प्रकृति का समान रूप से संरक्षण (जतन) सम्मिलित है। इससे आजीविका उन सभी पक्षकारों के प्रति अपने दायित्व का निर्वाह कर सकती है जिनसे अथवा जिनमें उनके प्रत्यक्ष व परोक्ष हित निहित हैं।

9. **संसाधनों के अनुकूलतम उपयोग व संरक्षण का सिद्धान्त**-सम्पोषित आजीविका का यह एक महत्वपूर्ण आधार है जो सह-अस्तित्व की वकालत करता है। यह आजीविका व संसाधन दोनों के दीर्घ आयुष्य के लिए जरूरी अवयव है। हमें आजीविका हेतु संसाधनों के उपयोग का अनुकूलतम प्रवाह तय करना होगा। इस तरह से विवेकपूर्ण उपयोग हो कि उसे फिर से विकसित होने का समय अन्तराल मिल सके। कहावत है कि सयाने लोग "दूध का खोया बनाते हैं, भैंस का नहीं"। अधिकतम लालच की स्थिति में सभी कुछ गंवाकर पछताना पड़ता है इस सत्य को बहुचर्चित बोधपरक कहानी-"सोने का अण्डा देने वाली मुर्गी" से भी जान सकते हैं जिसमें एक साथ बहुत सारे अण्डे पाने के लालच में व्यक्ति मुर्गी की जान ले लेता है किन्तु उसके हाथ पछताने का अलावा कुछ नहीं आता है। इसलिए भारतीय संस्कृति में 'दोहन' शब्द का उपयोग किया गया है जिसमें लेने के साथ-साथ उसके अस्तित्व के प्रति प्रेममय संवेदनाएं हैं।

10. **मानवता का सिद्धान्त**-आजीविका के स्वरूप निर्धारण से लेकर उसकी समस्त संचालन प्रक्रिया में मानवता का विचार करना नैतिक दृष्टि से तो जरूरी है ही किन्तु व्यावसायिक स्थिरता, साख सृजन, पारस्परिक कल्याण तथा सामाजिक सुख-शांति के लिए भी अपरिहार्य है। अल्पकालीन लाभार्जन के लिए आजीविका के संचालन में अनुचित व्यावसायिक व्यवहारों को कदापि स्थान नहीं देना चाहिए अन्यथा इसकी भरपाई लम्बे समय तक नहीं की जा सकती। समाज चिंतक प्रबुद्ध हिन्दी साहित्यकार मुंशी प्रेमचंद की कहानी कफन इस तरह की अनुप्रयुक्ति के परिणामों को उजागर कर सचेत करती है जिसमें ग्राहकों की लाचारी व खराब परिस्थिति का अनुचित लाभ उठाकर वह व्यापारिक व्यवहार करता है तो वही उसके ऊपर आश्रित समाज के लोग उसकी खराब परिस्थिति में उससे कन्नी काटते रहे। ग्राहक

का जीवन और उसकी दुआएं आजीविका की सफलता के लिए महत्वपूर्ण हैं।

11. **सह-अस्तित्व का सिद्धान्त**-भौतिकवादी संस्कृति की अंधी दौड़ में लोग अपनी जिंदगी और हुनर के मानवीय पहलू को दांव पर लगा बैठे हैं। एक-दूसरे के विनाश अथवा नुकसान पर अपना फायदा देखते हैं इसलिए प्रतिस्पर्धी आजीविका के खेल में एक-दूसरे को छलने की होड़-सी चल पड़ी है कहीं अधिक फूहड़पन से तो कहीं संजीदापने का लिबास डालकर। इस भ्रामक मानसिकता से बाहर निकलने के सच का नाम है-सह अस्तित्व का विचार। हम एक साथ अमीर हो जाना चाहते हैं जो जीवन की दिशा में न्याय संगत नहीं हो सकता। इससे समाज व सृष्टि में अराजकता का वातावरण होगा। जब वो (ग्राहक व उत्पत्ति के घटक- सृष्टि) ही नहीं रहेगा तो तुम कैसे रह पाओगे सिर्फ लफंगे पैसे के सहारे अस्तित्व के बनाए रखना संभव नहीं है।

12. **रचनात्मक उत्पादकता का सिद्धान्त**-समाजोपयोगी उत्पादकता का स्वरूप निर्धारित करने में रचनात्मक उत्पादकता का विचार आजीविका को सही दिशा व नये क्षितिज प्रदान करता है जहाँ उसका सच्ची सफलता की मंजिल से साक्षात्कार होता है। इसके द्वारा वह आजीविका के माध्यम से अपनी बुनियादी आवश्यकताओं की संतुष्टि के साथ समाज पुनर्रचना, परिवर्तन व विकास की दिशा में महती भूमिका अदा कर सकता है।

13. **उपभोक्ता की जीवनशैली को व्यवस्थित करने का सिद्धान्त**-सम्पोषित आजीविका में नफाकारकता की जगह उपभोक्ता की जीवनशैली सम्पोषित विकास के पैमाने के अनुरूप व्यस्थित करने का विचार केन्द्र में रखना हुनरधारक और समाज दोनों के हित में है। लोगों की सामाजिक-सांस्कृतिक व आर्थिक तथा आरोग्यलक्षी परिस्थिति के अनुरूप अपनी आजीविका का विचार करना सम्पोषित आजीविका व्यवहार का प्रतीक है। इससे समाज का पोषणक्षम व संतुलित विकास सुनिश्चित हो सकता है।

उपसंहार

आजीविका, विकास, जीवन स्तर में सुधार व जीवन आदि शब्दों का परस्पर सह-संबंध है। हमें समझ लेना होगा कि आजीविका जीवन के लिए है, जीवन आजीविका के लिए नहीं। इसलिए आजीविका का ध्येय मानव जीवन में मात्रात्मक और गुणात्मक सुधार लाने हेतु अपने आयोपार्जन के प्रयासों को समुचित आकार प्रदान करना है। हमारी बुनियादी जरूरतों की मात्रा व आजीविका का विस्तार दोनों में ऐसा तारतम्य जरूरी है जो सम्पोषित जीवन-शैली का प्रतिनिधित्व कर सके। वर्तमान में आजीविका की असरकारकता के मापन का मुख्य आधार उससे मिलने वाली आय का प्रमाण और उसमें निरंतर वृद्धि का ग्राफ है जिसे पूर्ण नहीं माना जा सकता। जबकि आत्मनिर्भरता, आत्मसम्मान, उन्नत व आरोग्यप्रद उपभोग जीवनशैली तथा सभी के सुख का विचार आदि महत्वपूर्ण मापक ही सही मायनों में आजीविका के अस्तित्व व सफलता की गारंटी दे सकते हैं। आदिवासी समुदाय पारम्परिक रूप से अपने जीवनयापन के प्रतिमानों को न्यूनतम जरूरतों के आधार पर तय करता आ रहा है। उसकी आजीविका इन्हीं दायरों के इर्द-गिर्द घूमती है जिसमें उसके आसपास के वातावरण को न्यूनतम क्षति पहुँचती है। आवश्यकताएं न्यूनतम होने आजीविका संचालन हेतु संसाधनों का उपयोग भी मर्यादित रहता है। अपनी जरूरतों को हुनर आधारित कुशलताओं के द्वारा पूरा कर लेने से उनके खर्च में खासी बचत हो जाती है हालांकि नकद आय नहीं होती। जरूरतें पूरी करने की शैली भी अपेक्षाकृत उतनी खर्चीली नहीं है। लेकिन दुर्भाग्यवश वे भी इस आधुनिकीकरण के मायाजाल से प्रभावित हुए बिना नहीं रह सके हैं। नई पीढ़ी में तथा जो स्थानान्तरित होकर बाहर गये हैं, उनमें इसकी असर एक हद तक देखी जा सकती है जो उनकी जीवनशैली एक अलग ही मोड़ पर लाकर खड़ा कर देती है। इसके चलते उनकी आजीविका के स्वरूप में बदलाव व प्रमाण में विस्तार को आकार देने पर विवश करती है। जो तकनीक संचालन व मरम्मत की दृष्टि से उनके पूर्ण नियंत्रण में थी उसमें कमी आयी है। उन्हें आश्रित भी होना पड़ा है तथा लागतें भी बढ़ी हैं। इस परिवर्तन ने पारम्परिक स्थानीय आजीविका की कड़ी को तोड़ा है और इसके लाभ का एक बड़ा भाग बाहर के समुदाय को हुआ है। लोगों ने अधिक आय की जुगत में अपने मूल हुनर छोड़कर मशीनी जिंदगी को अपना लिया जिसमें उनके दिमाग और रचनात्मकता का न के बराबर मर्यादित उपयोग होता है। मशीनीकरणजनित कृत्रिम बुद्धिमत्ता ने आजीविका के क्षेत्र में मानवीय विकास की सीमा का संकुचन ही किया है। यह दीर्घकालीन दृष्टि से समाज के लिए हानिकारक

है। गांधी विचार इस स्थिति से निजात दिलाने व सम्पोषित आजीविका प्रतिमानों को स्थापित करने तथा संसाधनों का जतन करते हुए हाशिए पर आ चुके। आदिवासी समुदाय की स्थिति में सुधार लाने की दिशा में अहिंसक समाज रचना हेतु गांधीजी के रचनात्मक प्रयोग आज भी उतने ही प्रासंगिक प्रतीत होते हैं जितने लगभग एक शतक पहले उन्होंने अनुभव किए थे। ये ऐसी अर्थव्यवस्था स्थापित करने में मददगार साबित हो सकते हैं जिनसे स्थानीय पूँजी स्थानीय स्तर पर चक्रित हो सकेगी। हर एक स्थानीय समुदाय अपनी बुनियादी जरूरतें बेहतर तरीके से संतुष्ट कर सके इस तरह से आजीविका के स्वरूपों का गठन होगा। इसमें हुनरधारकों को एक सम्मानजनक पहचान मिल सकेगी और सह-अस्तित्व के साथ शोषणरहित समाज व्यवस्था का निर्माण हो सकेगा और जिसमें सच्चे सर्वोदय का दर्शन संभव हो सकेगा। इसमें अधिकतम लाभार्जन हेतु दूसरों का ध्यान रखते हुए अपनी आवश्यकताओं की संतुष्टि हेतु उपलब्ध संसाधनों का उपयोग करना है और अपने आजीविका व्यवहारों को तदानुरूप ही ढालना है। विकेन्द्रित अर्थव्यवस्था का समर्थन करती छोटी-छोटी उत्पाद इकाइयों का अस्तित्व सभी के जीवन के लिए जरूरी है। बड़े पैमाने पर उत्पादन अथवा मॉल संस्कृति में भले ही कम लागतों का आंकड़ाकीय प्रमाण सहित दावा किया जाता हो किन्तु सच्चाई यही है कि इससे छोटे व्यापारियों के धंधे और हुनरों की परस्पर अवलंबित कड़ी का अस्तित्व दोनों ही लुप्त होने के कगार पर पहुँच गये हैं और उनकी खरीद क्षमता विपरीत दिशा में प्रभावित होने से उनकी जीवनशैली भी गड़बड़ा रही है। व्यापारिक जगत में कभी न समाप्त होने वाली स्पर्धा, तो कहीं-कहीं विकल्प रहित स्थिति में एक साथ मिलकर ग्राहकों को लूटने का प्रपंच आदि की प्रचुरता से आज हमारा समाज आर्थिक दासता की ओर अग्रसर हुआ है। इसलिए प्रश्न अपनी जड़ों को बचाए रखने का है तथा जड़ता से दूर हटने का है जिसमें आजीविका मानवीय पहचान के साथ आकार ले सके।

परिशिष्ट

(अ) संदर्भ

1. Agrawal Anil and Narain Sunita.(1997) “Dying wisdom: rise, fall and potential of Indians traditional water” New-Delhi, Centre for science and environment.
2. Amartya Sen (March,1976): “Poverty: An ordinal approach to measurement econometrica”, vol 44(2)
3. Amartya Sen (1999): “Development as freedom”, Newyork: knopf
4. Amartya Sen - The Argumentative Indian: Writings on Indian History, Culture and Identity
5. Amartya Sen, John M. Letiche : On Ethics and Economics
6. Amartya Sen- Poverty and Famines: An Essay on Entitlement and Deprivation
7. Amartya Sen - Choice, Welfare and Measurement
8. Amartya Sen,(1985): “Commodities and capabilities”
9. Ballabh, Vishwa and Balooni Kulbhushan(2002).”Why local resources management institution decline? A comparative analysis of van(forest) panchyat and forest committies in India” world development, vol. 30(12).
10. Brundtland, et el. (1987): “our common future”, oxford University Press
11. Chambers, R. and Convey, G.R. (1992): “Sustainable Rural livelihoods: Practical concept for the 21st century” Discussion paper 296. Brighton, UK: Institute of Development Studies.
12. Chattopadhyay, Kamaladevi. The Glory of Indian Handicrafts. New Delhi: Clavion Books, 1985.
13. Costonza, R. , B.S. Low, E Ostrum and J. Wilson (2001). “Eco-System and human system: A framework for exploring the linkage” and “Eco-system and sustainability, USA, Lewis publication.

14. Dasgupta, Pratha(2201a) "Human well being and the natural environment" Oxford university press.

15. Datye, K. R. 1997. Banking on Biomass: A new strategy for Sustainable Prosperity Based on Renewable Energy and Dispersed Industrialization, Centre for Environment Education, Ahmedabad.

16. Dev, M. and Ravi, C. (2006), Poverty and Inequality: All India and States, 19983 2005, economic and political weekly, Vol. 41, No.6, 509 521.

17. Doshi J. K. (1974). "Social structure and cultural change in Bhil village, New height, Delhi.

18. Ekins, P ,S. Simon L. Deutesch, carl Folka and R.D. Groot(2003). "A framework for the practical application of the concepts of critical natural capital and strong sustainability" Ecological economics, vol. 44

19. English nature (1994). "Sustainability in practice issue1: planning for environmental sustainability." Peterborough, UK(from Groot et. Al., 2003)

20. Evans –Pritchard, E.E. (1940): "The Nure: A description of the model of livelihood and political institutions of Nilotic people."

21. E.F. Schmacher(1973)- small is beautiful: A study of economics As if people mattered.

22. Enthoven, R.R. (1992). "The tribes and castes of Bombey presidency" Bombey govt. press.

23. Erine Hood (2003). "Connecting to a sustainable future-environmental health perspectives" superintendent of documents, Govt. printing office-USA

24. Farrington, J (2001): "Sustainable livelihoods, rights and new architecture of aid; Natural Resources Perspectives" 69. London: ODI. Also available at www.oodi.org.uk/nrp/69.pdf)

25. Frank Ellis (June 2000): "Rural Livelihood and diversity in developing countries"

26. G. K. Meffe(1999) "Command control and the pathology of natural resource management" in Stanley; I. Dodson et al (ed.) reading in ecology, Oxford university press.

27. George Staner (1975): " Business and Society", Random house, New York.

28. Government of Gujarat (2006). Socio Economic Review. Government of Gujarat, Gandhinagar, Gujarat.

29. Govindbhai Raval(1999)- "The Universal Man", Gujarat Vidyapith, Ahmedabad.

30. Herold Kunz "The Management Theory Jungle" Journal of Academy of Management, Devcember-1961.

31. Hoogveit, Ankie, (2001). "Globalization and the post colonial world: the new political economy of development, second edition, London: Palgrave.

32. Jain (Dr.) Lokesh (2013): Role of local traditional livelihood in rural women empowerment- An analysis on the basis of Gandhi Vichar" Yojana, Ahmedabad

33. Jodha N.S. (1992). "Rural common property resources: a missing dimension of development strategies" World Bank discussion paper no. 169 Wasignton DC: world Bank.

34. Kamble P. S (2009) "Sustainable Development in economic perspective: An empirical analysis with reference to India" a paper in Natural resources and sustainability of Indian Society (ed.) patil R.B. Publication, Jaipur

35. Kumar, N. et. al. (2000). Alleviating Poverty through Participatory Forestry Development: An Evaluation of India's Forest Development and World Bank Assistance, the World Bank, Washington DC.

36. Leach, Melissa, Robin Mearns and Ian Scoon (1997b) "Challenges to community based sustainable development - dynamics, entitlement and institutions" IDS, bulletin, vol.28(4) Sussex UK

37. Leo. J. De Haan: "The livelihood approach: A critical Exploration", by, 12 October 2012, ERDKUNDE,Vol.66,no.4 345-357

38. L.C Jain- 'Gandhi Works, Always' (Interview)

39. L.C. Jain- "Development of Decentralized Industries in India—Progress and Perspectives." Gandhi Marg. 2, no. 6 (September 1980): 307-29.

40. L.C. Jain : "Poverty, Environment, Development: A View from Gandhi's Window." Economic and Political Weekly, 13 February 1988, 311-20.

41. L.C. Jain (1980): *Power to the People: Decentralization Is a Necessity*. Policy Issue no.1. Hyderabad: Academy of Gandhian Studies, 1980.

42. L.C. Jain (1983): "A tale of Two Programmes: The Mahatma's and Mrs. Gandhi's." Times of India, 26 November 1983.

43. L.C. Jain with B. V. Krishnamurthy and P. M. Tripathi (1985): *Grass without Roots: Rural Development under Government Auspices*. New Delhi: Sage Publications,

44. Mansuri, Ghazala, and Vijyendra Rao (2004) "Community based driven development- A Critical review" the world bank research review observer vol. 19(1): 1-39

45. Minzberg H. "The nature of Managerial Work" Printce Hall. 1980

46. Mitra Sanjay(2001). "Sustainable agriculture: a trustworthy alternative for agriculture growth and ecological Balance" Environmental and People, vol. 8, no. 3, published by society for environment and education, Hyderabad, August.

47. Meadows, D.H. et el (1972): limit to growth, universe Books.

48. Munasinghe, M and W Reid(2005). "The role of eco-system in sustainable development" in Sengupta N. et. al (ed.), biodiversity and quality of life, New Delhi, Macmillan India Ltd and Indian society for ecological economics.

49. M. k. Gandhi (1909): ""Hind Swaraj" Navjivan Prakashan, Ahmedabad.

50. M. k. Gandhi (1920-1934)- Speech as Chancellor of Gujarat Vidyapith, collection- Someshwar Purohit, published by Gujarat Vidyapith, Ahmedabad.

51. M. k. Gandhi (1941)-" Creative Programme" Navjivan Publication, Ahmedabad.

52. M. k. Gandhi : Mangal Prabht, Navjivan Publication, Ahmedabad

53. Nadkarni, M.V. (2002) "Commons, Development and the poor" in Dr. Marothia (ed.) Institutionalizing common pool resources. New-Delhi, Concept publishing company.

54. NCEUS, (2007). Report on Conditions of Work and Promotion of Livelihood in the Unorganized Sector, National Commission for Enterprises in the unorganized Sector, New Delhi.

55. Patel (Dr.) Ambalal M (1995): "Gandhinu Arthdarshan" Agriculture Research Centre, Ahmedabad.

56. Peter F . Drucker (1954) : "The Practice of Management", Harper & Raw, New York.

57. Polanyai, Karl 1977. The livelihood of Man, edited by Harry W. Pearson. Academic Press, written in the early 1960s this book was based on his field work in 1940s and was only published posthumously.

58. Pundarikantan & Somasundaram,(1995). "Rational use of natural resources"

59. Rajora S. C. (1987). "Social structure and tribal elites" himansu publication, Udaipur.

60. Ramkrishanan, P. S. (2000). "Ecology and sustainable development, /national book trust of India.

61. Rao P. K. (2000) "Sustainable development, Blackwell publishers, Malden, Massachusetts, USA.

62. Ray Sunil (1997) Natural Resources, organization and technology linkages" jaipur, Rawat publication.

63. Ray Sunil (2008) Management of Natural Resources-Institutions for Sustainable livelihood: the case of Rajasthan" New-Delhi, Academic Foundation.

64. Robert L. Katz"Skills of the Effective Administrator" Harvard Business review (January-February,1995)

65. Sengupta, Ramprasad (2002). "Human well-being and sustainable development" review article of the book of human well being and natural environment by Parth Dasgupta(2001) economic and political weekly, vol. 37(42) 4289-94, October,19

66. Shah, A. (2001). Employment Linkages of Industrialization in Backward Rural Economy: A Case Study of Ankleshwar

Industrial Estate in Gujarat , Indian Journal of Labour Economics.

67. Shah, A. (2006). Natural Resources and Sustainable Livelihood: Status and Issues, in Gujarat: State Development Report, Draft, Gujarat Institute of Development Research, Ahmedabad.

68. Shah, A., Nayak, S.K., and Das, B. (2006), Ensuring Livelihood Entitlements in Forest Based Economies in Orissa: An Alternative Perspective, Margin, vols. 38 & 39, Nos. 4 &1; pp. 63 80. 28

69. Sankar Datta, Rama Kandarappa and Vijay Mahajan, (2014): "Resource book for Livelihood Promotion, fourth edition" institute of livelihood Research and Training, Hyderabad.

70. Smith Adam (1776): "An inquiry into the nature and causes of wealth of nations", vol.1 republished in 2007 by cosimo classics.

71. Sharma, Poonam (2004). "Guardian of natural wealth" Social welfare, vpl.51, no.3 june.

72. Shylendra, H.S. 2005. Microfinance based Poverty Reduction: Need for a Proactive Policy and Legal Framework, Working Paper No. 192, Institute of Rural management, Anand.

73. Thomas Prugh & Erik (2003). "What is sustainability anyway?" world watch, Sept.-Oct.

74. Thorat, S. and Mahamallik, M. (2006). Chronic Poverty among Socially Disadvantaged groups: Causes and Remedies, Margin, Vols. 38 & 39, Nos. 4 &1; pp. 41-62.

75. Thorat, S. and Mahamallik, M., (2006). Development of Marginalized Social Groups: Focus on Scheduled Castes and Tribes, in Gujarat: State Development Report, Draft, Gujarat Institute of Development Research, Ahmedabad.

76. Unni, J. (2006). Employment and Poverty Concerns of Security in Gujarat, in Gujarat: State Development Report, Draft, Gujarat Institute of Development Research, Ahmedabad.

77. Vijay Mahajan (2004): "The Algebra of Livelihoods"- A presentation. Basix, Hyderabad.

78. Rudolf Hogger (1994): "The family Universe: Towards a practical concept of rural livelihood system"

79. Vijay Mahajan and Thomas fisher with Ashok Sinha (1996): "The forgotten sector: Non Farm enterprises and employment in rural India", ITDG, Rugby, UK.

80. Vinoba Bahve (1942)- " Swaraj Sashtra" published by Gujarat Vidyapith, Ahmedabad.

81. Vinoba Bahve (1997)- "Sarvodyanu Arthkaran", (Gujarati) Yagya Prakashan, Vadodara

82. Vinoba Bahve : "Lafanga Paisanu Arthkaran", (Gujarati) Yagya Prakashan, Vadodara

83. Watson and Watson (1969). "Man and nature: an anthropological essay in human ecology" Har Court Barce & world, inc, New-York.

84. World Bank,(2006). India: Unlocking Opportunities for Forest Dependent People, Oxford University Press, New Delhi.

●●●

संशोधन विस्तार में आदिवासियों की हुनर आधारित कुशलताएं जो सम्पोषित आजीविका व उनका जीवन जीने की कला दर्शाती हैं।

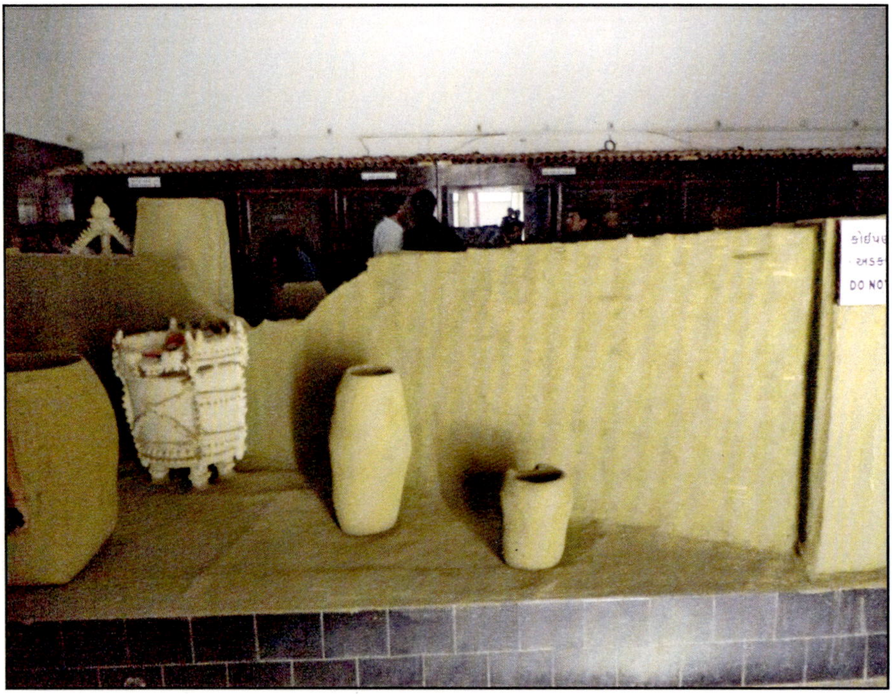

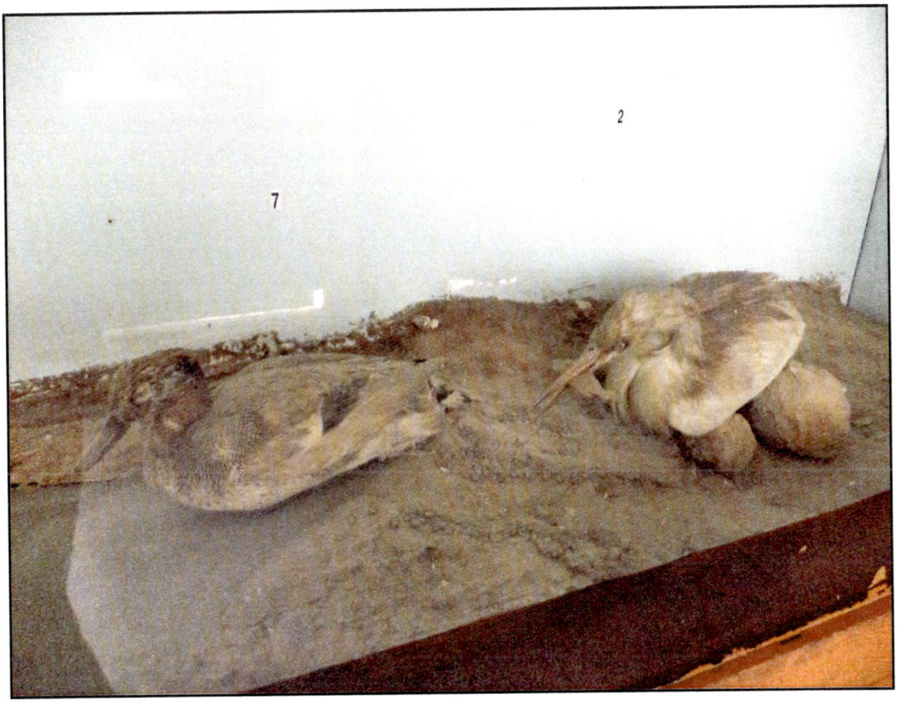